物流标准化创新理论与方法

朴惠淑 刘惠斌 著

大连海事大学出版社
DALIAN MARITIME UNIVERSITY PRESS

图书在版编目(CIP)数据

物流标准化创新理论与方法 / 朴惠淑，刘惠斌著
. — 大连 ：大连海事大学出版社，2023.2
ISBN 978-7-5632-4413-3

Ⅰ. ①物…　Ⅱ. ①朴……　②刘…　Ⅲ. ①物流管理一标准化管理　Ⅳ. ①F252-65

中国国家版本馆 CIP 数据核字(2023)第 030152 号

大连海事大学出版社出版

地址：大连市黄浦路523号　邮编：116026　电话：0411-84729665(营销部)　84729480(总编室)

http://press.dlmu.edu.cn　E-mail:dmupress@dlmu.edu.cn

大连金华光彩色印刷有限公司印装　　大连海事大学出版社发行

2023 年 2 月第 1 版　　2023 年 2 月第 1 次印刷

幅面尺寸：184 mm×260 mm　　印张：10.5

字数：257 千　　印数：1～500 册

出版人：刘明凯

责任编辑：刘若实　　责任校对：沈荣欣

封面设计：张爱妮　　版式设计：张爱妮

ISBN 978-7-5632-4413-3　　定价：26.00 元

内容提要

本书从系统工程活动中标准化创新需求出发，综合已有“系统”和“系统工程”定义，并在理顺本书相关概念和标准化创新生态系统与相关要素之间关联性的基础上，以物流领域为研究对象，系统地介绍了物流标准化创新理论与方法的主要内容。

全书共分三篇十章。理论篇：导论、物流系统工程与标准化创新需求、物流标准体系架构以及物流标准化创新过程；方法篇：物流标准化创新思维培育方法、基于产学研一体化的物流标准化创新方法以及物流标准化创新制度体系化方法；应用篇：物流标准化创新理论与方法在高校物流专业人才培养中的应用、物流标准化创新理论与方法在物流产业中的应用以及物流标准化创新理论与方法在物流企业中的应用。

探索“学教用”多方互动可持续学习育人模式是本书的特点。本书适合作为高等院校物流工程、物流管理等专业的教材，也可作为继续教育及企业物流人员的培训教材，同时也是从事物流工程与管理的研究人员、管理人员的参考用书。

前　言

数字经济、数字化转型已成为全球大趋势，而数字化的前提是标准化。2017 年我国修订了《中华人民共和国标准化法》，2021 年发布了《国家标准化发展纲要》。《国家标准化发展纲要》明确：将标准化纳入普通高等教育、职业教育和继续教育，开展专业与标准化教育融合试点。可以说，标准化教育是必走之路，而且，离不开国家大政方针。

人类命运共同体理念导向的国家高质量发展战略落实需要具备系统思维和标准化创新思维的人才，教育部高校课程思政协同育人导向也需要培育具备系统思维和标准化创新思维的人才。以物流系统及其标准化创新之间逻辑关系为主线，将价值、知识和能力融为一体，引导学生善于逻辑思考，培育具有习近平新时代中国特色社会主义思想的物流人才，离不开全新的物流标准化创新理论与方法来引导。

在《中华人民共和国标准化法》框架下，以《国家标准化发展纲要》为导向，本书设计架构由“学（理论篇）、教（方法篇）、用（应用篇）”，即学什么知识、怎么教和谁来用等三个维度构成。其中，产（产业）、学（教育）、研（科研）主体既是标准的创造者、传播者，也是标准的使用者，如何通过产学研一体化实现“学教用”多方互动可持续学习育人目标是本书设计的最终目标。

本书具有以下特点：

(1)创新性。从系统工程的角度研究物流标准化创新，从数字化和智能化的角度研究物流标准化创新，寻求自然科学与社会科学有效融合的方法论是本书的最大创新。

(2)聚焦过程的标准化创新。通过过程网络中相互关联的活动提供价值已成为当今社会组织创造价值的主要方法。将相互关联的过程作为一个体系加以理解和管理的管理体系过程方法贯穿于所有章节，以引导关注“过程”、关注“关系”、关注“协调”的智能化时代标准化创新思维是本书的一大特点。

(3)逻辑性。逻辑思维贯穿于全书，逻辑性主要体现在三个方面：一是《中华人民共和国标准化法》和《国家标准化发展纲要》框架下的物流标准化创新工程过程逻辑；二是物流系统模块化和模型化过程中的物流标准化创新工程过程逻辑；三是各章节内容之间严密的逻辑关联性。

(4)语言的丰富性。除了文字性语言，本书采用了大量的图表等系统语言，不仅有助于对复杂物流系统和物流标准化创新系统的深度理解和领会，而且有助于数字化和智能化。

本书依托大连海事大学“物流标准化创新”省级一流课程，基于十年之久的科研和教学经验，受益于作者主持的国家自然科学基金(71271035)以及大连海事大学“十四五”规划教材立项资助，并得以出版。本书由大连海事大学交通运输工程学院朴惠淑、刘惠斌共同著述。在著述过程中笔者参阅了大量中外文资料以及国内外物流标准，主要参考文献已经列在书后，在此谨向国内外作者表示由衷的感谢，同时，对研究阶段给出宝贵意见与提供帮助的大连海事大学冯博义、刘翰远、康宁、宁亚美、邵若楠、蔡云等研究生表示诚挚的谢意。

受编者水平与能力所限，书中定有不当之处，欢迎读者雅正。

意见与建议反馈至作者邮箱 hspiao1231@163.com。

朴惠淑，刘惠斌

2022 年 11 月于大连

目 录

理论篇

方法篇

应用篇

理论篇

第一章　导论

[引导案例]由我国牵头制定的首个自动驾驶测试场景领域国际标准发布

2022 年 10 月，由我国牵头制定的首个自动驾驶测试场景领域国际标准 ISO 34501：2022 *Road vehicles-test scenarios for automated driving systems-vocabulary*《道路车辆自动驾驶系统测试场景词汇》正式发布。

近年来，随着汽车自动驾驶技术在全球的迅速兴起，自动驾驶测试评价相关标准成为各个国际标准化组织的重点工作方向。2018 年 4 月，我国向国际标准化组织道路车辆委员会(ISO/TC22)提出自动驾驶测试场景国际标准提案，获批组建自动驾驶测试场景工作组(ISO/TC22/SC33/WG9)并担任工作组召集人。随后，我国结合自身产业发展实践，联合德国、日本、英国、荷兰、美国等二十余个国家，围绕自动驾驶测试场景共同规划了一系列国际标准项目，包括 ISO 34501 场景词汇、ISO 34502 安全评估框架、ISO 34503 设计运行范围、ISO 34504 场景分类以及 ISO 34505 评价与用例生成等。

ISO 34501 是该系列中首个发布的国际标准，主要规范了自动驾驶系统、动态驾驶任务、设计运行范围及条件等概念，明确了场景、动静态环境和实体要素之间的关系，并形成了包括功能场景、抽象场景、逻辑场景和具体场景在内的场景层次描述规则。ISO 34501 作为自动驾驶系统测试场景的重要基础性标准，ISO 34501 满足了行业在开展自动驾驶测试评价相关工作时采用标准化语言描述测试场景的需求，将广泛应用于全球智能网联汽车自动驾驶技术及产品的研发、测试和管理，为智慧出行、区域接驳及道路运输等各类自动驾驶应用提供重要的基础支撑。

下一步，工业和信息化部将组织中国汽车技术研究中心有限公司等相关单位，以国际国内标准同步研究、同步制定为原则，充分发挥我国汽车产业应用场景丰富、技术创新活跃等优势，加快推进自动驾驶先进技术研发、基础场景库建设应用及行业测试评价能力建设，持续提升我国在国际标准法规体系建设和产业融合发展方面的参与度和贡献度。

(资料来源：中华人民共和国工业和信息化部网站)

从系统工程的角度,认知标准化及其创新需求,理解人类需求、系统、系统工程、协同、标准、标准化、创新等相关概念之间逻辑关联性,认知共性与个性、标准与法规、模型与模块等概念之间的区别和联系是本章的主要目的。

通过本章的学习,学员能够理解、认知:

☆ 系统工程与标准化及其创新之间的关联性;

☆ 系统思维、标准化思维和创新思维之间的关联性以及标准化创新理念;

☆ 标准化创新生态系统与相关要素之间的关联性;

☆ 标准化创新机制设计框架;

☆《中华人民共和国标准化法》修订意图以及《国家标准化发展纲要》要点;

☆ 物流标准化创新理论与方法在国家标准化发展战略实施中的作用;

☆ 共性和个性、标准和法规、模型和模块等概念之间的区别和关联性。

第一节 系统工程活动中的标准化创新需求

一、系统工程与标准化创新

人类社会发展到今天,鲜为人知的是各个领域、各个学科之间存在着相互影响、相互渗透、相互依存的关系,无论是技术问题还是社会问题,都需要综合解决,"人类命运共同体"已越来越得到人们的共识。正如科学家们所说:现在已经进入了如不考虑和制定相互关系的计划,所有问题都不能解决的时代。"系统"和"系统工程"的概念就是伴随人类发展需求而产生的。

考虑本教材研究角度和思路,综合现有对"系统"和"系统工程"的定义,本教材定义:系统即指"以需求和目标为导向的由两个或两个以上相互区别、相互依赖和相互制约的单元(或要素)有机结合起来的具有特定功能的有机整体",而系统工程就是"为了满足需求和目标,定义、开发、配置、运维和评价一个系统,使其始终处于适宜的 Q(Quality,质量),C(Cost,成本),D(Delivery,时间),F(Flexibility,柔性),S(Service,服务)(以下简称QCDFS)状态"。

显然,系统工程是人为活动,系统工程的研究对象是人工系统。人工系统的关注点就在于"需求"二字。必须清楚,"需求"是系统工程活动的起点,任何人工系统都存在于"需求"之中,任何系统工程活动也都始于"需求"。正确地识别并定义"需求"是系统工程活动的关键。错误地识别和定义"需求"也必会使系统走向衰退。当然,识别"需求"的正确与否,主要取决于人类的认知水平,包括人类对自然系统和社会系统的认知水平,而其认知过程就是人类发展过程。

围绕"需求",明确"需求"所需"功能"以及实现"功能"所需"单元",开发并选择配置适宜的"单元",确保相互关联"单元"之间有效协调融合,使系统始终处于适宜的 QCDFS 状态的过程就是系统工程活动。

大到构筑一个全球系统、一个国家系统,小到一个家庭系统、一家厨房作业系统,无不需要系统工程活动,而且,需求和目标不同、规模不同、可选余地不同以及关联人认知水平不同,所构筑系统和系统工程过程也会千差万别,但无论是什么样的系统,系统工程活动所追求的目标是一致的:使系统始终处于适宜的 QCDFS 状态来满足"需求"。也可以认为,系统工程活动自始至终是围绕"需求"的优化过程。

可以说,只要有人存在的地方,就会有意或无意地产生系统工程活动,但根据关联人认知水平的不同,所构筑系统状态是不同的。

标准化作为管理之本,是系统工程活动最基本也是不可缺少的手段。我们知道,标准化是制定标准并将其有效推广与应用的过程;而只要存在两个或两个以上单元之间需要"协调"和"融合"的地方,就必须要有标准或规则(针对人的行为),显然,系统工程活动离不开标准化,而且,科学技术的发展带来系统及其单元(或要素)变化的同时,又会带来关联人认知上的新陈代谢,继而又需要标准化创新。可以说,标准化过程永远是一个随时代变迁而渐进式创新过程,由此而产生标准化创新概念,更准确地说,标准化创新即指标准化及其创新。

但过度的标准化,又会出现因缺少多样化而带来市场反应能力和市场竞争力的降低。系统工程应该是在标准化和多样化不断交替,即在共性中寻求个性,再从个性中寻求共性的过程中,循序渐进地开展系统优化活动;而且,在不同范围、不同领域、不同发展阶段以及不同系统关联成员,标准化和多样化之间的交替过程以及协调点必然存在差异,继而带来不同的标准化创新需求。

总之,为了使系统始终处于适宜的 QCDFS 状态来满足系统所处环境"需求":首先,需要识别并定义"需求",明确"需求"所需的"功能"以及"功能"所需的质量标准(Q)、成本标准(C)、时间标准(D)、柔性标准(F)和服务标准(S);其次,开发设计满足这些标准的单元(或要素)构成以及单元(或要素)之间的关联性;再次,选择配置适宜单元(或要素),并做测试是否满足需求;最终确定方案,运行、维护并评价系统,使其始终处于所需状态。而且,整个过程就是共性和个性相协调的"优化"过程,如图 1.1 所示。

显然,系统工程活动是持续优化系统的过程,直到"需求"消失、系统生命周期终止为止。

在上述系统工程过程中,系统需求及其构成单元(或要素),不管是物还是人,标准化程度越高,越有利于系统及其工程活动的降本增效,但标准化程度越高,又会出现缺乏多样性而影响系统柔性(应变能力)的现象。标准化和多样化之间如何互动寻求平衡以求系统持续发展是系统工程活动所追求的目标。

二、系统思维与标准化创新思维

从前述可知,标准化是伴随系统工程活动而产生,也是系统工程活动的重要组成内容。

根据国家标准 GB/T20000.1—2014《标准化工作指南 第 1 部分:标准化和相关活动的通用术语》,标准定义为:"通过标准化活动,按照规定的程序经协商一致制定,为各种活动或其结果提供规则、指南或特性,供共同使用和重复使用的文件。"标准化定义为:"为了在

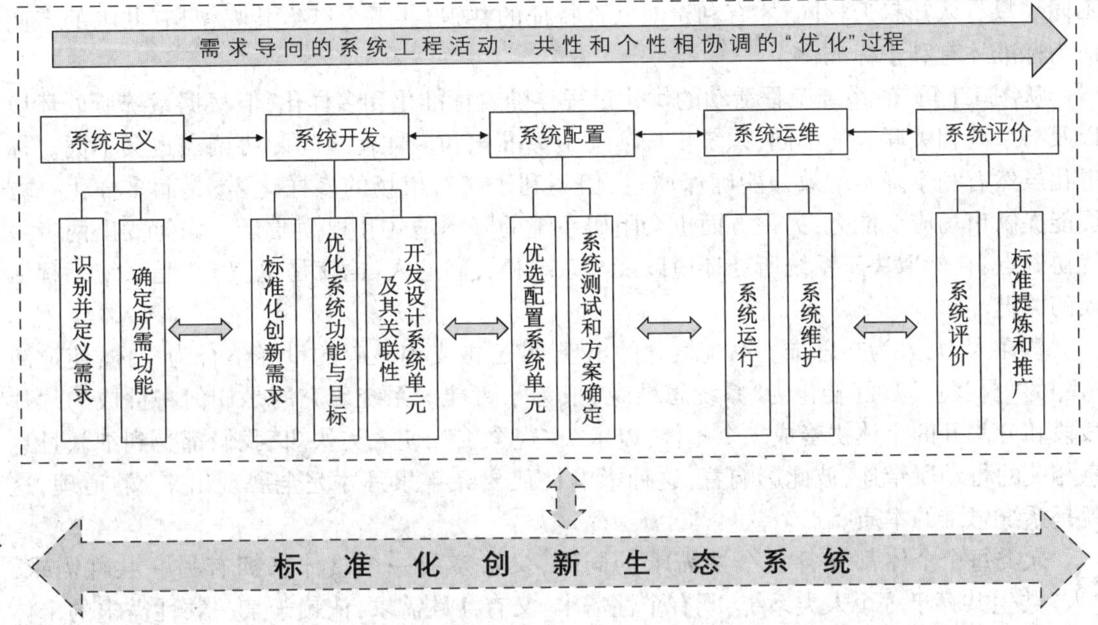

图 1.1 系统工程过程及其与标准化创新生态系统关联图

既定范围内获得最佳秩序、促进共同效益，对实际问题和潜在问题确立共同使用和重复使用的条款以及编制、发布和应用文件的过程。"

标准是标准化过程的阶段性成果，但不是标准化的最终目的，标准化的最终目的是促使制定的标准得以有效应用。得不到应用的标准没有存在价值。

根据标准定义，从广义的角度，无论大小，在某系统范围内，围绕系统中的各种活动或其结果，按照规定的程序，关联人之间达成一致，就可成为该系统的标准。如果一个系统只有一个关联人，一个人的认知也是一个标准，如果有两个关联人就需要两个人的标准，以此类推，一个企业需要一个企业的标准（企业标准），一个团体需要一个团体的标准（团体标准），一个地方需要一个地方的标准（地方标准），一个行业需要一个行业的标准（行业标准），一个国家需要一个国家的标准（国家标准），国际范围同样也需要国际范围的标准（国际标准）。

也就是说，只要存在具有某种需求和目标的系统，就需要有标准来维持最佳秩序、最佳效用而促进共同效益。标准是为满足系统需求和目标而产生的，根据系统需求，既可以选用已有标准，也可以创新标准，这主要取决于所需系统存在的目的和目标。但无论是选用已有标准还是创新标准，只要关联人之间达成一致而选定作为本系统标准，就必须将选定标准作为底线来管理，这就是标准化思维中"底线管理"之内涵。

"满足需求并追求降本增效"是标准化起源，也是目的。因为有需求，需要设计出满足需求的系统，为使系统满足需求并具有竞争力，需要系统降本增效地高效运作，系统的高效运作需要系统单元（或要素）之间的有效协调，系统单元（或要素）之间的有效协调需要识别出内置于系统中的"共性特征"，以求标准化而共用和复用，共用和复用就需要标准化。

一个系统的"共性特征"应该是相对固定的，但根据人的认知不同，识别出来的共性会不同。只有认知趋近相同,才有利于对共性特征的共识,共识会产生共鸣,只有共鸣的东西成为标准才有利于标准化。

从图 1.1 可知,系统工程活动的优化过程伴随着标准化和多样化,但根据系统所处环境以及与系统相关联人的不同,系统工程活动中标准化和多样化之间的协调点也会不同。标准化虽然有利于降本增效并能确保质量,但不利于应对市场的多样化需求,而多样化一方面能提高市场应变能力,另一方面也会阻碍系统的降本增效和提高质量。如何找出两者最优协调点,自然取决于系统所处环境以及与系统相关联的人,也就是说,“人”是系统工程活动的关键。

事在人为,人为在思维。系统概念的出现,使已被支离破碎的世界整合为一体,使愈演愈烈的“自我意识观”转化为“系统思维观”成为了可能。系统研究的是如何将拆成的片片段段和分割开的个体拼凑成一个整体,以求“一窥全貌”,使人类认知“我们都受到细微且息息相关的行动所牵连,彼此影响着,这种影响往往要经年累月才完全展现出来”的道理,这就是系统思维的本质。

人类每个个体都有各自个性需求的同时,又拼凑成一个整体来拥有另一共性需求,“人”共生共存于一个人类系统,既有个性需求,又有共性需求,依赖于某一共性需求的个体之间,如果没有“共享带来共赢”理念和“底线管理”思维下的标准化协调,就难以真正共享一个共性需求,而没有个性需求的系统工程活动,也不会带来创新和发展。

系统工程过程是由系统管理来驱动的,系统管理又是以满足需求为导向的。满足共性需求需要的是标准化思维,满足个性需求需要的是创新思维,而且,以满足个性需求为目的的创新又会带来另一共性需求即标准化需求以实现降本增效。如果说,系统工程活动需要的是需求导向的系统思维,那么,标准化思维和创新思维,作为降本增效和可持续发展的重要思想方式,贯穿系统工程活动的所有环节。也就是说,标准化思维和创新思维相辅相成,共生共存于人类社会所有系统及其工程活动之中,系统工程活动离不开标准化思维和创新思维。

将上述标准化思维(即共性需求需要共享,共享需要标准,遵守选定标准是底线)和创新思维(即个性需求带来创新,创新才能发展)融于系统工程活动而追求系统更优的一种思想方式即为标准化创新思维。也可以说,标准化创新思维即为“在个性中寻求共性,再从共性中寻求个性”的思维。标准化创新理念就是基于系统的“共享、底线、创新”。

三、标准化创新生态系统与生态链

生态即指生物在一定环境下的生存发展状态。在自然界环境里,生物种群会形成复杂的生态群落。群落中,种群内部、种群之间,种群与环境之间都存在着复杂的有机联系,整个群落得以可持续发展的保障是必须获得持续的物质和能量循环,也就是必须形成食物链和营养链为核心的物质、能量循环体系,维持群落的动态平衡。生态学中把这种由营养链和食物链组成的链式结构称之为生态链。

生态系统是指在一定的时间和空间内,由生物群落与非生物环境组成的一个整体,各组成要素间借助物质循环、能量流动、信息传递而形成相互联系、相互制约,自我调节的复合体。生物以生产者、消费者、分解者角色分布在生态链上。非生物环境包含理化环境,例如温度、光、湿度、pH 值、土壤等。环境影响生物的生长、发育、繁衍、分布。生物离开环境无法生存,只能逐渐适应环境。非生物环境与生物相互影响、相互制约,共同构成生态系统。

生态系统中,生态链上一种生物可以取食多种食物,而同时该种生物也可能被其他多种生物所取食,因此生态链会以多点向外联结,形成复杂的生态链网结构。一个复杂的生态链网是保持生态系统稳定,维持生态平衡的重要条件。一般情况下,某一生态系统中生态链网的构成越复杂,该生态系统抵抗外来干扰的能力就越强;反之,则该生态系统就越容易发生波动和毁灭。

将生物学中生态系统和生态链的概念用于标准化创新领域便产生了标准化创新生态系统和生态链的概念。标准化创新生态系统中的"生物"就是标准。标准以被制定、被传播、被应用、被创新的角色分布在生态链上,其与人类系统工程环境相互影响、相互制约,共同构成标准化创新生态系统。

标准既来自人类系统工程活动中,又取决于人对共性、共享和复用的需求和认知水平。"人类命运共同体"理念的落实离不开系统思维,系统思维离不开源于人对共性、共享和复用需求的标准化思维,而且随着科技发展和人类认知水平的不断提升,人对共性、共享和复用的需求也在不断变化,自然又会带来标准化创新。这种标准被制定、被传播、被应用、被创新的生态链得以良性循环,使其与人类系统工程环境不断寻求平衡,营造积极向上的标准化创新生态环境以求人类系统可持续发展就是标准化创新系统所追求的目标。

人类命运共同体(共生、共存、共享于一个人类系统)、人类共性需求(可持续发展生态系统)、人类个性需求(生理需求、安全需求、社交需求、尊重需求、自我实现需求)、人类创新需求(无止境的人类欲望)、人类系统工程环境(需求导向的系统工程活动环境:满足需求的系统定义、系统开发、系统配置、系统运维、系统评价)、标准化创新生态系统(标准化创新生态链与系统工程活动环境之间的动态平衡)、标准化创新机制(用来改变人类行为的制度)、标准化创新思维培育(基于系统工程的知识传授和思维培育)、标准化创新理论与方法(管理学理论与方法的重要组成部分)等相关内容之间的关联性如图 1.2 所示。

显然,标准化创新生态系统的主角是人,而制度又是改变人类行为的重要手段。如何设计标准化创新制度是标准化创新得以可持续良性发展的重要因素。

四、标准化创新机制设计框架

机制设计的目的是改变人类行为。为确保机制不随时间流逝而归于无效,机制必须适应机制所要规范的环境或社会的变化。任何一个机制都要包括两个因素:一是人们用来交流信息的渠道;二是人们基于信息做出决策、重新配置资源或安排生产的程序。良好的机制可以促进沟通和行动,从而产生理想的结果,效率低下的机制则相反。

根据芒特-赖特尔图机制设计框架,机制设计需要考虑六个组成部分:当前环境、结果集、行动集(行动信息集合)、行为规则(人们根据这个规则做出行动产生行动集)、将行动映射到结果的函数以及将环境映射到一组希望得到的结果的社会选择对应上。社会选择对

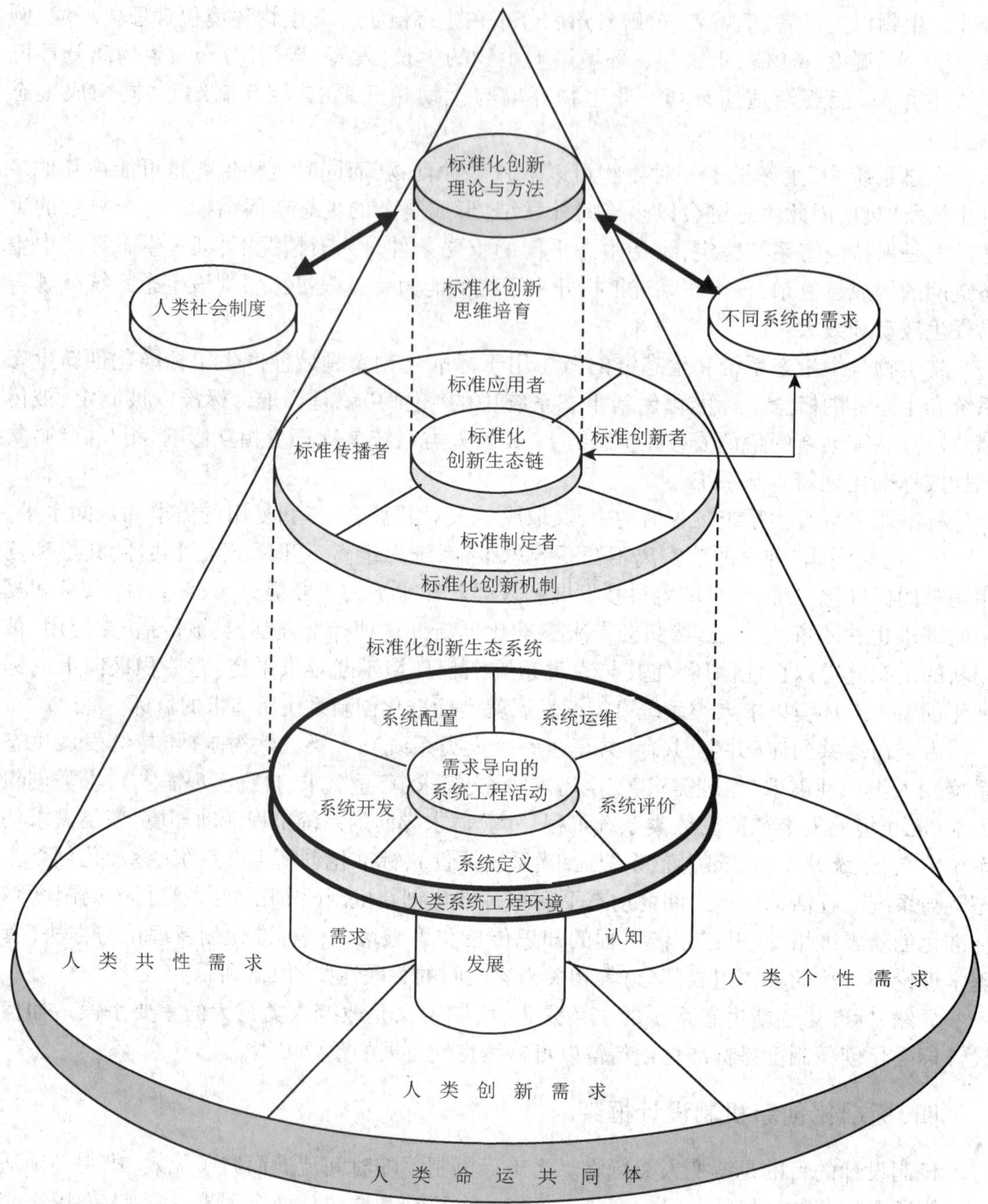

图 1.2 标准化创新生态系统与相关要素之间的关联图

应通常包括能够最大化参与者效用的结果或者帕累托有效配置的集合。六个组成部分之间的关联性如图 1.3 所示。

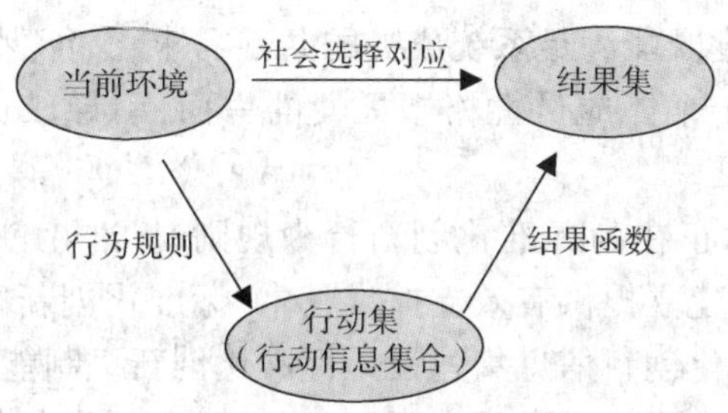

图 1.3　芒特–赖特尔图机制设计框架图

芒特–赖特尔图将我们想要的结果集(图 1.3)和当前环境(图 1.3)并列在一起。图的上部路径是社会选择对应,它描述了我们希望得到的规范的结果。在图的下部路径,则列出了我们在现实世界中能做的事情,即人们应用他们的行为规则来发送信息或采取行动。结果函数将这些行动映射到结果中去。在理想情况下,下部这个更加复杂的路径会产生与上部路径相同的结果,即人们期望得到的结果。

芒特–赖特尔图机制设计框架强调了真实制度的四个方面:一是信息(行动集),即指参与者知道些什么及应该向他们揭示什么;二是激励(行为规则),即指采取特定行动所获得的利益和付出的成本;三是集结(结果函数),即指个人行为如何转化为集体结果;四是社会选择对应,即指对参与者认知能力的要求。

显然,立足于现实,设计符合人性需求和认知水平的制度,以得到人们所期望的结果就是机制设计的本质。而这过程必然与系统所有参与者息息相关。

将芒特–赖特尔图用于人类命运共同体理念导向的标准化创新机制设计,可以得到图 1.4 所示框架图。

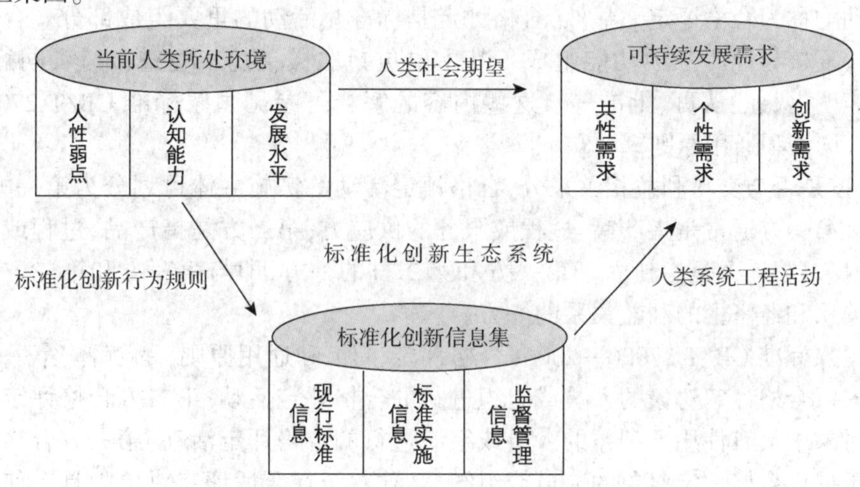

图 1.4　人类命运共同体理念导向的标准化创新机制设计框架图

人类命运共同体理念的落实需要人类具备系统思维和标准化创新思维,而人性弱点、认知能力以及发展水平又在制约人类系统思维和标准化创新思维的形成。适宜的标准化创新制度不仅能克服人性弱点,而且有助于人类快速提升认知能力,以求发展水平趋同而共生、共存、共享于一个人类社会。

就一个系统而言,制度既能满足系统成员的共性需求,又能保护每个成员的个性需求。特别是,应该能够激发每个个体成员性格中天使的一面,引导成员不断提高认知水平以求创新,推动系统可持续发展。

快速发展的信息技术正在为标准化创新行为规则、标准化创新信息集、人类系统工程活动等标准化创新机制的建立提供有效支撑。其中,标准化创新行为规则是标准化创新机制的核心,也是基础,标准化创新信息集建设是标准化创新机制能否有效落实的关键。

标准化创新行为规则主要体现在两个环节:制定标准环节和合格评定环节。

制定标准环节行为规则是由标准所涉及的系统界限和范围决定的。国际标准由国际认可的标准化机构制定发布;国家标准由国家认可的标准化机构制定发布;行业标准由行业认可的标准化机构制定发布;地方标准由地方认可的标准化部门制定发布;团体标准由团体认可的标准化部门制定发布;企业标准由企业认可的标准化部门制定发布。

但无论什么标准,都需要历经需求识别、标准制定与发布、标准实施、监督管理等过程。其中,标准实施和监督管理的基本手段就是合格评定活动,而且,合格评定活动本身同样需要标准,即合格评定标准。

根据国家标准 GB/T 27000—2006《合格评定 词汇和通用原则》(等同采用国际标准 ISO/IEC17000)和 GB/T 27011—2006《合格评定 认可机构通用要求》(等同采用国际标准 ISO/IEC17011)中所给出的定义:合格评定是指与产品、过程、体系、人员或机构有关的规定要求得到满足的证实。这就是说,合格评定对象不仅包括产品、过程、服务、管理体系和人员等,也包括从事合格评定的服务机构。

根据合格评定定义,可以将直接或间接确定相关规定要求(即标准)是否被满足的一切有关的活动均称为合格评定。显然,合格评定是标准化活动的重要组成部分。合格评定由选取、确定、复核与证明三项功能组成。其主要包括取样、检测、检查、审核、同行评审、复核、证明、声明、认证、认可、批准等。这些内容的解释可参见国家标准 GB/T 27000—2006《合格评定 词汇和通用原则》。

其中,按是否与交易利益相关来分,合格评定活动的实施主体可划分为第一方、第二方和第三方。第一方通常是指产品、过程或服务的供应方;第二方是指产品、过程或服务的采购方或获取方;第三方是指独立于第一方和第二方的一方,即与第一方和第二方均没有直接的隶属关系和经济上的利益关系的一方。

根据国家标准 GB/T 27000—2006《合格评定 词汇和通用原则》的解释,第一方合格评定是指由提供合格评定对象的人员或组织进行的合格评定活动;第二方合格评定是指由在合格评定对象中具有使用方利益的人员或组织进行的合格评定活动;第三方合格评定是指由既独立于提供合格评定对象的人员或组织,又独立于在合适评定对象中具有使用方利益的人员或组织的人员或机构进行的合格评定活动。

无论是哪一种合格评定,都是通过确认所给定的产品、过程和服务是否满足规定标准、基准或技术法规的要求,来达到两个目的:一是保证所给定的产品、过程和服务满足规定标准、基准或技术法规的要求,确保使用者利益;二是找出不足和差距,寻找改进机会。

如果说第一方合格评定更有助于实现第二个目的即找出差距和不足,寻找改进机会,

而第二方合格评定更有助于实现第一个目的即保证所给定的产品、过程和服务满足规定标准、基准或技术法规的要求，确保使用者利益的话，那么，第三方合格评定活动是在什么市场需求下产生的呢？它是为了减少因重复性合格评定活动而支出的不必要的费用，提高供需双方或社会共同利益而产生的，特别是，基于互认的第三方合格评定活动的有效实施，不仅有利于标准化活动的降本增效，也有利于促进国际贸易发展。

第一方和第二方合格评定标准是由供需双方协商制定，第三方合格评定一般模式如图1.5所示。其中，互认、认可和认证相关环节都需要制定相应标准，以确保第三方合格评定活动的可持续协调发展。

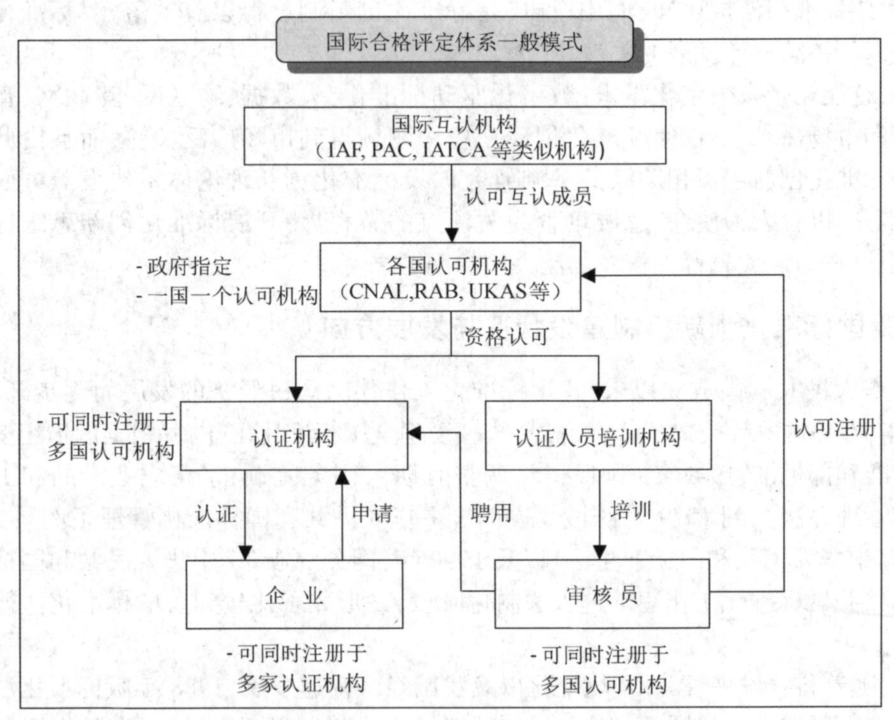

图1.5　第三方合格评定一般模式

五、标准化创新信息与数字化

标准化创新的本质在于对共享的需求，而对共享需求的认知受标准化创新信息透明度影响。如何确保系统范围内相关人有效获取标准化创新信息来开展系统工程活动是标准化创新制度能否有效落实的关键。

标准化创新信息包括现行标准信息、标准实施信息和标准化监督管理信息。其中，现行标准信息主要指国际标准、国家标准、行业标准、地方标准、团体标准和企业标准等各种标准信息；标准实施信息主要指哪些组织、机构、部门、系统、产品、过程、服务等都实施什么标准等相关信息；标准化监督管理信息主要指对标准制定和标准实施的监督管理机构、部门、程序、结果等相关信息。

标准化创新信息的作用在于助力人类系统工程活动的降本增效。虽然现代信息技术为标准化创新信息共享提供了有效支撑，但系统所处环境、发展水平以及系统成员认知水平等的不同，选择信息共享方式会不同。特别是，信息技术发展水平以及人们对信息技术的认知水平和接受程度大大影响标准化创新信息的共享方式，而且，借助互联网、物联网、人工智能、机器学习、大数据以及区块链等综合信息技术来追求标准化创新信息传递的降本增效，这个过程本身也需要标准化创新。

就是说，综合信息技术应用离不开计算机技术，计算机技术离不开数字化，数字化又离不开标准化。通过标准化创新信息的标准化、数字化和智能化，实现标准化创新信息的有效传递，并使标准广泛被认知、应用、推广是标准化创新制度得以有效落实、标准化创新生态系统得以可持续循环发展的关键。

显然，智能化带来数字化需求，数字化驱动标准化，大数据、物联网、互联网、智能化的大势所趋和市场需求，不仅使标准化创新在应用领域得到市场广泛关注，而且由此也带来学界对与标准化创新逻辑相关联的基础研究以及标准化创新理论体系建设等方面的最大关注，特别是，以育人为使命、思维培育为关注点的教育界，开展标准化创新思维导向的知识传授，也已成为广大教育工作者广泛关注的问题之一。

六、我国标准化创新机制建设状况与发展方向

自中华人民共和国成立以来，我国标准化工作伴随国民经济的发展而逐步开展起来。从 1957 年，在原国家计委内成立标准局，统一管理全国标准化工作，并根据国情组织制定一批国家标准和部标准；1962 年（国民经济调整时期），国务院颁布《工农业产品和工程建设技术标准管理办法》，到 1979 年，国务院颁布《中华人民共和国标准化管理条例》；1988 年，国家颁布《中华人民共和国标准化法》以及 1990 年，国务院颁布《中华人民共和国标准化法实施条例》，我国标准化工作逐渐进入法制化阶段，并形成了比较完善的标准化法律法规的立法体系。

然而，随着科技发展、国际环境变化以及我国经济快速发展，1988 年版标准化法已不适应我国经济发展需求。特别是，在 1988 年版标准化法机制下，复杂而过多的提案、立案、标准制定、审核和批准的环节，不仅难以使来自市场的先进的东西快速成为标准，而且历经层层环节出台的滞后于时代变化的标准，反而大大阻碍了标准化创新和发展。这就是，2017 年修订《中华人民共和国标准化法》（以下简称“2017 年版标准化法”），设立“团体标准”，助推标准化创新的起源。

2017 年版标准化法主要从以下五个方面做了修订和完善。

（1）建立标准化工作协调机制

国务院建立标准化协调机制，统筹推进标准化重大改革，研究标准化重大政策，对跨部门跨领域、存在重大争议标准的制定和实施进行协调。设区地市级以上地方人民政府可以根据工作需要建立标准化协调机制，统筹协调本行政区域内标准化工作重大事项。

（2）扩大标准的制定范围

将制定标准的范围由主要限于工业领域，扩展到农业、服务业以及社会管理等领域，满

足国民经济社会发展需求。

(3)赋予团体标准法律地位

鼓励学会、协会、商会、联合会、产业技术联盟等社会团体协调相关市场主体共同制定满足市场和创新需要的团体标准,由本团体成员约定采用或者按照本团体的规定供社会自愿采用,增加标准有效供给。国务院标准化行政主管部门会同国务院有关行政主管部门对团体标准的制定进行规范、引导和监督。

(4)建立企业标准自我声明公开和监督制度

企业应当公开其执行的强制性标准、推荐性标准、团体标准或者企业标准的编号和名称;企业执行自行制定的企业标准的,还应当公开产品、服务的功能指标和产品的性能指标。

(5)强化标准化工作监督管理制度

2017年版标准化法增加了标准制定环节的监督,针对标准的制定不符合法定标准制定原则、违反强制性标准的技术要求、违反标准编号规则以及未依法进行标准复审、备案的,规定了不同监督措施。

其中,赋予团体标准法律地位以引导标准化创新是2017年版标准化法的最大亮点。相比于国际、国家和行业标准,简化的团体标准制定过程,非常有利于标准的市场化。标准在团体内部小范围协调比较容易实现,团体标准数量也会大大增加,标准好坏、用起来方便与否都交给市场,由市场来评判,这样,自然而然形成由市场引导标准化的氛围,也有助于创新出符合市场需求的标准。

2017年版标准化法的另一亮点就是"建立企业标准自我声明公开和监督制度"。该制度能引导市场关注"标准",企业目标就是不断提高"企业标准",企业责任就是满足自我声明的企业标准,并接受消费者及其相关部门的监督。而且,无论企业选择什么类型的合格评定,最终责任者就是企业自身,不能以第二方或第三方合格评定为由推卸责任,由此而推进企业自律性持续改进的同时,形成以"标准"为核心的市场交易环境和氛围。健康的企业标准自我声明公开和监督制度必将有利于形成标准化创新导向的良性循环市场供需系统。

2017年版标准化法明确,标准分为强制性国家标准、推荐性国家标准、行业标准、地方标准、团体标准和企业标准。强制性国家标准由国务院批准发布或者授权批准发布,强制性标准必须执行;推荐性国家标准由国务院标准化行政主管部门制定,国家鼓励采用推荐性标准;行业标准由国务院有关行政主管部门制定,报国务院标准化行政主管部门备案;设区的市级人民政府标准化行政主管部门根据本行政区域的特殊需要,经所在地省、自治区、直辖市人民政府标准化行政主管部门批准,可以制定本行政区域的地方标准;地方标准由省、自治区、直辖市人民政府标准化行政主管部门制定,由省、自治区、直辖市人民政府标准化行政主管部门报国务院标准化行政主管部门备案,由国务院标准化行政主管部门通报国务院有关行政主管部门。

构建人类命运共同体理念为导向的中国特色社会主义市场经济体系离不开标准化创新,国家高质量发展战略和"一带一路"发展战略更是离不开标准化创新。在新时期国家发展战略框架下,党中央、国务院立足国情、放眼全球、面向未来做出重大决策,2021年10月印发了《国家标准化发展纲要》(以下简称《纲要》)。《纲要》作为新时代标准化发展的宏伟蓝图,在我国标准化事业发展史上具有重大里程碑意义。

《纲要》明确,标准是经济活动和社会发展的技术支撑,是国家基础性制度的重要方面。标准化在推进国家治理体系和治理能力现代化中发挥着基础性、引领性作用。新时代推动高质量发展、全面建设社会主义现代化国家,迫切需要进一步加强标准化工作。为统筹推进标准化发展,制定本纲要。

《纲要》从九大部分三十五个方面明确了目标和关注点,为新时期我国标准化发展指明了方向。其中,九大部分为如下:

(1)总体要求:指导思想和发展目标;

(2)推动标准化与科技创新互动发展:加强关键技术领域标准研究、以科技创新提升标准水平、健全科技成果转化为标准的机制;

(3)提升产业标准化水平:筑牢产业发展基础、推进产业优化升级、引领新产品新业态新模式快速健康发展、增强产业链供应链稳定性和产业综合竞争力、助推新型基础设施提质增效;

(4)完善绿色发展标准化保障:建立健全碳达峰、碳中和标准,持续优化生态系统建设和保护标准,推进自然资源节约集约利用、筑牢绿色生产标准基础,强化绿色消费标准引领;

(5)加快城乡建设和社会建设标准化进程:推进乡村振兴标准化建设、推动新型城镇化标准化建设、推动行政管理和社会治理标准化建设、加强公共安全标准化工作、推进基本公共服务标准化建设、提升保障生活品质的标准水平;

(6)提升标准化对外开放水平:深化标准化交流合作、强化贸易便利化标准支撑、推动国内国际标准化协同发展;

(7)推动标准化改革创新:优化标准供给结构、深化标准化运行机制创新、促进标准与国家质量基础设施融合发展、强化标准实施应用、加强标准制定和实施的监督;

(8)夯实标准化发展基础:提升标准化技术支撑水平、大力发展标准化服务业、加强标准化人才队伍建设、营造标准化良好社会环境;

(9)组织实施:加强组织领导、完善配套政策等。

《标准化法》和《纲要》为我国标准化工作起到定位和导向作用。国家标准化管理委员会,作为国务院标准化行政主管部门,承担着《纲要》的落实任务。为了有效落实《纲要》,国家标准化管理委员会陆续组织制定各类标准管理办法(强制性国家标准管理办法、团体标准管理规定等),建设全国标准信息公共服务平台(http://std.samr.gov.cn/)等,为统筹推进标准化发展开展了一系列建设性工作。

然而,事在人为,无论是实现"到 2025 年,实现标准供给由政府主导向政府与市场并重转变,标准运用由产业与贸易为主向经济社会全域转变,标准化工作由国内驱动向国内国际相互促进转变,标准化发展由数量规模型向质量效益型转变。标准化更加有效推动国家综合竞争力提升,促进经济社会高质量发展,在构建新发展格局中发挥更大作用",以及"到 2035 年,结构优化、先进合理、国际兼容的标准体系更加健全,具有中国特色的标准化管理体制更加完善，市场驱动、政府引导、企业为主、社会参与、开放融合的标准化工作格局全面形成”等《纲要》目标，还是落实《纲要》第八部分第三十二条“加强标准化人才队伍建设”中指出“将标准化纳入普通高等教育、职业教育和继续教育，开展专业与标准化教育融合试点。构建多层次从业人员培养培训体系，开展标准化专业人才培养培训和国家质量基础设施综合教育。建立健全标准化领域人才的职业能力评价和激励机制。造就一支熟练掌握国际规则、精通专业技术的职业化人才队伍。提升科研人员标准化能力，充分发挥标准化专家在国家科技决策咨询中的作用，建设国家标准化高端智库。加强基层标准化管理人员队伍建设，支持西部地区标准化专业人才队伍建设”等要求，都需要从培养具备标准化创新思维的专业人才开始。为此，探索标准化创新思维培育和专业教育相结合的人才培养模式和方法已成为国家发展战略中的重要一环。

物流作为典型的系统工程活动，不仅是研究标准化创新最适宜的领域，而且物流标准化创新活动也是物流系统工程不可缺少的过程。本教材以物流领域为研究对象，基于物流活动在国民经济活动中所处地位和作用，结合物流系统工程活动特点，将系统思维、标准化思维和创新思维有效融入物流系统工程之中，旨在将“价值引领（社会主义核心价值观）、知识传授（供应链物流系统及其技术与标准化创新之间的关联逻辑）、能力培养（标准化创新能力）”融为一体，引导学员善于逻辑思考，培育具有习近平新时代中国特色社会主义思想的物流人才。

以构建社会主义核心价值观引领的“学（理论）、教（方法）、用（应用）”多方互动可持续学习育人体系为目标，本教材将管理体系过程方法融入物流标准化创新人才培育过程，以中国特色社会主义特质（使命、愿景、价值观、文化）为依托，基于标准化创新发展战略、方针和目标，借助管理体系过程方法，从识别构建中国特色社会主义市场经济体系所需标准化创新人才需求和期望出发，通过识别人类系统工程与标准化创新需求的关联性（第一章导论），以物流领域为研究对象，介绍了物流标准化创新理论（学：第二章物流系统工程与标准化创新需求、第三章物流标准体系架构、第四章物流标准化创新过程）、物流标准化创新方法（教：第五章物流标准化创新思维培育方法、第六章基于产学研一体化的物流标准化创新方法、第七章物流标准化创新制度体系化方法）以及物流标准化创新实践（用：第八章物流标准化创新理论与方法在高校物流专业人才培养中的应用、第九章物流标准化创新理论与方法在物流产业中的应用、第十章物流标准化创新理论与方法在物流企业中的应用）等内容，以探索“学、教、用”多方互动可持续学习育人模式。基于管理体系过程方法的我国标准化创新人才培育模式如图 1.6 所示。

图 1.6 中的管理过程、育人资源过程以及育人系统测评、分析、改进、学习和创新等过程是由教育管理部门应承担的职责，也就是，对“学、教、用”多方互动可持续学习育人模式的监督管理和考核过程。

第二节　标准化创新相关基本概念

如前所述，标准化创新作为系统工程活动的最基本手段，系统工程的优化过程自始至

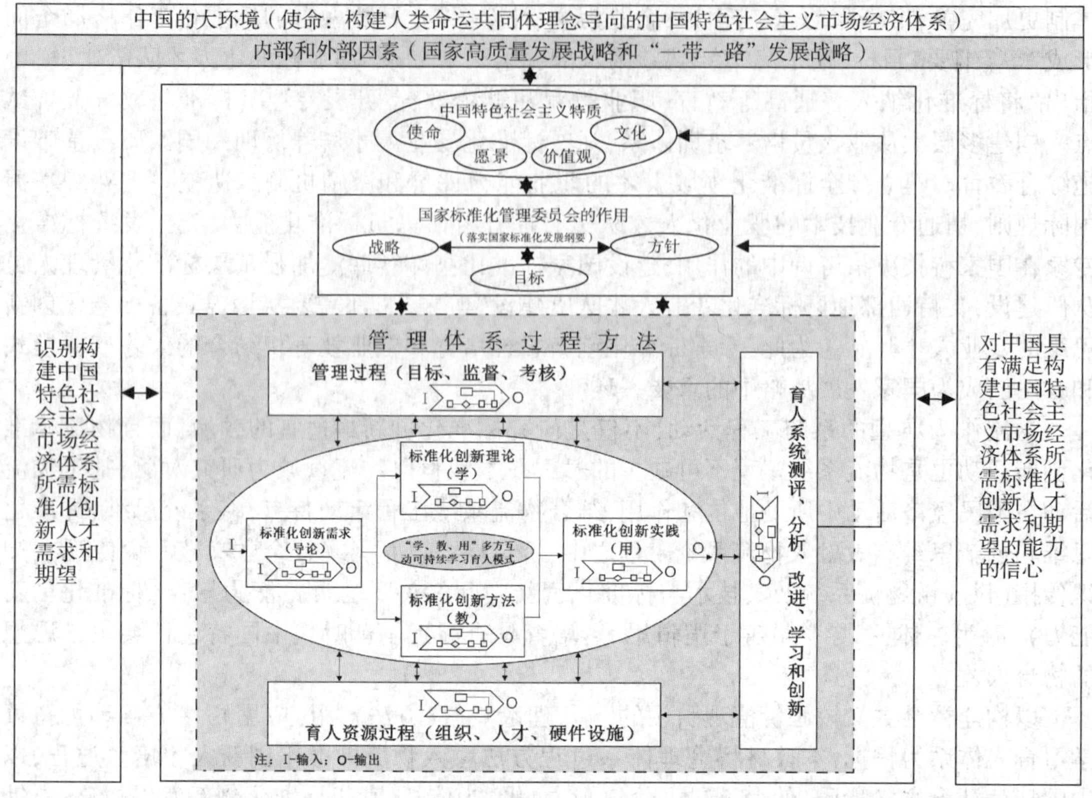

图 1.6 基于管理体系过程方法的我国标准化创新人才培育模式

终需要识别共性需求和个性需求，而且为了使系统始终得以有效协调并运维，不仅需要明确相关标准和法规，也需要借助相关模型和模块不断优化系统，使其始终处于适宜的QCDFS状态。为此，有必要从系统工程和标准化创新的角度，定义并解释共性和个性、标准和法规以及模型和模块之间的区别和关联性。

一、共性与个性

根据百度词典解释，共性指不同事物的普遍性质；个性指一事物区别于他事物的特殊性质。共性和个性是一切事物固有的本性，每一事物既有共性又有个性。共性决定事物的基本性质；个性揭示事物之间的差异性。个性体现并丰富着共性。共性是绝对的，个性是相对的、有条件的。共性只能在个性中存在。任何共性只能大致包括个性，任何个性不能完全被包括在共性之中。共性和个性在一定条件下会相互转化。

认识一个系统、一个单元以及一个人，不但要注意所包含的共性，尤其要注意所特有的个性。只有把这两方面很好地结合起来，才能对其有全面正确的认识和恰当的处理方法。人类就是对自然界的认知水平不断得以提升而发展起来的。

就一个需求导向的定义、开发和配置系统的系统工程活动而言，从需求识别开始就需要研究和分析共性需求和个性需求，以确定系统的共性和个性。这个系统的共性和个性是相对于同类其他系统的共性和个性，而非指系统各构成单元的共性和个性。为了能充分满足系统的共性需求和个性需求,需要进一步研究和分析对各构成单元的共性需求和个性需求,以求各构成单元之间的有效协调。这里,各构成单元的共性和个性也是相对于同类其他单元的共性和个性,不能与整个系统的共性和个性相混淆。

根据拟构筑系统的共性需求和个性需求之间各自所占比例大小,可考虑系统标准化和多样化程度。也就是说,如果识别出的需求可以用现有的系统能够满足,就不需要开展新的系统工程活动,直接购买并采用现有系统就可以,而这个现有系统也可以根据市场需求量考虑系统标准化。这就是,考虑共性和个性,基于市场需求的标准化和多样化之间的协调优化过程。

同样,系统各构成单元的共性需求和个性需求之间各自所占比例大小,也会带来各单元的标准化和多样化之间的协调优化过程。

以此类推,从大到小、自上而下,再从小到大、自下而上,人类系统工程活动,随着人类科技的新陈代谢和人类认知水平的不断提升,通过持续的共性(标准化)和个性(多样化)之间协调优化的标准化创新过程,不断改变人类并使其更能走向文明。

二、标准与法规

法规是法令、条例、规则和章程等法定文件的总称。从系统工程的角度,如同标准,法规也是以系统范围为前提和条件而存在的。也就是说,一个企业有一个企业的法规,一个团体有一个团体的法规,一个地方有一个地方的法规,一个行业有一个行业的法规,一个国家有一个国家的法规,国际组织同样也有国际范围的法规。

但标准和法规所不同的是,法规的制定关注于规范秩序,而标准的制定更关注于降本增效;法规的研究对象主要在于调整行为关系,而标准的研究对象比较广泛,凡是与系统工程活动和系统有关的所有要素都可作为标准的研究对象。从这个角度,法规也是标准的一种类型;法规在其系统范围内具有强制性,所涉及的人员有义务履行法规要求,而标准除了强制性标准或者依附于某法规的标准之外,不具有强制性,是靠自愿实施的。

根据国家标准 GB/T 1.1—2020《标准化工作导则 第一部分:标准化文件的结构和起草规则》,按照不同的属性可以将标准划分为不同的类别。

(1)按照标准化对象可以将标准划分为产品标准、过程标准和服务标准。产品标准:规定产品需要满足的要求以保证其适用性的标准;过程标准:规定过程需要满足的要求以保证其适用性的标准;服务标准:规定服务需要满足的要求以保证其适用性的标准。而且,按照具体的标准化对象,通常将产品标准进一步分为原材料标准、零部件/元器件标准、制成品标准和系统标准等。其中,“系统标准”指规定系统需要满足的要求以保证其适用性的标准。

就一个系统而言,通过系统工程活动已选定的所有标准都应作为该系统的法规来强制执行,而构成系统的所有标准合为一个整体称为“系统标准”。也就是说,满足“系统标准”意味着系统内部所有构成要素包括人都能履行并满足相关标准。系统中某一个要素未能满足所选定的标准,都会带来整个“系统标准”的波动而影响系统的最终输出标准。比如,京东仓分拣机器人系统。系统中每个要素都有且必须遵守相应标准,否则系统无法实现应有的功能。

"系统标准"概念的提出不只拓宽了人们对标准概念的认知,更重要的是为智能化时代的智能系统标准化提供了广泛的发展空间。可以说,每一项系统工程结果都有机会成为一项"系统标准",其标准化程度取决于人们对该系统的需求和共识程度。

当然,作为人为活动的系统工程过程,也有可能出现所选定标准并非最适宜,而且,随着时间流逝,系统构成要素发生变化也很正常,但"牵一发而动全身"的系统思维和"遵守底线"的标准化思维必须牢记于系统成员之中,即使认知或共识现有标准的不适,也不能随意改变标准,必须在系统制度框架下,通过系统性调整和标准化创新,不断完善系统标准,才能使系统持续提升竞争力并得以长期良性发展。

(2)按照标准内容的功能可以将标准划分为术语标准、符号标准、分类标准、试验标准、规范标准、规程标准和指南标准。术语标准:界定特定领域或学科中使用的概念的指称及其定义的标准;符号标准:界定特定领域或学科中使用的符号的表现形式及其含义或名称的标准;分类标准:基于诸如来源、构成、性能或用途等相似特性对产品、过程或服务进行有规律地划分、排列或者确立分类体系的标准;试验标准:在适合指定目的的精密度范围内和给定环境下,全面描述试验活动以及得出结论的方式的标准;规范标准:为产品、过程或服务规定需要满足的要求并且描述用于判定该要求是否得到满足的证实方法的标准;规程标准:为活动的过程规定明确的程序并且描述用于判定该程序是否得到履行的追溯/证实方法的标准;指南标准:以适当的背景知识提供某主题的普遍性、原则性、方向性的指导,或者同时给出相关建议或信息的标准。

三、模型与模块

在众多模型定义中,本书认同的定义:模型是用数学公式和图表展现的形式化结构,它能够帮助我们理解系统。也可以说,模型可以用来展现隐藏在某系统内部的某种规律。如果这个规律在某类系统范围内都存在,那么其可以称为该类系统的共性模型;如果这个规律仅在某一个系统中表现出来,那么称为个性模型。如同前述的共性和个性,每一系统既存在共性模型也存在个性模型,而当共性模型被共识时,就可作为标准而共享,有利于标准化。

从系统工程的角度,本书对模块是作为设计术语定义的。模块又称构件,是能够单独命名并独立地完成一定功能的可以组合和变换的标准单元。显然,模块需要满足一定标准,而且其标准化程度取决于由被组合和变换的方便性和经济性所带来的市场需求。模块具有外部特征和内部特征。外部特征是指模块跟外部环境联系的接口和模块的功能;内部特征是指模块的内部环境所具有的特点。

如果说模型是主要用来展示某种规律的更具隐含特性的非显现内容,那么模块主要是为了方便于大家共识共用,需要更多显现其内外部特征以求标准化。模块之间的互动关系以及规律可以用模型展示,模块内部所具有的特征也可以用模型来体现。

模型和模块都是系统工程活动的重要组成部分。一个系统的定义离不开模型,一个系统的开发离不开模型和模块,一个系统的配置更离不开模块。而且,模型又是在标准得以确定的前提下方能展示出来,模块更是通过标准方能体现。

总之,共性和个性、标准和法规以及模型和模块等作为相关联的概念体系,自始至终贯穿于系统工程全过程,直到系统消失以及系统生命周期结束为止。

思考题

(1)借助系统工程过程图,举例说明系统工程与标准化创新之间的关联性。

(2)举例说明系统思维和标准化创新思维的作用。

(3)思考标准化创新生态系统与相关要素之间的关联性。

(4)举例说明芒特-赖特尔图机制设计框架图的应用。

(5)思考我国标准化创新制度。

(6)思考 2017 年版《标准化法》的亮点和《国家标准化发展纲要》的要点。

(7)举例说明共性和个性、标准与法规以及模型与模块的之间的异同与关联性。

第二章　物流系统工程与标准化创新需求

[引导案例]交通运输智慧物流标准体系建设

为深入贯彻《交通强国建设纲要》《国家综合立体交通网规划纲要》《国家标准化发展纲要》等,加快推动智慧物流体系建设,交通运输部、国家标准化管理委员会印发了《交通运输智慧物流标准体系建设指南》(以下简称《指南》)。

《指南》立足于交通运输行业中与智慧物流相关的标准,针对运输配送环节,突出智慧特征,按照需求导向、创新引领、场景驱动、动态调整的总体思路进行编制。

《指南》明确:交通运输智慧物流标准是聚焦物流运输与配送环节,以物联网、大数据、云计算、区块链等信息技术为手段,链接设施、设备、货物、人员、信息等要素,实现全面感知、精准识别、实时跟踪、智能决策的技术、服务和管理要求。交通运输智慧物流标准体系范围包括交通运输业中与智慧物流相关的国家标准和行业标准,不包括市场主体自主制定的团体标准和企业标准。

根据《标准体系构建原则和要求》(GB/T 13016—2018),按照交通运输智慧物流的应用特点和技术需求,交通运输智慧物流标准体系主要包括四个部分:100 基础通用标准、200 设施设备标准、300 系统平台与数据单证标准、400 服务与管理标准,以及 900 相关标准,如图 2.1 所示。

(资料来源:见书后参考文献[13])

将标准化创新主导的系统工程方法论应用于物流系统工程活动,理解物流需求产生的根源、供应链管理环境下的物流系统工程目标以及供应链物流系统的模块化设计与运作特征,理解物流服务产品线工程即为标准化创新导向的物流系统工程的本质内涵,认知物流标准化创新的必要性,了解数字化时代的物流标准化创新需求是本章的主要目的。

通过本章的学习,学员能够了解、掌握:

☆ 物流需求产生根源与供应链物流系统及其工程内涵;

☆ 物流系统模块化设计与运作内涵;

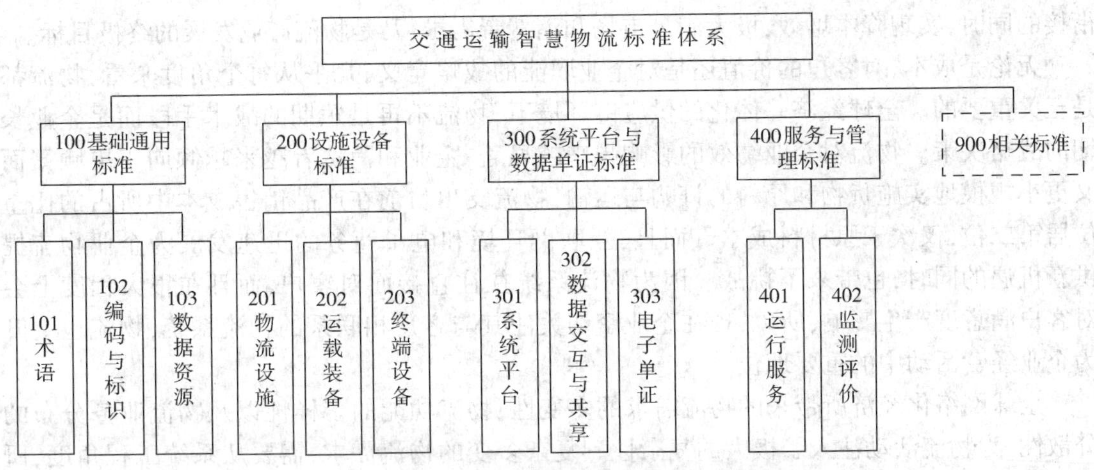

图 2.1　交通运输智慧物流标准体系结构图

☆ 物流服务产品线、物流服务产品族与物流标准集之间的关联逻辑；

☆ 智慧物流及其与物流标准化创新之间的关联性；

☆ 物流系统模块化及其与物流标准化创新之间的关联性；

☆ 精益物流及其与物流标准化创新之间的关联性。

第一节　物流需求与物流系统工程

一、物流需求的产生

根据国家标准 GB/T 18354—2021《物流术语》定义，物流是指"根据实际需要，将运输、储存、装卸、搬运、包装、流通加工、配送、信息处理等基本功能实施有机结合，使物品从供应地向接收地进行实体流动的过程"。那么，物流领域需要关注的是经济活动中如何实现物流过程降本增效的问题。这里的"降本增效"是指依据供应链理念通过一系列物流管理与操作，实现以最小的实物存量、最大限度地满足经济活动的需要和消费者需求，具体到企业就是从销售、生产到采购整个过程的实物流动系统的优化管理。

物流需求源于三点：一是物品生成地和需求地的不同所带来的空间差异。为了满足空间差异所带来的物流需求，可能会带来包括：包装、搬运、装卸、运输、仓储以及流通加工等物流功能的需求；二是物品生成时间和需求时间的不同所带来的时间差异。时间差异自然会带来仓储物流功能的需求。一般情况下，企业物品生产时间和需求方需求时间是不一样的，这就需要通过仓储物流功能来缓冲物品需求时间，比如：按季节生产的农产品就是这种情况；三是物品生成量和需求量的不同所带来的量的差异。因为考虑生产的经济性，很多企业会采用经济生产批量的方式组织生产，这时就会带来物流的仓储功能，以缓冲生产量和需求量的差异。

如何缩小物品生成和需求在空间、时间和量的差异，追求物品在供应链结点之间无缝衔接的同时,实现降本增效,极大满足市场和消费者需求,乃是物流产业发展的终极目标。

无论是成本、对客户的价值还是对企业职能的战略意义,几乎从每个角度来看,物流都是至关重要的。全球经济一体化的供应链环境下,物流不再是短期的战术手段而是企业长期的战略决策。物流对企业绩效的影响越来越显著,企业和消费者越来越倾向于更频繁而又更小规模地实施货物和原料的订购与运输,物流支出目前在产品销售成本中所占的比重位居第二位,仅次于原材料成本。而且,互联网环境和电子商务的迅速发展为企业物流提供新机遇的同时,也带来了挑战。因为物流系统往往直接面对客户,而且在很大程度上会对客户满意度产生影响,所以,现在企业密切关注其与客户相联系的物流系统,物流也上升为企业经营活动中的重要地位。

全球网络化经济所带来的物流需求的多变性、物流功能的多样性以及物流业务分布的分散性,为物流活动注入了极大的复杂性。复杂多变的物流需求,需要从系统工程角度,研究、规划、设计和管理,继而产生物流系统及其工程概念。

二、供应链管理环境下的物流系统工程

现代企业和商业管理中最显著的经营模式改变之一是单个企业不再以单独的、自主经营的实体形式进行竞争,而是以其所在的供应链的形式进行竞争。

根据国家标准 GB/T 18354—2021《物流术语》定义,供应链是指"生产及流通过程中,围绕核心企业的核心产品或服务,由所涉及的原材料供应商、制造商、分销商、零售商直到最终用户等形成的网链结构"。

可以说,供应链是围绕核心企业,通过对商流、信息流、物流、资金流的控制,从采购原材料开始,制成中间产品以及最终产品,最后由销售网络把产品送到消费者手中的将供应商、制造商、分销商、零售商、直到最终用户连成一个整体的功能网链结构。它是一个范围更广的企业结构模式,包含了所有加盟的节点企业,从原材料的供应开始,经过链中不同企业的制造加工、组装、分销等过程直到最终用户。它不仅是一条连接供应商到用户的物流链、信息链、资金链,而且是一条增值链,物料在供应链上因加工、包装、运输等过程而增加其价值,给相关企业都带来收益。其结构模型如图 2.2 所示。

供应链由所有加盟的节点企业组成,其中有一个核心企业,其他节点企业在核心企业需求信息的驱动下,通过供应链的职能分工与合作,以资金流、物流或/和服务流为媒介实现整个供应链的不断增值。

供应链是人类生产活动的一种客观存在。但是,过去这种客观存在的供应链系统一直处于一种自发的、松散的运动状态,供应链上的各个企业都是各自为战,缺乏共同的目标。不过,由于过去的市场竞争远不如今天这么严峻,因此,这种自发运行的供应链系统并没有反映出不适应性。

然而,进入 21 世纪后,经济全球化、市场竞争全球化等浪潮一浪高过一浪,自发供应链所存在的种种弊端开始显现出来,企业必须寻找更有效的方法,才能在这种形势下生存和发展下去。因此,人们发现必须对供应链这一复杂系统进行有效的协调和管理,才能取得更好的绩效,才能从整体上降低产品(服务)成本,供应链管理思想就在这种环境下产生和

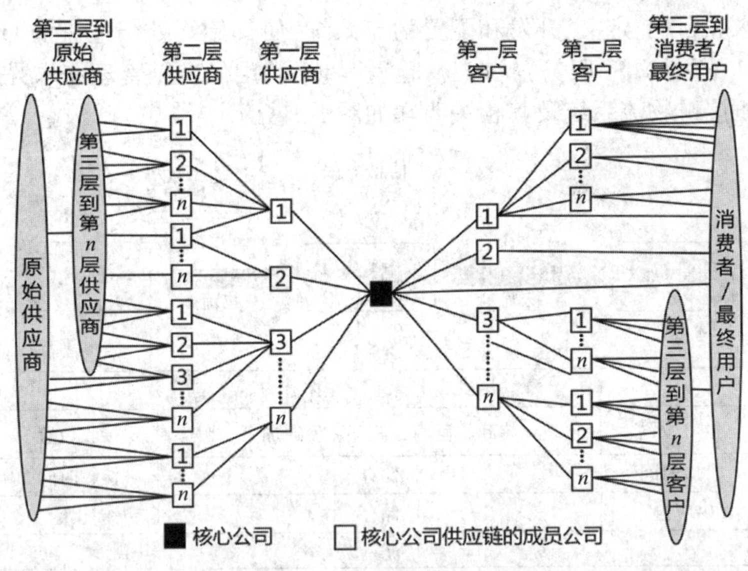

图 2.2　供应链系统的分层结构模型图

发展起来了。

与此同时,计算机网络的发展进一步推动了制造业的全球化、网络化的过程。虚拟制造、动态联盟等制造模式的出现,更加迫切需要新的管理模式与之相适应。传统的企业组织中的采购、加工制造、销售等看似整体,但却是缺乏系统性和综合性的企业运作模式,已经无法适应新的制造模式发展的需要,而那种“大而全、小而全”的企业自我封闭的管理体制,更无法适应网络化竞争的社会发展需要。

因此,“供应链”的概念与传统的销售链是不同的,它已跨越了企业界限,从建立合作制造或战略伙伴关系的新思维出发,从产品生命线的“源头”开始,到产品消费市场的“汇”,从全局和整体的角度考虑产品的竞争力,使供应链从一种运作性的竞争工具上升为一种管理性的方法体系。

供应链管理是一种集成的管理思想和方法。供应链管理把供应链上的各个企业作为一个不可分割的整体,使供应链上各企业分担的采购、生产、分销和销售的职能成为一个协调发展的有机体。

根据国家标准 GB/T 18354—2021《物流术语》定义,供应链管理是“从供应链整体目标出发,对供应链中采购、生产、销售各环节的商流、物流、信息流及资金流进行统一计划、组织、协调、控制的活动和过程”。其管理要点就是使供应链运作达到最优化,以最小的成本,使供应链从采购开始,到满足最终顾客的所有过程,包括商流、物流、资金流和信息流等均高效率地操作,把合适的产品以合理的价格,及时准确地送到消费者手上。

那么,供应链管理环境下的物流系统即供应链物流系统是如何定义、开发和配置的呢?将物流与系统的定义结合起来,可以将供应链物流系统定义为“以供应链管理需求和目标为导向的由所需位移的物品、包装设备、装卸搬运机械、运输工具、仓储设施、流通加工、人员和信息处理等若干相互制约的要素有机结合起来具有特定物流功能的有机整体”。

根据本教材第一章系统工程定义,供应链管理环境下的物流系统工程就是“为了满足供应链管理需求和目标，定义、开发和配置物流系统，使其始终处于适宜的 Q（质量）、C（成本）、D（时间）、F（柔性）、S（服务）状态”。也就是说，满足供应链管理需求是物流系统需要追求的目标。供应链物流系统及其相关要素如图 2.3 所示。

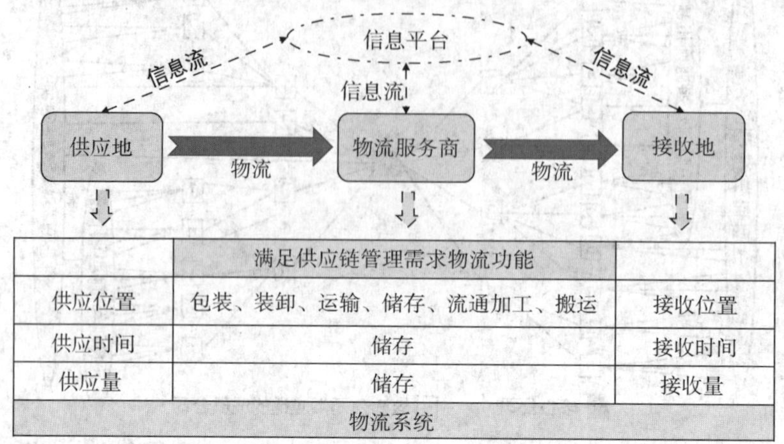

图 2.3　供应链物流系统及其相关要素图

三、供应链物流系统的模块化设计和运作

如前所述，物流系统随供应链的变化而变化，物流系统目标是满足供应链管理需求。也就是说，供应链物流系统强调的是以满足供应链管理要求为目的。

从传统的观点看，物流对制造企业的生产是一种支持作用，被视为辅助的功能部门。但是，现代企业生产方式的转变，即从大批量生产转向精细的准时化生产，这时的物流，包括采购与供应，都需要跟着转变运作方式，实行准时供应和准时采购等。另一方面，对顾客需求的及时响应，要求企业能以最快的速度把产品送到用户的手中，以提高企业的快速响应市场的能力。所有的这一切，都要求企业的物流系统具有和制造系统协调运作的能力，以提高供应链的敏捷性和适应性，因此，物流管理不再是传统的保证生产过程连续性的问题，而是要在供应链管理中发挥以下重要作用：

①创造用户价值，降低用户成本；

②协调制造活动，提高企业敏捷性；

③提供用户服务，塑造企业形象；

④提供信息反馈，协调供需矛盾。

要实现以上几个目标，物流系统应做到准时交货、提高交货可靠性、提高响应性、降低运输与库存费用等。现代市场环境的变化，要求企业加速资金周转、快速传递与反馈市场信息、不断沟通生产与消费的联系、提供低成本的优质产品，生产出满足顾客需求的顾客化的产品，提高用户满意度，因此，只有建立敏捷而高效的供应链物流系统才能达到提高企业竞争力的要求。

敏捷而高效的供应链物流系统需求推动了物流系统的模块化设计和运作。模块化设计就是把一个具有相互依赖性的复杂系统转变为模块化系统。模块化设计过程有许多步骤和内容,其中最主要的内容就是模块的分解和集中。

模块分解化是将一个复杂系统或过程按照一定的联系规则分解为可进行独立设计的半自律性子系统的行为。这个定义中的关键词是“联系规则”和“半自律性子系统”,“半自律性子系统”揭示了“模块”的特征:虽然可以独立设计、自由创新,但必须遵守共同的“联系规则”。模块集中化是指按照某种联系规则将可进行独立设计的子系统(模块)统一起来,构成更加复杂的系统或过程的行为。

实际上,“联系规则”和“半自律性子系统”的确定过程就是标准化和多样化之间的协调优化过程。根据模块化理论,模块化系统具有三个功能特点:有利于应对高度复杂性,应对不确定性,应对环境变化。而这些功能特点正好能适应敏捷高效的供应链物流系统需要具备的复杂性、物流功能可分性以及供应链物流系统动态性等特征。所以,供应链物流系统工程应向物流系统模块化设计和运作发展,而模块化作为标准化的高级形式,供应链物流系统模块化设计和运作离不开物流标准化创新。

然而,不同产品的供应链管理模式又不同,比如,冷链、电子产品、危险品以及快消品等产品供应链管理模式千差万别,自然相应产品供应链物流系统及其工程活动、对应的物流标准和物流模块等也会不同,因此可以借助“产品线工程方法”来研究不同产品供应链物流系统及其工程活动,由此而产生物流服务产品线及其工程概念。

第二节 物流服务产品线与需求工程

产品线(Product Line)的概念是由卡耐基-梅隆大学的软件工程研究所(SEI)提出的。这里有两个关联概念,即产品族和产品线。

产品族即指一组使用通用的资源(共性特征)来构建的产品。一个产品族是基于它的成员产品的结构相似性而定义的。产品族成员建立在一个通用平台之上,主要基于产品之间的技术通性而设置的。产品族可以重复用于多个产品线。

产品线即指一组共享一组公共管理的特征(共性特征)的产品,这些特征满足一个选定市场的特定需要(共性需求)。一个产品线的定义是基于市场策略的,而不是基于它的成员产品之间的技术相似性。为一个产品定义的特征,可能需要完全不同于其他成员产品的解决方案。一个产品线可能是与一个产品族一起提供出来,但是它也可能需要不止一个产品族。

产品线工程方法最活跃应用的领域就是软件工程领域。产品线工程方法是支持大范围复用的方法,其理念就是通过复用来降低成本、快速上市、减少风险和提高质量,而这个理念正是全球化环境下的供应链物流系统工程所需要的。

一、物流服务产品线及其工程

从理念而言,虽然物流工程与软件工程有相同之处,但两者的产品有很大差异。其中,最大的差异就是软件产品复用和物流服务产品复用有本质区别。软件产品复用以电子拷贝式方式,不仅复用成本低而且复用效果也容易实现与原产品保持一致,但物流服务产品复用就不同,不仅复用成本(涉及物流资源成本)高,而且因为涉及可变性大的位置资源和人力资源,无论复用成本还是复用效果,都难以与原产品完全保持一致。所以,物流服务产品线工程方法的关注点应放在如何降低物流服务产品复用成本以及确保复用效果,而降低物流服务产品复用成本以及确保复用效果的最有效方法就是物流标准化。物流业大力推进物流标准化的起因也就在此。

借鉴产品线和产品族定义,考虑物流服务产品特点,本教材对物流服务产品线定义为:一组共享一组公共管理的特征的物流服务产品。定义中,“共享一组公共管理的特征”意味着需要拥有可共享的“特征集”,即这个“特征集”是公共的、可管理的,而且整个“特征集”能满足选定的市场或任务领域的特定需求可产生“一组物流服务产品”。显然,“特征集”就是公共的、可管理的“物流标准集”,物流服务产品线就是在公共的物流标准集,即特征集基础上开发的一组物流服务产品。比如,冷链物流服务产品线由一组冷链物流服务产品组成,危险品物流服务产品线由一组危险品物流服务产品组成,电子产品物流服务产品线由一组电子产品物流服务产品组成,等等。

物流服务产品族是基于它的成员产品的物流功能相似性而定义的。物流服务产品族成员建立在一个通用物流功能平台之上,主要基于物流服务产品之间的技术通性(物流标准集)而设置的,比如,航运物流服务产品族、港口物流服务产品族、铁运物流服务产品族、仓储物流服务产品族等。产品族以模块形式可重复用于多个产品线。

物流服务产品线共享的物流标准集满足一个选定供应链物流市场的特定需要,比如冷链物流标准集满足冷链物流市场的特定需要,危险品物流标准集满足危险品供应链物流市场的特定需要。也就是,一个物流服务产品线的定义是基于市场策略的,而不是基于它的成员产品之间的技术相似性。在本教材中将“物流标准集”统称为物流服务产品线工程中的核心资源库。

可以说,物流服务产品线共享的物流标准集对应我国物流标准体系表中的专业类标准;物流服务产品族共享的物流标准集对应我国物流标准化体系表中的公共类标准。而专业类标准和公共类标准又都需要与物流标准化创新指导性文件和基础类物流标准相协调。

为一个物流服务产品选定的物流标准集,可能需要完全不同于其他成员产品的解决方案。一个物流服务产品线可能包含一个物流服务产品族,也可能包含多个物流服务产品族。物流服务产品线、物流服务产品族以及物流标准集之间的关联性如图 2.4 所示

物流服务产品线工程方法与传统的单项物流系统工程的主要区别在于关注点的转移,即从单独的产品到系列产品,这个转移暗示了一个策略:从特定的物流项目开发到特定的领域物流服务产品的愿景平台开发,而此愿景平台构筑过程就是物流服务产品线工程。

物流服务产品线工程包括物流标准化创新工程和物流系统工程。物流标准化创新工程产出物流标准/模块集而形成核心资源库(满足共性需求),物流系统工程产出特定物流服务产品以满足特定客户需求(满足个性需求)。显然,物流服务产品线工程作为需求导向的物流系统工程,也是共性和个性相协调的物流系统优化过程。

然而,无论物流标准化创新工程还是物流系统工程,都需要需求工程、设计、实现和评

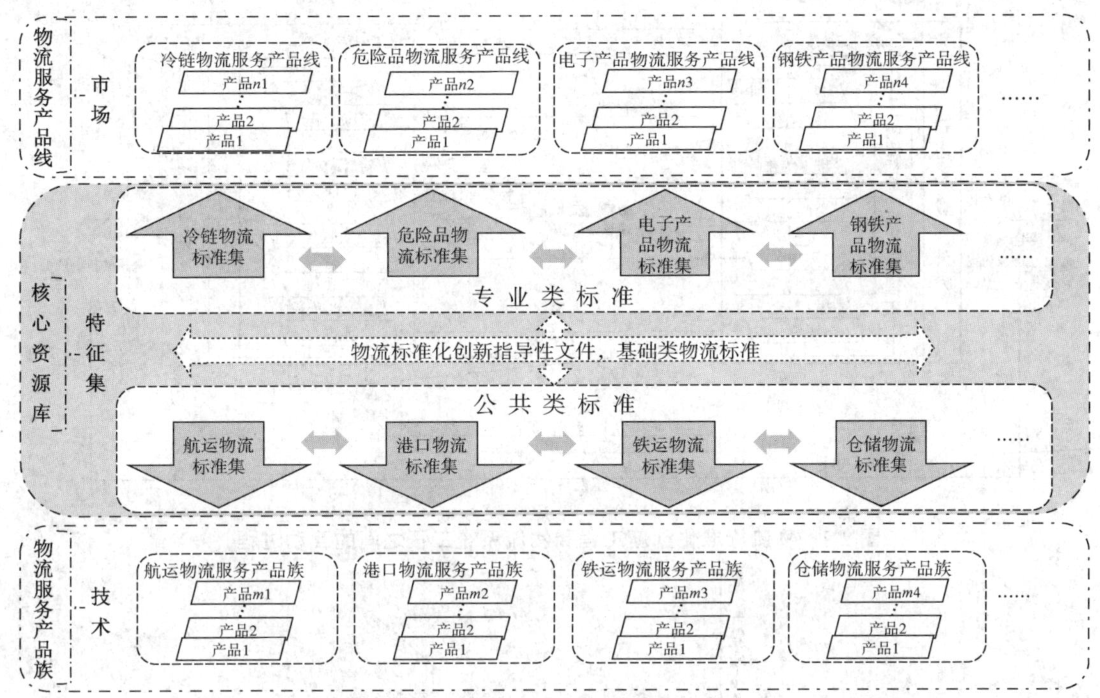

图 2.4　物流服务产品线、物流服务产品族以及物流标准集之间的关联图

价等四个过程。物流标准化创新工程的目的在于满足对象领域内物流服务产品的通用需求，即满足共性需求；而物流系统工程的目的在于提供可供使用的物流服务产品，即满足个性需求。物流系统工程过程复用物流标准化创新工程的成果，并在物流系统工程过程中，精益求精不断反馈给物流标准化创新工程过程，以确保物流服务产品的愿景平台始终有效支撑最终物流服务产品的产出。

物流标准化创新工程中的核心资源库开发历经物流标准化创新需求识别、物流标准化创新架构设计、物流标准化创新实现以及物流标准化创新评价等过程产出物流标准/模块集，并加以管理（参见本教材第四章内容）；物流系统工程中的个性化物流服务产品开发是以核心资源库为资本，最大限度复用物流标准/模块，历经确定物流需求、物流系统优化、物流系统配置与运维以及物流系统评价等物流系统工程过程产出特定物流服务产品，而此过程结果，可能会产生新的需求范围以及新的核心资源，而这些新的需求范围和核心资源又反馈给物流标准化创新工程过程以精益求精。

物流服务产品线工程中的物流标准化创新工程和物流系统工程之间的互动过程如图 2.5 所示。

虽然物流服务产品线工程预计带来的效果令人可期，但是它并不是一开始就可以给企业带来效益，它必须进行一些前期的投资（核心资源库开发等）才能获得回报，图 2.6 是物流服务产品线盈亏平衡分析图。

盈亏平衡点取决于单一物流服务产品（实线）和物流服务产品线（虚线）的成本变化率（斜率）以及物流服务产品线的前期投资大小。而物流服务产品线的成本变化率与物流服

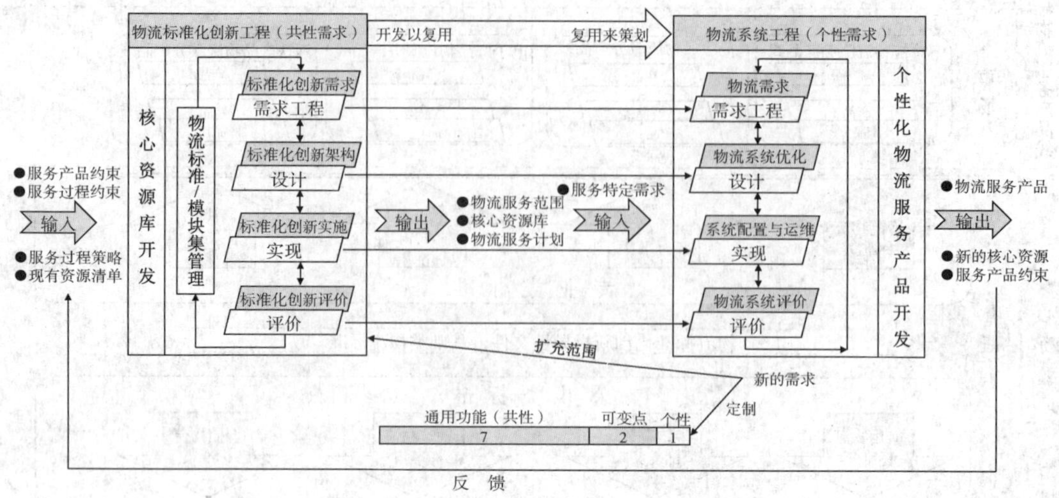

图 2.5 物流标准化创新工程和物流系统工程之间的互动过程

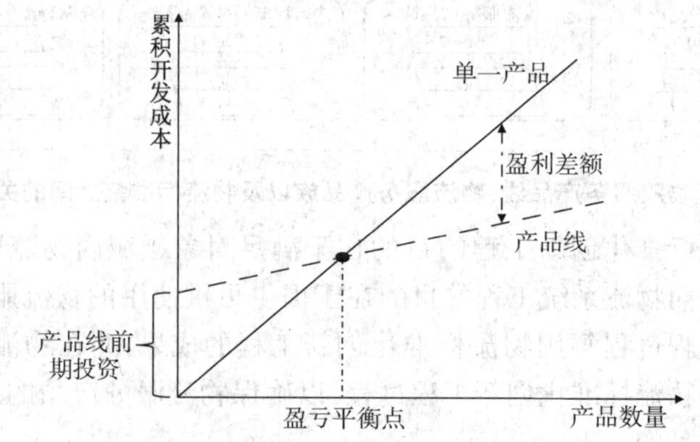

图 2.6 物流服务产品线盈亏平衡分析图

务产品线的前期投资密切关联。物流服务产品线前期投资最重要部分就是核心资源库开发,而核心资源库开发主要受制于物流系统工程与物流标准化创新工程之间的关联逻辑(如图 2.5 所示),特别是,物流系统架构设计和物流标准化创新架构设计之间的关联逻辑。一个好的物流系统架构设计和物流标准化创新架构设计,不仅能实现前期投资的降本增效,而且也有利于后期开发新的物流服务产品的降本增效。而这些主要取决于物流服务产品线工程中的需求工程。

二、物流服务产品线工程中的需求工程

进入 20 世纪 90 年代,需求工程成为软件界研究的重点之一。从 1993 年起每两年举办一次需求工程国际研讨会,自 1994 年起每两年举办一次需求工程国际会议(ICRE),而且,在 1996 年 Springer-Verlag 发行了刊物 *Requirements Engineering*。

需求工程的目的是通过与用户广泛地交流确定应用系统的目标。需求活动以"工程化"的方法被提出、分析和组织,它鼓励用户以一种积极的方式参与需求分析活动,并在整

个生命周期强调用户参与和领域专家的指导作用,促使目标系统最大地满足用户需求。

软件界需求工程的过程可以分为需求获取、需求分析与建模、需求规格说明、需求验证和需求管理五个阶段。

(1)需求获取是需求工程的第一个阶段,需求获取的目的是发现用户需求并定义系统范围。需求获取有多种方式,主要包括问卷法、面谈法、用例法、原型法和基于知识的方法等。

(2)需求分析与建模,是对采集到的需求进行分析求精,得出需求之间的依赖性和需求的可变性。并为最终用户所看到的系统建立一个概念模型,作为对需求的抽象描述,并尽可能多地捕获现实世界的语义。需求的可变性是指哪些需求是必需的,哪些需求是可选的,以及可选的约束条件等。

(3)需求规格说明,是对需求模型进行精确的、形式化的描述,为系统的实现提供基础。

(4)需求验证是以需求规格说明为基础输入,通过仿真模拟等方法,分析和验证需求规格说明的正确性和可行性。

(5)需求管理是跟踪和管理需求变化,支持系统的需求演进。

需求工程是一个不断反复的需求定义、文档记录、需求演进的过程,并最终在验证的基础上冻结需求。

物流服务产品线工程中的需求工程包括物流标准化创新需求工程和物流系统需求工程。物流标准化创新需求工程的目的是为物流服务产品线预期定义共性和可变性需求(即物流标准化创新需求),以在物流系统工程中获得大规模的复用,所以物流标准化创新需求工程的所有活动(需求获取、分析、编写需求规格说明书、需求验证和需求管理等)都不只是对单个物流系统进行需求分析,而是要包含在物流服务产品线中所有物流系统的需求。为了标示出所有共性和可变性的需求,需求工程是需要和很多潜在的涉众(产品经理、架构师、客户群体和维护人员等)接触,并研究多个需求来源(客户、遗产系统和当地法律等)。

物流系统需求工程的目的是为客户定义特定物流服务需求,也就是要标示出特定物流服务产品的个性需求,但物流系统需求工程不能仅限于标示个性需求,也要标示出所属领域共性和可变性需求,即标示出物流标准化创新需求工程活动成果。

可以说,共性需求、可变性需求和个性需求的识别和确定是物流系统需求工程和物流标准化创新需求工程的交汇聚焦点,也是物流服务产品线工程活动动态可持续发展的关键点。随着物流服务产品的拓展,基于特定物流服务产品的个性需求可以变成可变性需求,可变性需求也可以变成共性需求,物流服务产品线也在不断求精的过程中得到成熟,提高核心资源复用程度,以实现物流服务产品线规模化和物流系统的降本增效。

在产品线中发掘尽量多的共性需求固然重要,因为共性需求是每个产品线产品的基础,共性比率越高,为灵活性所花的成本就越小。但是可变性又能使得某个特定应用可以满足客户的特定需要,所以共性需求和可变性需求在产品线中起杠杆作用。

可变性是变化的趋势或能力,产品线的可变性不是偶然产生的,而是刻意设计成的。可变性的主体是真实世界中一个可变的术语或者一个术语的可变化属性。可变性的客体是一个可变性主体的实例。变点是一个可变性主体在领域产物中的表示,变量是领域产物中一个可变性客体的表示。

现已发布的中国仓储与配送协会团体标准 T/WD103—2017《开放式托盘共用系统运营指南》(以下简称“T/WD103 标准”),是将物流服务产品线工程中的需求工程过程充分体现出来的一个典型。该标准以标准托盘供应链为主线,通过图 2.7 开放式托盘共用系统框架图,不仅为标准托盘供应链所有相关成员,搭建一个“共享带来共赢”为导向的竞合平台,为托盘共用服务领域,构建托盘共用服务产品的愿景平台引出一个共性和个性之间的可变点设计思路,更重要的是,其思路能为智能化时代物流资源共享起到可借鉴的作用。

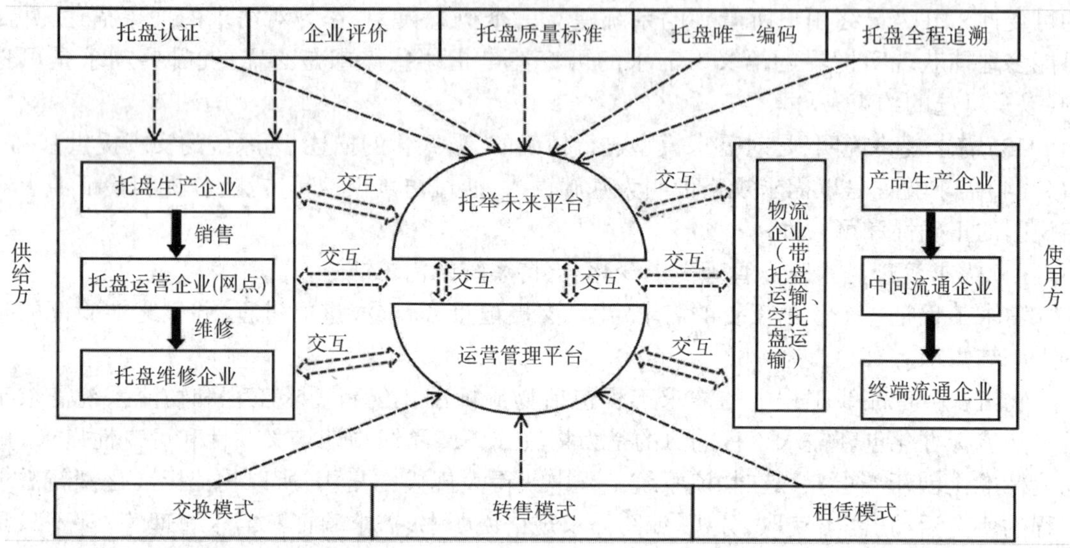

图 2.7　开放式托盘共用系统框架图(来源:参考文献[18])

就图 2.7 开放式托盘共用系统而言,运营模式作为可变的术语(第一层次可变点)是可变性主体也是变点,租赁模式(即使用企业需要托盘时向运营企业租赁,带托盘运输到收货地后,使用企业将托盘退租到收货地附近的托盘运营网点)、交换模式(即上游使用企业在货物的带托盘运输过程中,将托盘随货物一起交给下游使用企业,下游使用企业提前准备空托盘进行交换)以及转售模式(即以托盘的买卖为基础,实现托盘的循环共用)等作为可变性主体的实例是可变性的客体也是变量。

而且,就每种托盘共用模式而言,又可以进一步设计可变性。比如,就托盘租赁模式而言,因托盘租赁联盟调度能为托盘供需方创造价值,所以联盟调度作为可变的术语(第二层次可变点)是托盘租赁模式的可变性主体也是变点,不同的联盟调度模型作为托盘租赁模式的可变性主体的实例是可变性客体也是变量。

接着,就每种联盟调度模型而言,可以继续设计可变性。因为不同的托盘租赁联盟调度模型以及联盟带来的成本节约额不仅受运营网点托盘单位库存成本、托盘单位运输成本、运营网点最大托盘库存容量、运营网点最大托盘运输能力以及运营网点与其他供需方之间的平均距离等参量影响,而且,研究假设不同,带来不同的模型约束条件,由此产生不同的联盟调度方案和成本节约额,因此为不同托盘供给方会带来不同的收益。

而不同的收益不仅会驱动对不同联盟调度模型的需求,而且也可能会带来对联盟调度

成本节约额的不同分摊方法的需求。所以,成本节约分摊方法又作为可变的术语(第三层次可变点)是联盟调度模型的可变性主体也是变点,不同的成本节约分摊方法作为联盟调度模型的可变性主体的实例是可变性客体也是变量。

T/WD103 标准框架下托盘共用服务产品线可变性设计思路如图 2.8 所示。

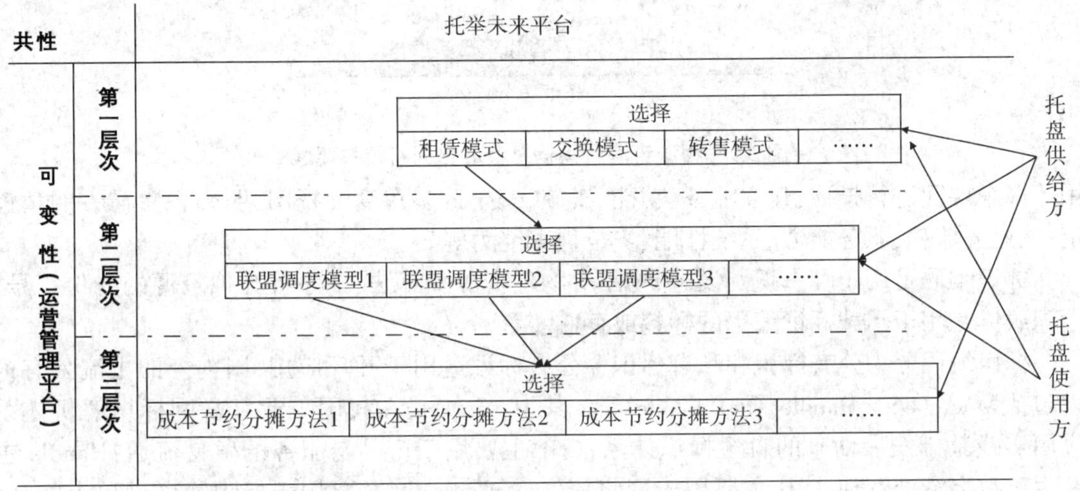

图 2.8　托盘共用服务产品线可变性设计思路

显然,可变性和可变点都是人为设计出来的。其合理性、可行性以及发展方向不仅取决于所属领域科技发展水平,而且也取决于人对系统本质的认知水平。

第三节　数字化时代的物流标准化创新需求

从信息时代到网络时代、再到数字时代,数字技术正在助推物流活动走向智慧物流阶段。根据国家标准 GB/T18354—2021《物流术语》,智慧物流即指以物联网技术为基础,综合运用大数据、云计算、区块链及相关信息技术,通过全面感知、识别、跟踪物流作业状态,实现实时应对、智能优化决策的物流服务系统。

一、智慧物流导向的物流标准化创新需求

根据智慧物流定义可知,智慧物流的焦点是实现实时应对、智能优化决策,即实现物流活动的智能化。物流活动智能化需要自动感知、自动传输、自动优化决策和自动执行等过程,为此,不仅需要通过数字化的标识代码、数据采集以及相关方之间信息传递的电子数据交换(如图 2.9 所示),开展物流管理,而且也需要基于数学模型的优化决策。而这些过程离不开物流标准化创新。

其中,标识及其解析作为实现智慧物流基本要素,也是物流标准化创新的首要任务。为解决物流系统要素互联的问题,建立物理实体间的通信,实现上层数据端到端流动,为深层次的应用提供数据资源,需要从物流要素的信息采集、网络服务、信息共享、安全保障、应

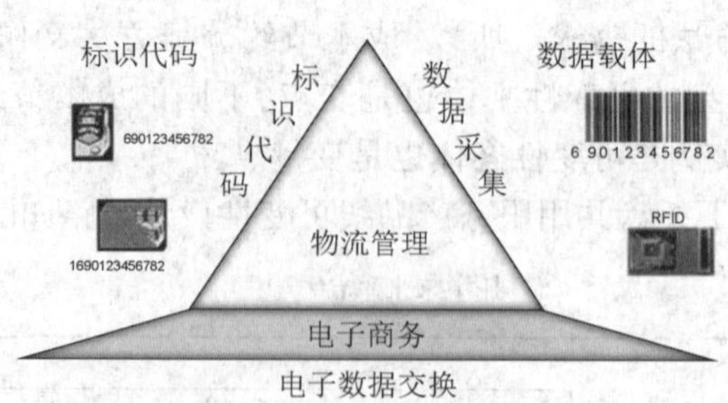

图 2.9 物流管理所需信息标准化创新相关要素

用等多个层面进行描述,建立业务、功能、实施、安全等多角度的视图,明确各参与方的角色定位、业务流程、服务能力、系统性能、安全保障能力等。

标识编码是用于唯一识别设施、物品等物理资源和算法、工序等虚拟资源的身份符号。标识载体是用于承载标识编码的标签或存储装置。

标识编码分为公有标识和私有标识。公有标识适用于开环应用,国内外的主流公有标识包括 VAA、GS1、Handle、OID、Ecode 等。其中,VAA 是在我国工业互联网标识解析体系应用实践基础发展而来的自主标识体系;GS1 主要用于产品与服务的贸易流通;Handle 主要用于数字资产管理;OID 主要用于网络资源管理;Ecode 主要用于标识物联网单个物品。私有标识适用于闭环应用,例如追溯码、防伪码、营销码、企业内部标识等。当前标识载体以一维码、二维码、RFID 和 NFC 应用为主,在智能家居、智慧交通等物联网领域逐步引入了 UICC、通信模组等主动标识载体。

目前,多标识编码体系之间的兼容性不足,难以实现信息的互联与共享。这对既涉及消费互联网又涉及工业互联网的物流系统而言,要实现智慧物流是一次大挑战。

当前工业互联网还处于发展初期,全球尚未形成成熟且可大规模应用的标识解析体系,国际和国内主流标识体系、自动识别与采集技术、网络解析架构等相关标准大多服务于消费互联网,难以满足工业互联网应用需求。为此,2019 年 1 月,工业和信息化部、国家标准化管理委员会联合发布《工业互联网综合标准化建设指南》,进一步明确了工业互联网和标识解析标准体系的建设内容,指出到 2025 年基本形成涵盖工业互联网关键技术、产品、管理及应用需求的标准体系,并与国际先进标准水平保持同步。我国工业互联网标识解析架构如图 2.10 所示。

也就是说,我国的工业互联网标识解析部署架构采用分层、分级的部署模式,由国际根节点、国家顶级节点、二级节点、企业节点、公共递归解析节点要素组成,对应的部署方式如图 2.11 所示。

其中,国际根节点:是指一种标识体系管理的最高层级服务节点,提供面向全球范围公共的根层级的标识服务,并不限于特定国家或地区。

国家顶级节点:是指一个国家或地区内部顶级的标识服务节点,能够面向全国范围提供顶级标识解析服务,以及标识备案、标识认证等管理能力。

二级节点:是面向特定行业或者多个行业提供标识服务的公共节点。二级节点既要向上与国家顶级节点对接,又要向下为工业企业分配标识编码及提供标识注册、标识解析、标

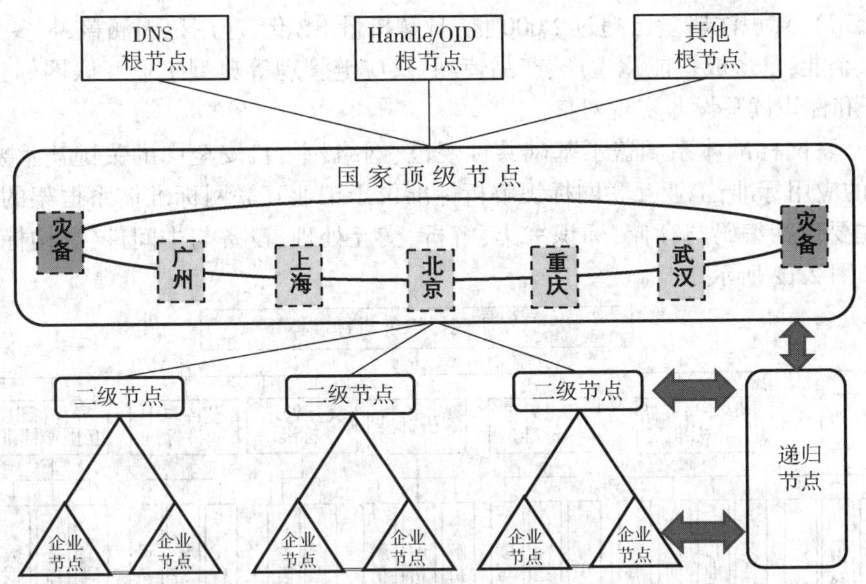

图 2.10　我国工业互联网标识解析架构(来源:工业互联网产业联盟和中国通信标准化协会)

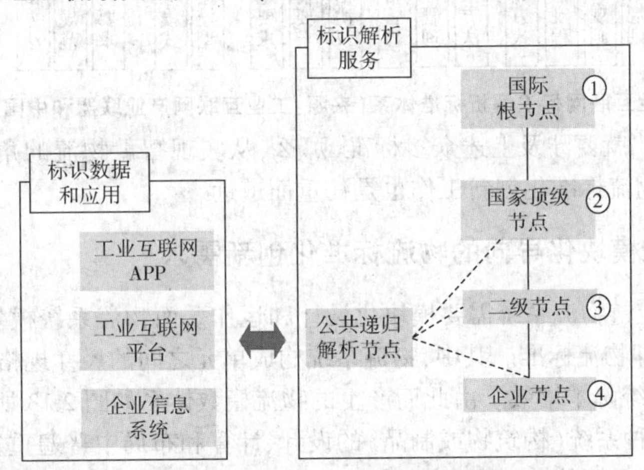

图 2.11　工业互联网标识解析部署架构(来源:工业互联网产业联盟和中国通信标准化协会)

识数据服务等,同时满足安全性、稳定性和扩展性等方面的要求。

企业节点:是指一个企业内部的标识服务节点,能够面向特定企业提供标识注册、标识解析服务、标识数据服务等,既可以独立部署,也可以作为企业信息系统的组成要素。

公共递归解析节点:是指标识解析体系的关键性入口设施,能够通过缓存等技术手段提升整体服务性能。

此外,标识解析服务的查询触发,可以是来自企业信息系统、工业互联网平台、工业互联网 APP 等多种不同形式。目前,国家顶级节点部署于北京、上海、广州、武汉、重庆 5 个城市,南京、贵阳灾备节点正在建设中,节点之间数据互为备份,提供标识就近解析服务,以保障标识解析效率。二级节点和企业节点主要分布在我国东部、中部等工业发展程度相对较高的省市,截至 2022 年 10 月底,已上线和在建中的二级节点超过 260 个,覆盖 29 个省(自治区、直辖市),标识注册量已超过2 000亿,日解析量1.2亿,应用范围涵盖38多个行业,超过20万家企业,已形成智能化生产、产品追溯、供应链管理等典型工业互联网标识应用,与主流APP和标识读写设备实现对接。

工业互联网标准体系涵盖了基础共性规范、网络、平台、安全中的关键技术要求,以及垂直行业的应用标准,工业互联网标识解析标准位于工业互联网标准体系框架的总体标准分类下,主要包括编码与存储、标识采集、解析、交互处理、设备与中间件、异构标识互操作等标准,如图2.12所示。

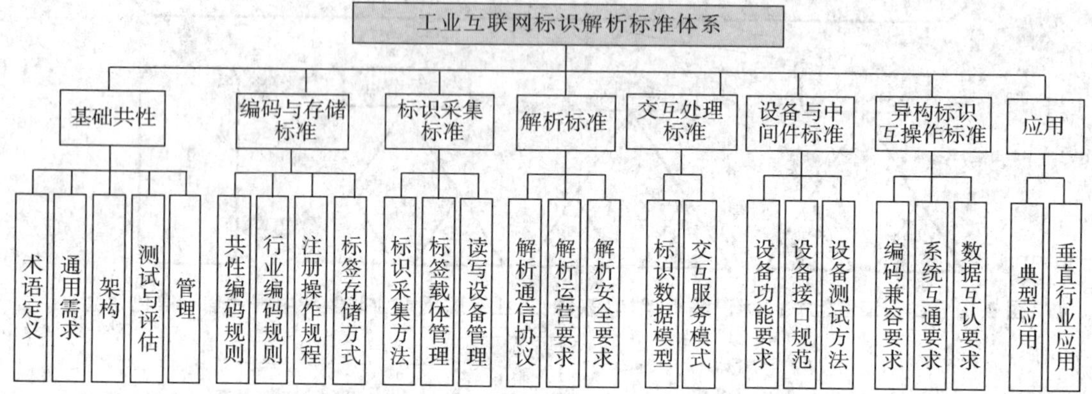

图2.12 我国工业互联网标识解析标准体系(来源:工业互联网产业联盟和中国通信标准化协会)

显然,仅"标识"就要涉及上述众多标准,那么,从实现智慧物流的角度,物流标准化创新需求将会更多,物流标准化创新工作也是任重而道远。

二、物流系统模块化导向的物流标准化创新需求

如前所述,供应链物流系统需要模块化设计和运作。而物流系统模块的分解和集中依据是"联系规则",即物流标准。其中,物流系统构成单元之间的尺寸规格作为重要"联系规则",影响着物流系统降本增效。由此而产生的物流模数体系如图2.13所示。

模数即指在某种系统(构筑物或制品)的设计、计算和布局中普遍重复应用的一种基准尺寸数。例如,建筑上用的砖,其尺寸为24 cm×12 cm×6 cm,故设计房屋的长宽尺寸时,均取24+1=25(cm)的整数倍,即砖长加1 cm灰口的整数倍。这样,砖的尺寸就成了建筑工程上最基本的尺寸。由于砖是用砖模制成的,砖模是由模的尺寸确定的,这便是"模数"的来历。

模数尺寸就是模数乘以正整数或分数所得的尺寸值。模数制实际上是在模数的基础上所制定的一套尺寸协调的标准。物流设施/设备之间的尺寸协调必然有利于物流资源的互换和共享。

基于物流模数体系,ISO于1975年以600 mm×400 mm(基本模数尺寸)的底面积为基础,规定了一系列刚性长方形运输包装尺寸。其原则是运输包装的有效外部尺寸(长和宽)可通过用一个整数乘或除标准底面积而求得,如表2.1所示。运输包装的高度可根据需要自由选择。

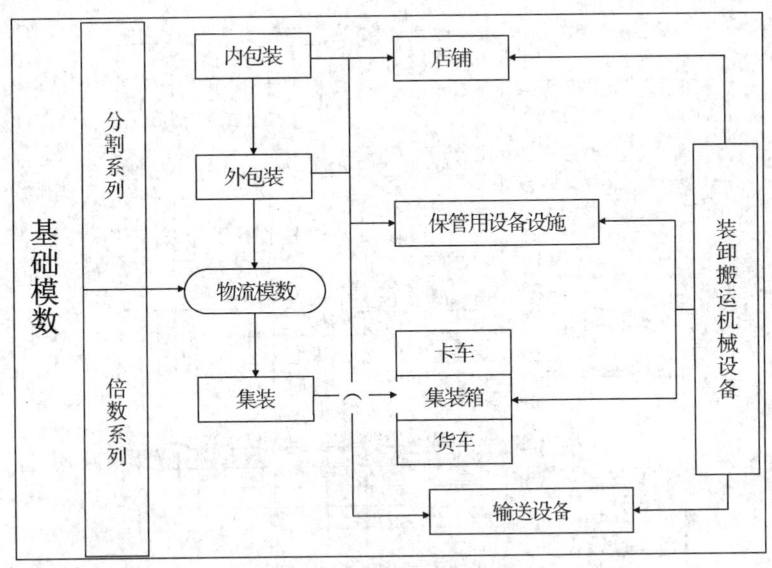

图 2.13　物流模数体系

表 2.1　运输包装尺寸　　单位:mm

模数	倍数	约数
600×400	1 200×1 000 1 200×800 1 200×600 1 200×400 800×600	600×400 300×400 200×400 150×400 120×400 600×200 300×200 200×200 150×200 120×200 600×133 300×133 200×133 150×133 120×133

在表 2.1 中,倍数是以 600×400 为模数的大包装尺寸,与托盘尺寸相同;约数为以 600×400 标准底面积等分小包装尺寸。等分小包装均可在大包装以 600×400 为模数的集装托盘上组合排列,如图 2.14 所示。

还有,托盘作为物流产业中最为基本的集装单元,随着产品在生产企业、物流企业、零售企业和用户之间流通,它与产品生产线、产品包装、叉车、货架、公路铁路运输车辆、轮船、

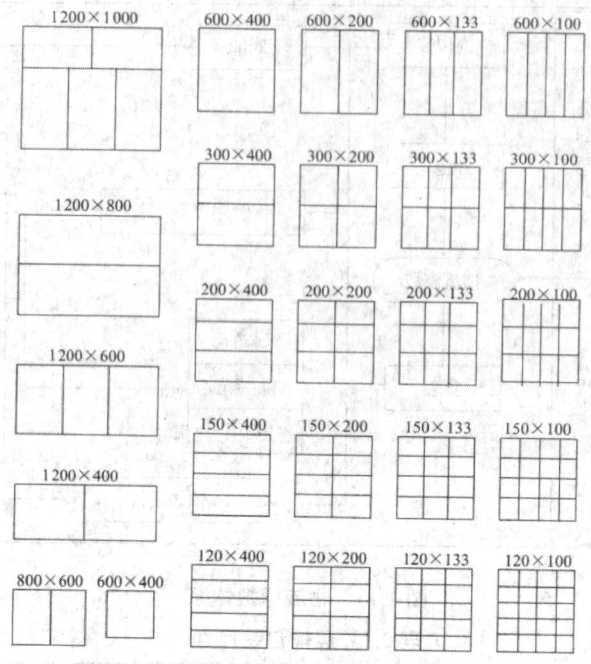

图 2.14　运输包装尺寸组合排列(单位:mm)

集装箱和仓储设施等许多方面均有较为严格的尺寸匹配关系。作为重要的物流器具,托盘贯穿于现代物流的各个环节,是最基本的集装单元。

因此,托盘的规格尺寸是考虑其他物流设备规格尺寸的基点,也是物流设施标准化的基础。但是物流设施标准化不是只制定出个别独立的标准,而必须是各标准之间相互对应配合的一套体系,这样方能将标准化的效益产生出来。其中,托盘标准化是最基本也是最核心的部分,其他物流设施的标准化与托盘规格直接相关,也就是说,必须先确定托盘规格标准,才能制定其他项目标准,物流设施标准化的整套体系应该是以托盘标准化为中心所制定出来的,如图 2.15 所示。

ISO 已于 2003 年对 ISO：6780《联运通用平托盘 主要尺寸及公差》标准进行了修订,在原有的 1 200 mm×1 000 mm,1 200 mm×800 mm,1 219 mm×1 016 mm(即 48 in×40 in),1 140 mm×1 140 mm 四种规格的基础上,新增了 1 100 mm×1 100 mm,1 067 mm×1 067 mm 两种规格。现在的托盘国际标准共有 6 种,其中,1 200 mm×800 mm 和 1 200 mm×1 000 mm 是欧洲常用的标准;1 140 mm×1 140 mm 是澳大利亚的标准;1 219 mm×1 016 mm 是美国的标准;1 100 mm×1 100 mm 是日本的标准;1 067 mm×1 067 mm 是欧美的标准。而我国托盘标准有两种:1 200 mm×1 000 mm 和 1 100 mm×1 100 mm。其中优先推荐 1 200 mm×1 000 mm 标准。

平托盘的高度一般为 100~150 mm,单面取 140 mm,双面取 150 mm。一盘要求托盘的宽度和长度的制造误差在 3 mm 以内,两对角线误差小于 8 mm。

除此之外,还有国际标准集装箱尺寸。国际标准集装箱是根据 ISO 第 104 技术委员会制定的国际标准来制造的标准集装箱。现行的国际标准为第Ⅰ系列共 13 种,宽度相同

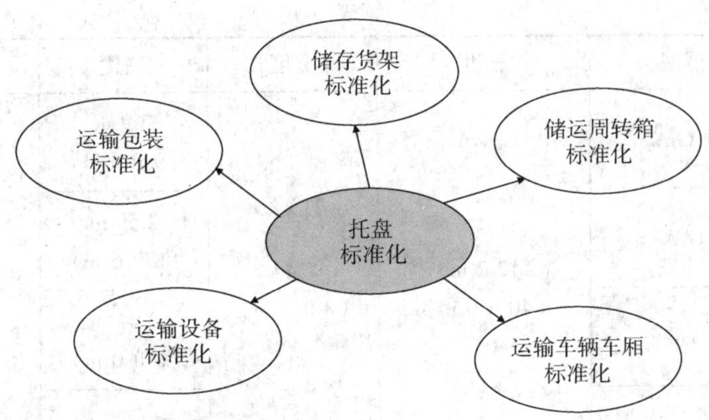

图 2.15 物流设施标准化关系图

(2 438 mm),长度有 4 种(12 192 mm、9 125 mm、6 058 mm、2 991 mm),高度有 4 种(2 896 mm、2 591 mm、2 438 mm、小于 2 438 mm),如表 2.2 所示。

表 2.2 国际集装箱标准规格

规格	箱型	长度	宽度	高度	最大总质量
3 m (10 ft)	1D	2.99 m (9 ft 9.75 in)	2.44 (8 ft 0 in)	2.44 m (8 ft 0 in)	10 160 kg
	1DX			<2.44 m (8 ft0in)	
6.1m (20 ft)	1CC	6.05 m (19 ft 10.5 in)	2.44 (8 ft 0 in)	2.59 m (8 ft 6 in)	20 320 kg
	1C			2.44 (8 ft 0 in)	
	1CX			<2.44 m (<8 ft 0 in)	
9.1 m (30 ft)	1BBB	9.12 m (29 ft 11.25 in)	2.44 (8 ft 0 in)	2.9 m (9 ft 6 in)	25 400 kg
	1BB			2.59 m (8 ft 6 in)	
	1B			2.44 m (8 ft 0 in)	
	1BX			<2.44 m (8 ft 0 in)	

续表

<table>
<tr><th>规格</th><th>箱型</th><th>长度</th><th>宽度</th><th>高度</th><th>最大总质量</th></tr>
<tr><td rowspan="4">12.2 m
（40 ft）</td><td>1AAA</td><td rowspan="4">12.2 m
（40 ft 0 in）</td><td rowspan="4">2.44
（8 ft 0 in）</td><td>2.9 m
（9 ft 6 in）</td><td rowspan="4">30 480 kg</td></tr>
<tr><td>1AA</td><td>2.59 m
（8 ft 6 in）</td></tr>
<tr><td>1A</td><td>2.44 m
（8 ft 0 in）</td></tr>
<tr><td>1AX</td><td><2.44 m
（8 ft 0 in）</td></tr>
</table>

在 ISO 体系中的 1CC 型集装箱，是钢质普通货物集装箱中最具有代表的一种箱型，在集装箱作业量统计中所使用的标准箱 TEU 单位，就是以它作为基础的换算单位。一般来说，长 20 ft，宽和高均为 8 ft 的集装箱作为一个标准箱 TEU，即 1CC＝TEU。

三、精益物流导向的物流标准化创新需求

不同于其他系统，以物流需求多变、物流功能多样以及物流业务分布分散为特征的物流系统，特别是，物流系统作业对象的移动性等特点给物流资源有效利用带来了极大挑战。比如，将某物质装载于包装箱、周转箱、托盘和集装箱，从始发地运输到目的地卸载货物后，承载用周转箱、托盘、集装箱以及运输设施等物流资源如何再精益对接继续利用，这是影响物流系统降本增效以实现精益物流的关键问题。

精益思想最早起源于日本丰田公司的拉动式生产，拉动式生产的极限目标是“一个流、零库存、零品种切换、零缺陷、零浪费”，其基本理念是通过减小批量→降低库存→暴露问题→解决问题→再次减小批量→直到批量为一个，良性循环，以实现持续的改进。精益生产作为拉动式生产的精髓，含有两个基本思维取向：一是“暴露问题→解决问题→持续改进”；二是“零缺陷→零浪费→持续改进”，这就是说，无浪费的持续改进是精益生产的核心思维取向，由此而产生精益物流概念。

根据国家标准 GB/T18354—2021《物流术语》定义，精益物流即指消除物流过程中的无效和非增值作业，用尽量少的投入满足客户需求，并获得高效率、高效益的物流活动。

显然，物流系统降本增效的持续改进是精益物流之本质，物流资源共享又是物流系统降本增效所必需的。前述的智慧物流以及物流系统模块化，虽然都能助力物流资源共享以推进物流系统降本增效，但仍不足以能实现精益对接。精益对接需要的是完全匹配，而为不同需求服务的物流系统必然需要不同质量水平的物流资源或物流模块，所以，精益物流导向的物流标准化创新需要对不同物流资源或物流模块制定不同质量分级标准，并开展分级认证活动。当然，分级标准和分级认证都属于物流标准化创新活动。

总之，智慧物流、物流系统模块化以及精益物流是数字化时代物流标准化创新所追求的。

思考题

(1)思考物流需求的产生,并举例说明。

(2)思考供应链物流系统工程及其模块化运作过程,并举例说明。

(3)思考物流服务产品线、物流服务产品族以及物流标准集之间的关联性。

(4)举例说明物流标准化创新工程和物流系统工程之间的过程关联性。

(5)思考物流服务产品线可变性设计思路。

(6)思考物流标准与物流模块之间的关联性。

(7)思考智慧物流、物流模块以及精益物流对物流标准化创新的需求,并举例说明。

第三章　物流标准体系架构

[引导案例]我国物流标准体系构筑过程

自2003年国家标准化管理委员会批准成立全国物流标准化技术委员会以及全国物流信息管理标准化技术委员会以来，我国物流标准化工作纳入国家发展规划，从总体性的号召、宣传、规划、推动，逐渐进入有计划、有重点、分工合作、深入细致、分行业分具体问题的具体实施阶段，并历经两次修订，确定了我国物流标准体系表(2010年版)。

我国物流标准体系表是依据GB/T 13016—1991《标准体系表的编制原则和要求》编制的。GB/T 13016标准历经两次(2009年和2018年)修订，目前现行标准是GB/T 13016—2018《标准体系构建原则和要求》。2010年版我国物流标准体系表的编制，是符合GB/T 13016标准中的全面成套、层次恰当、划分明确等原则和要求的。2010年版我国物流标准体系表框架如图3.1和图3.2所示。

从2011年开始，以物流标准体系表为依据，在不断补充、完善、修订并制定各类物流标准以及加快公共类、专业类物流标准制定的同时，强化了标准宣贯的实施。为了客观地反映物流标准化的现状，有效地发挥现有标准在行业中的引导和规范作用，让标准的使用方更好地了解物流标准，使用时能可知、可查、可用，中国物流与采购联合会标准工作部组织专家对我国物流标准进行全面收集和整理的基础上，向社会发布《物流标准目录手册》，并每年进行汇总更新。

《物流标准目录手册》按内容分为基础类标准(术语、导则、图形符号与标志)、公共类标准(综合类、物流设施设备类、物流技术、作业与管理类以及物流信息类)、专业类标准(农副产品、食品冷链物流，其他农副产品、食品物流，汽车物流，医药物流，家电物流，煤炭物流，粮油物流，电子商务物流与快递标准，出版物物流，烟草物流，木材物流，进出口物流，化工和危险货物物流，酒类物流，钢铁类物流，应急物流，棉花物流，其他物流)和标准化指导性文件四大部分，在每部分中又按基础性标准、物流装备、物流技术、物流服务及管理、物流信息进行分类，以便使用者进行查询。

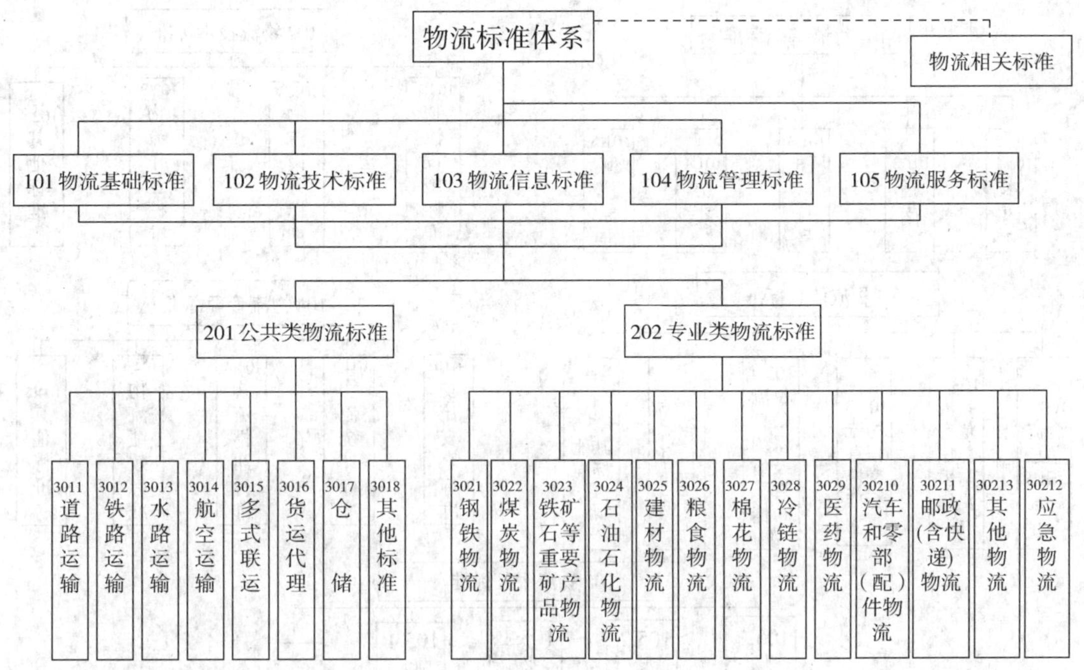

图 3.1 我国物流标准体系表总框架

(资料来源:根据相关资料整理)

了解管理体系过程方法和典型管理体系模型,掌握基于物流系统架构的物流标准体系架构,掌握学习和解读现行物流标准的方法是本章的主要目的。

通过本章的学习,学员能够了解、掌握:

☆ 标准体系、标准体系表以及标准体系架构的区别;

☆ 管理体系过程方法内涵和 PDCA 循环方法;

☆ ISO 的管理体系模型结构;

☆ ISO 9000 族质量管理体系模型及其相关主要概念;

☆ 物流系统目标与架构;

☆ 基于物流系统架构的物流标准体系架构的作用;

☆ 构建并优化我国现行物流标准体系的方法。

国家标准 GB/T 22032—2021《系统与软件工程 系统生存周期过程》明确,架构(architecture)即体系结构,是指系统在其环境中的基本概念或属性,体现在其元素、关系以及设计和演变原则中。

国家标准 GB/T 13016-2018《标准体系构建原则和要求》明确,构建标准体系是运用系统论指导标准化工作的一种方法。标准体系是一个动态的系统,在使用过程中应不断优化完善,并随着业务需求、技术发展的不断变化进行维护更新。标准体系表是一定范围内包含现有、应有和预计制定标准的蓝图,是一种标准体系模型。

标准体系架构也是一种标准体系模型,但是,比起以展示现有、应有和预计制定标准为

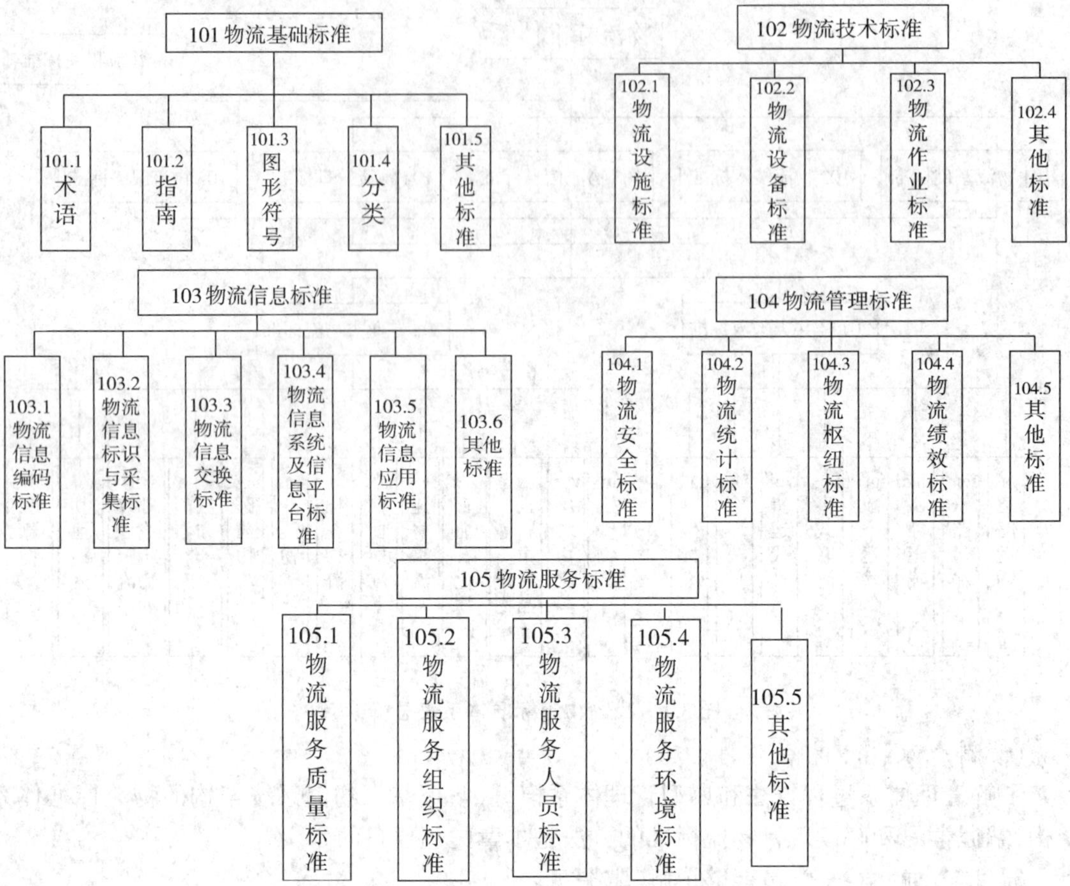

- 101 物流基础标准
  - 101.1 术语
  - 101.2 指南
  - 101.3 图形符号
  - 101.4 分类
  - 101.5 其他标准
- 102 物流技术标准
  - 102.1 物流设施标准
  - 102.2 物流设备标准
  - 102.3 物流作业标准
  - 102.4 其他标准
- 103 物流信息标准
  - 103.1 物流信息编码标准
  - 103.2 物流信息标识与采集标准
  - 103.3 物流信息交换标准
  - 103.4 物流信息系统及信息平台标准
  - 103.5 物流信息应用标准
  - 103.6 其他标准
- 104 物流管理标准
  - 104.1 物流安全标准
  - 104.2 物流统计标准
  - 104.3 物流枢纽标准
  - 104.4 物流绩效标准
  - 104.5 其他标准
- 105 物流服务标准
  - 105.1 物流服务质量标准
  - 105.2 物流服务组织标准
  - 105.3 物流服务人员标准
  - 105.4 物流服务环境标准
  - 105.5 其他标准

图 3.2 我国物流标准体系表第二层框架

目的的标准体系表,标准体系架构关注的是各类标准之间的关联性以及标准化创新逻辑和演变原则,以指导标准化创新的可持续发展。也就是说,标准体系架构需要侧重于标准形成逻辑的展示。

本章应用管理体系过程方法来研究物流标准体系架构,旨在助推物流标准体系架构在物流标准化创新过程中的引导作用。

第一节 管理体系过程方法及其应用

管理体系过程方法概念取自于 ISO 9001:2008《介绍和支持文件包》中的文件《管理体系过程方法的概念、内容和用途指南》。该文件为理解“过程方法”概念、目的及其在管理体系中的应用提供指南。

一、管理体系过程方法的内涵

强调“管理体系过程方法”而非“过程方法”,是因为将相互关联的过程作为一个体系加以理解和管理，有助于组织有效和高效地实现其预期结果。这种方法使组织能够对其体系的过程之间相互关联和相互依赖的关系进行有效控制，以提高组织整体绩效。

《管理体系过程方法的概念、内容和用途指南》定义“过程”为“将输入转化为输出的一组相互关联、相互作用的活动”。而且，这些活动需要配置资源，如人员和材料。如图 3.3 一般的过程示意图和图 3.4 单一过程要素示意图所示。

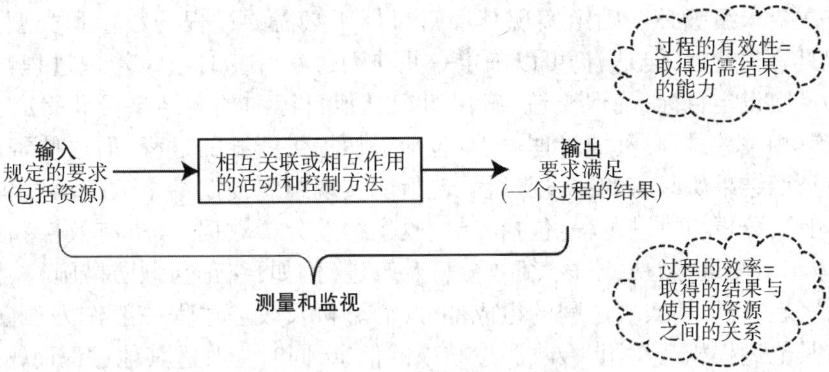

图 3.3 一般的过程示意图

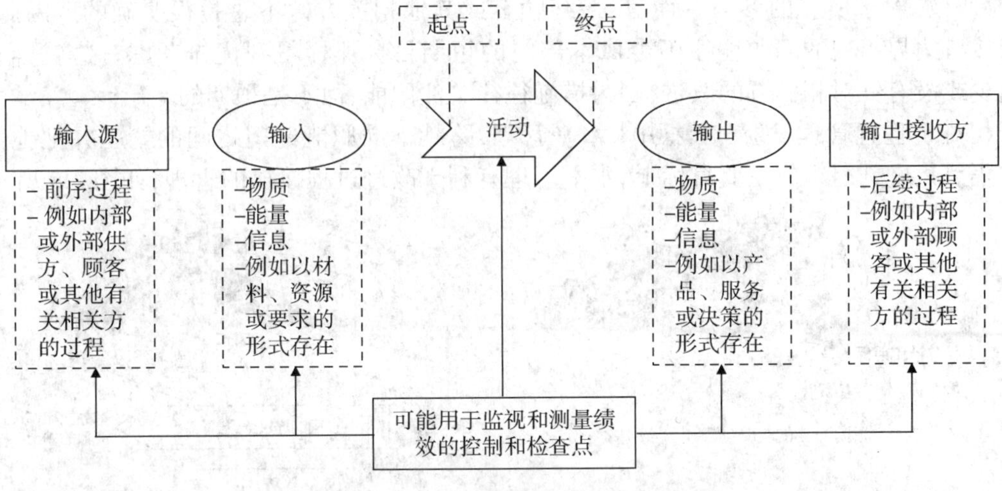

图 3.4 单一过程要素示意图

《管理体系过程方法的概念、内容和用途指南》定义“过程方法”为“为了产生期望的结果，由过程组成的系统在组织内的应用，连同这些过程的识别和相互作用，以及对这些过程的管理，可称之为‘过程方法’”。

过程方法是为顾客和其他相关方创造价值的、有力的组织与管理活动，旨在提高组织实现既定目标方面的有效性和效率。过程的有效性即指取得所需结果的能力；过程的效率即指取得的结果与使用的资源之间的关系。

与其他方法相比，过程方法的主要优点是对这些过程间的相互作用和组织的职能层次间的接口进行管理和控制。输入和期望的输出可以是有形的（如设备、材料和元器件）或无形的（如能量或信息）。输出也可能是非期望的，如肥料或污染。

每个过程都有顾客和受过程影响的其他相关方(他们可以是组织内部的,也可以是组织外部的),他们根据其需求和期望规定所需要的输出。

过程方法要求通过系统进行收集数据、分析数据,以提供有关过程业绩的信息,并确定纠正措施或改进的需求。而且,要求所有过程都应与组织的目标、规模和复杂程度相一致,要规定所有过程都增值。过程的有效性和效率可通过内部和外部评审过程来进行评审。

过程方法要求组织必须确定实现其经营目标所必需的过程的数量和类型。虽然每个组织的过程具有独特性,但是,仍可以确定一些典型过程,例如,组织管理过程:包括与战略规划、制定方针、设定目标、确保交流、确保组织其他目标和预期结果可获得必要的资源以及管理评审等相关的过程;资源管理过程:包括一切提供资源的过程,而这些资源是实现组织的目标及预期结果所必需的;实现过程:包括能实现组织预期结果的一切过程,即设计和实施过程;测量、分析与改进过程:包括测量、收集绩效分析数据、改进有效性和效率所必需的过程,具体包括测量、监视、审核、绩效分析及改进(例如,纠正与预防措施)。测量过程通常被记录为管理、资源和实现过程的组成部分,而分析及改进过程一般作为独立过程,这种独立过程与其他过程相互作用,接收测量结果的信息,同时为改进其他过程而输出信息。

由于组织经常被设计成职能部门的层级结构,根据在职能部门间的责任划分进行垂直管理,所以,对于所有的参与者而言,最终顾客或其他相关方并不总是很明确的。因此,在部门接口边界出现的问题往往不会像本部门的短期目标那样得到优先考虑。这就容易导致很少或没有针对相关方的改进,因为措施往往关注职能,而不是预期的产出。

相对于垂直管理,过程方法引入水平管理,跨越不同职能部门之间的壁垒并把他们的关注焦点集中到组织的主要目标上,水平管理有利于改进过程接口的管理,如图 3.5 所示。

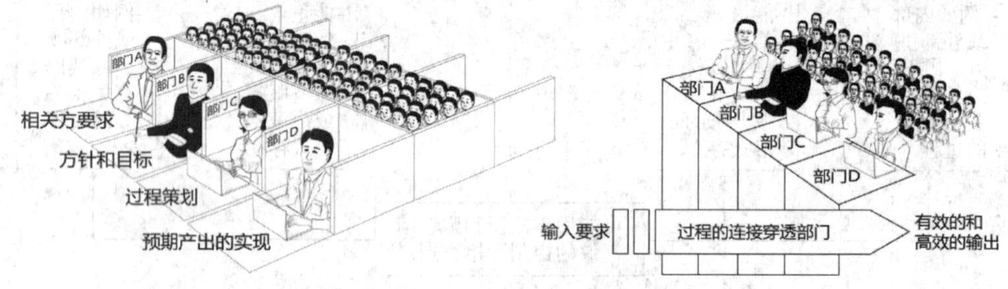

图 3.5 一个组织中过程联系的例子

组织采用过程方法可提升其绩效。组织可将其过程当作一个“系统”进行管理,此“系统”包括过程网络和过程间的相互作用,便于组织对增值有更好的理解。组织过程网络的协调运作常被称作管理的“系统方法”。

一个过程输出可能是其他过程输入,并与整个网络或系统相互联系在一起(要了解一般例子,如图 3.6 和图 3.7 所示)。

过程方法的实施主要包括识别过程、策划过程、实施和测量过程、分析过程以及改进过程。其中,识别过程包括确定宗旨、确定方针和目标、识别产生预期输出所需的所有过程、确定过程顺序、确定过程责任者、确定那些要形成文件的过程以及如何形成文件;策划过程包括确定过程内的活动、确定监视和测量要求、确定所需的资源、根据既定目标来验证过

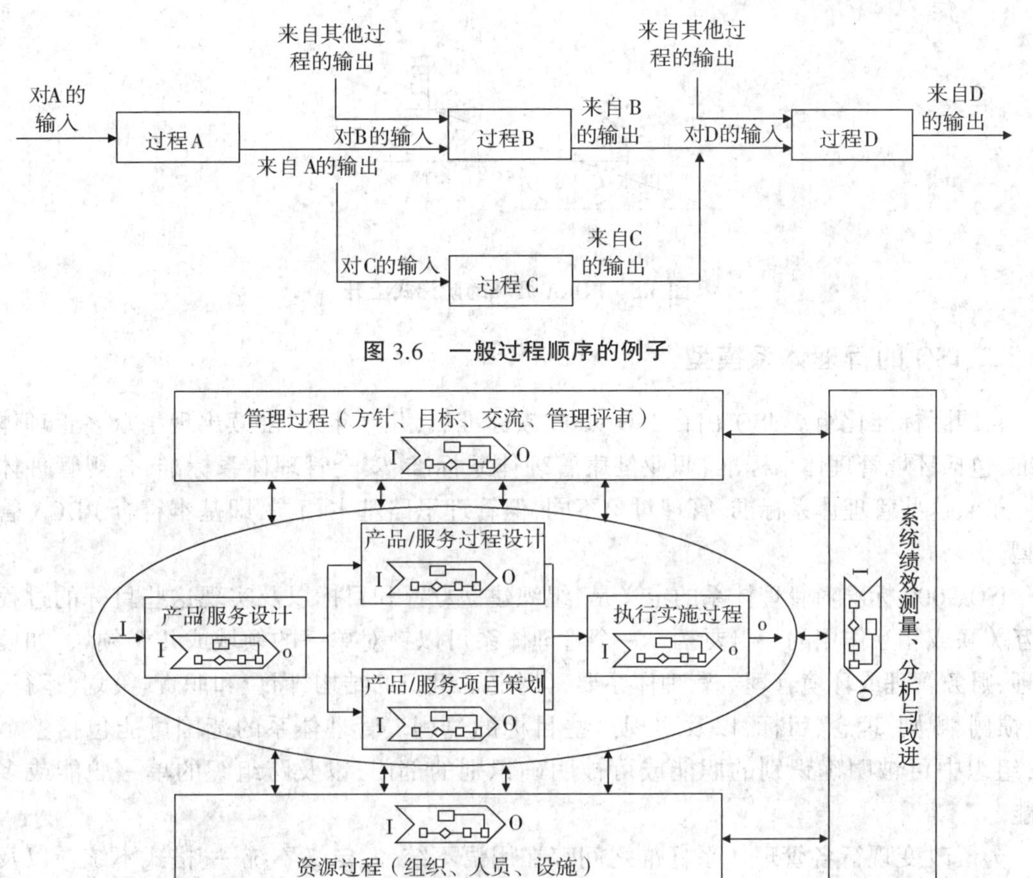

图 3.6 一般过程顺序的例子

注：I-输入；O-输出

图 3.7 过程顺序和它的相互作用

程;实施过程包括按计划开展活动,并实施测量、监视和控制;分析过程包括分析并评价从监视和测量中获得的过程数据、确认过程的有效性和效率;改进过程包括对现有问题的改进和基于风险思维的潜在问题的改进。

其中,PDCA 方法是改进过程的一种有效工具。P(Plan)代表策划,D(Do)代表实施,C(Check)代表检查,A(Action)代表处置。PDCA 四个阶段又细化为八个步骤,即 P 阶段的存在的问题、问题的主要原因和措施;D 阶段的采取措施;C 阶段的调查效果;A 阶段的巩固措施和遗留问题。

PDCA 方法是从“存在的问题”开始,以“解决问题”为目标,强调系统的持续改进。可以说,PDCA 方法是计划、组织、协调和控制模型的细化模型,而且,其 A 阶段的第七个步骤巩固措施就相当于把总结的成果纳入标准,并针对遗留问题再进行 PDCA 循环,不停顿地周而复始地进行运转,靠标准化来推动系统的持续改进,如图 3.8 所示。显然,PDCA 方法不仅能推动系统持续改进,而且也能带来标准化创新。

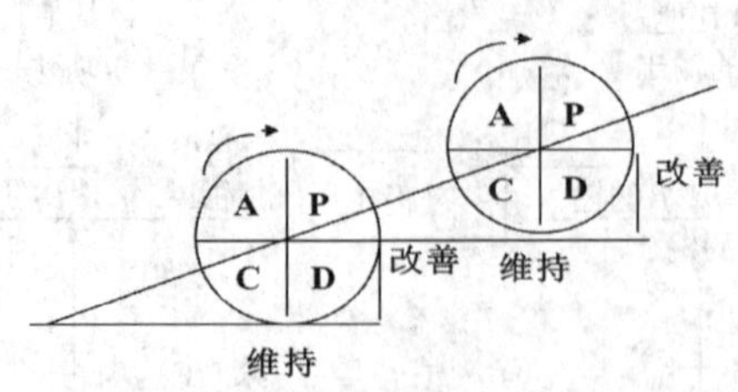

图 3.8　PDCA 循环的阶梯式上升

二、ISO 的管理体系模型

自国际标准化组织 ISO 出台 ISO 9000 族标准后，几十年来，陆续出现了众多管理体系标准，包括环境管理体系标准、职业健康管理体系标准、安全管理体系标准、合规管理体系等。虽然这些管理体系标准、管理对象不同，但管理思路基本相同，即基本符合 PDCA 管理模型。

ISO 9000 标准对管理体系的定义是，组织建立方针和目标以及实现这些目标的过程的相互关联或相互作用的一组要素。一个管理体系可以针对单一的领域或几个领域，如质量管理、财务管理或环境管理。管理体系要素规定了组织的结构、岗位和职责、策划、运行、方针、惯例、规则、理念、目标，以及实现这些目标的过程。管理体系的范围可能包括整个组织，组织中可被明确识别的职能或可被明确识别的部门，以及跨组织的单一职能或多个职能。

为了改变现行各管理体系标准之间存在用语不统一、定义不统一、格式不统一以及结构不统一等状况，避免给实施各管理体系标准的实体，以及相关的咨询、培训、认证等有关人士造成困惑而付额外成本，还有由于理解的不一致造成的实施中的偏差，2013 年，ISO 公布了一个指导文件：*ISO Directives* 2013。该指导文件中有一个规范性的附件：《附件 SL》（Annex SL）。《附件 SL》其实是一个管理体系标准（Management System Standards）的标准模板（Template），即是一个“标准的标准”。按照 ISO 要求，将来所有的 ISO 管理体系标准，如我们熟知的 ISO 9001，ISO 14001，ISO 28000 等，在今后修改时都要按照《附件 SL》的要求改写。已发布的 ISO 9001：2015《质量管理体系要求》就是按照《附件 SL》的要求设置结构的。

《附件 SL》在世界范围内的影响是巨大和深远的。其不仅有利于现行管理体系标准的实施，也为今后一致性的管理体系标准的制定建立标准模板。《附件 SL》包含两方面的内容：标准化的管理体系标准通用术语和标准化的管理体系标准通用结构。

《附件 SL》里面列举了 22 个术语，作为管理体系标准的通用术语，包括组织、利益相关者、政策、管理体系、目标、风险等。其中最值得注意的是“风险”。“风险”之所以值得注意，是因为这是历史上第一次进入通用术语。由于这些通用术语是在所有的管理体系标准中都要使用的，所以“风险”进入通用术语标志着对风险的重视，标志着在所有管理体系标准中对风险的强调。例如，在《附件 SL》专门论述“计划”的第六章中，明确要求“计划”应当考量风险，并对相关的风险采取措施。

《附件 SL》提出的管理体系标准的结构,是一个高层次的结构。根据《附件 SL》,一个管理体系标准,除了引言(Introduction)以外,应该包括 10 章,即:

第 1 章——范围(Scope);

第 2 章——规范性引用文件(Normative references);

第 3 章——术语和定义(Terms and definitions);

第 4 章——组织的环境(Context of the organization);

第 5 章——领导(Leadership);

第 6 章——计划(Planning);

第 7 章——支持(Support);

第 8 章——运行(Operation);

第 9 章——绩效评价(Performance evaluation);

第 10 章——改进(Improvement)。

对管理体系标准的每一章的内容,《附件 SL》都提出了一些一般性的要求。例如,前面提到的在计划中应该包含如何应对风险的要求。

三、ISO 9000 族质量管理体系模型

自 1987 年第一版 ISO 9000 族质量管理体系标准发布以来,历经 4 次(分别在 1994 年、2000 年、2008 年和 2015 年)修订,目前沿用 ISO 9000:2015《质量管理体系 基础和术语》、ISO 9001:2015《质量管理体系 要求》以及 ISO 9004:2018《质量管理 组织的质量 实现持续成功指南》等 ISO 9000 族三个核心标准。我国将其转换为国家标准 GB/T 19000—2016《质量管理体系 基础和术语》、GB/T 19001—2016《质量管理体系 要求》和 GB/T 19004—2020《质量管理 组织的质量 实现持续成功指南》等三个核心标准。

ISO 9000 族的三个核心标准之间是相互关联的。ISO 9000 标准是共识基础,ISO 9001 标准是底线要求,ISO 9004 标准是发展方向。限于篇幅,本著作侧重说明 ISO 9000 标准的质量管理原则、ISO 9001 标准的过程方法应用和基于风险的思维,以及 ISO 9004 标准的组织质量、持续成功要素和过程管理。

1.ISO 9000 标准对组织的定义与质量管理原则

管理的本质主要在于对人的管理。ISO 9000 族标准主要是针对"组织"明确了质量管理体系要求,并为"组织"实现持续成功提供了指南。ISO 9000 标准对"组织"的定义是,为实现目标,由职责、权限和相互关系构成自身功能的一个人或一组人。组织的概念包括,但不限于代理商、公司、集团、商行、企事业单位、行政机构、合营公司、协会、慈善机构或研究机构,或上述组织的部分或组合,无论是否为法人组织,公有的或私有的。

ISO 9000 标准提出的 7 项质量管理原则包括:

(1)以顾客为关注焦点:质量管理的首要关注点是满足顾客要求并且努力超越顾客期望;

(2)领导作用:各级领导建立统一的宗旨和方向,并创造全员积极参与实现组织的质量

目标的条件；

(3)全员积极参与：整个组织内各级胜任、经授权并积极参与的人员，是提高组织创造和提供价值能力的必要条件；

(4)过程方法：将活动作为相互关联、功能连贯的过程组成的体系来理解和管理时，可更加有效和高效地得到一致的、可预知的结果；

(5)改进：成功的组织持续关注改进；

(6)询证决策：基于数据和信息的分析和评价的决策，更有可能产生期望的结果；

(7)关系管理：为了持续成功，组织需要管理与相关方(如供方)的关系。

2.ISO 9001 标准的过程方法和基于风险的思维

(1)过程方法的应用

前述的过程方法是 ISO 9000 族标准的核心思想。ISO 9001 标准倡导在建立、实施质量管理体系以及提高其有效性时采用过程方法，通过满足顾客要求增强顾客满意度。

过程方法包括按照组织的质量方针和战略方向，对各过程及其相互作用进行系统的规定和管理，从而实现预期结果。可通过采用 PDCA 循环以及始终基于风险的思维对过程和整个体系进行管理，旨在有效利用机遇并防止发生不良结果。

在质量管理体系中应用过程方法能够理解并持续满足要求、从增值的角度考虑过程、获得有效的过程绩效、在评价数据和信息的基础上改进过程。如图 3.4 所示，每一过程均有特定的监视和测量检查点以用于控制，而且这些检查点根据相关的风险的不同而有所不同。

另外，PDCA 循环能够应用于所有过程以及整个质量管理体系。图 3.9 表明了 ISO 9001 标准第 4 章至第 10 章是如何构成 PDCA 循环的。

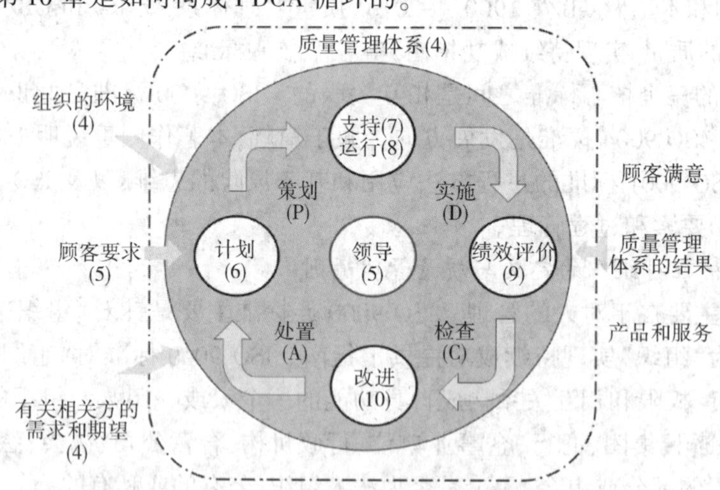

图 3.9　ISO 9001 标准的结构在 PDCA 循环中的展示(括号中的数字表示 ISO 9001 标准中相应的章)

总之，立足于“需求”，以满足“需求”为目的，设计并管理系统的“主过程”，特别是，关注“过程接口”的管理，确保“过程”之间的有效衔接，持续简化过程、优化过程，提高过程的有效性和效率，开展“需求”拉动的系统工程活动就是过程方法的基本思想。而且，实施过程方法的最有效手段就是对影响过程的各要素进行标准化。

(2)基于风险的思维

基于风险的思维是实现质量管理体系有效性的基础。为满足 ISO 9001 标准的要求,组织需策划和实施应对风险和机遇的措施。应对风险和机遇,为提高质量管理体系有效性、获得改进结果以及防止不利影响奠定了基础。

某些有利于实现预期结果的情况可能导致机遇的出现,例如:有利于组织吸引顾客、开发新产品和服务、减少浪费或提高生产率的一系列情形。利用机遇所采取的措施也可能包括考虑相关风险。风险具有不确定性的影响,不确定性可能有正面的影响,也可能有负面的影响。风险的正面影响可能提供机遇,但并非所有的正面影响均可提供机遇。

ISO 9001 标准要求组织理解其组织环境,并以确定风险作为策划的基础。这意味着将基于风险的思维应用于策划和实施质量管理体系过程,并有助于确定成文信息的范围和程度。

质量管理体系的主要用途之一是作为预防工具。因此,ISO 9001 标准并未就"预防措施"设置单独条款或子条款,预防措施的概念是通过在质量管理体系要求中融入基于风险的思维来表达的。

虽然 ISO 9001 标准规定组织应策划应对风险的措施,但并未要求运用正式的风险管理方法或将风险管理过程形成文件。组织可以决定是否采用超出 ISO 9001 标准要求的更多风险管理方法,如通过应用其他指南或标准。

在组织实现其预期目标的能力方面,并非质量管理体系的全部过程表现出相同的风险等级,并且不确定性的影响对于各组织不尽相同。根据 ISO 9001 标准要求,组织有责任应用基于风险的思维,并采取应对风险的措施,包括是否保留成文信息,以作为其确定风险的证据。

ISO 9001 标准规定的质量管理体系要求是对产品和服务要求的补充,该标准关注对组织的产品和服务提供信心。

3.ISO 9004 标准的组织质量、持续成功要素和过程管理

ISO 9004 标准是基于 ISO 9000 标准阐述的质量管理原则,为组织提供了在复杂、严峻和不断变化的环境中实现持续成功的指南。综合运用这些质量管理原则,能够为确立组织的价值观和战略奠定统一基础。

相对 ISO 9001 标准关注对组织的产品和服务提供信心,ISO 9004 标准关注对组织实现持续成功的能力提供信心。

最高管理者对组织满足顾客和其他有关相关方需求和期望的能力的关注,将增强组织实现持续成功的信心。ISO 9004 标准阐述了对组织整体绩效的系统性改进,包括对有效和高效的管理体系的策划、实施、分析、评价和改进。

多年来,影响组织成功的因素不断显现、演变、增加或减少,适应这些变化对于持续成功很重要。这些因素包括社会责任、环境和文化的因素,以及以前可能考虑过的诸如效率、质量和敏捷性等因素。综合来看,这些因素都是组织环境的组成部分。

通过各级管理人员学习并理解组织不断变化的环境，可以增强实现持续成功的能力。改进和创新也支持持续成功。

ISO 9004 标准倡导自我评价，并提供了用于评审组织采用该标准中概念的程度的自我评价工具。ISO 9004 标准结构如图 3.10 所示，该图包含了该标准所涉及的组织实现持续成功的必要要素。

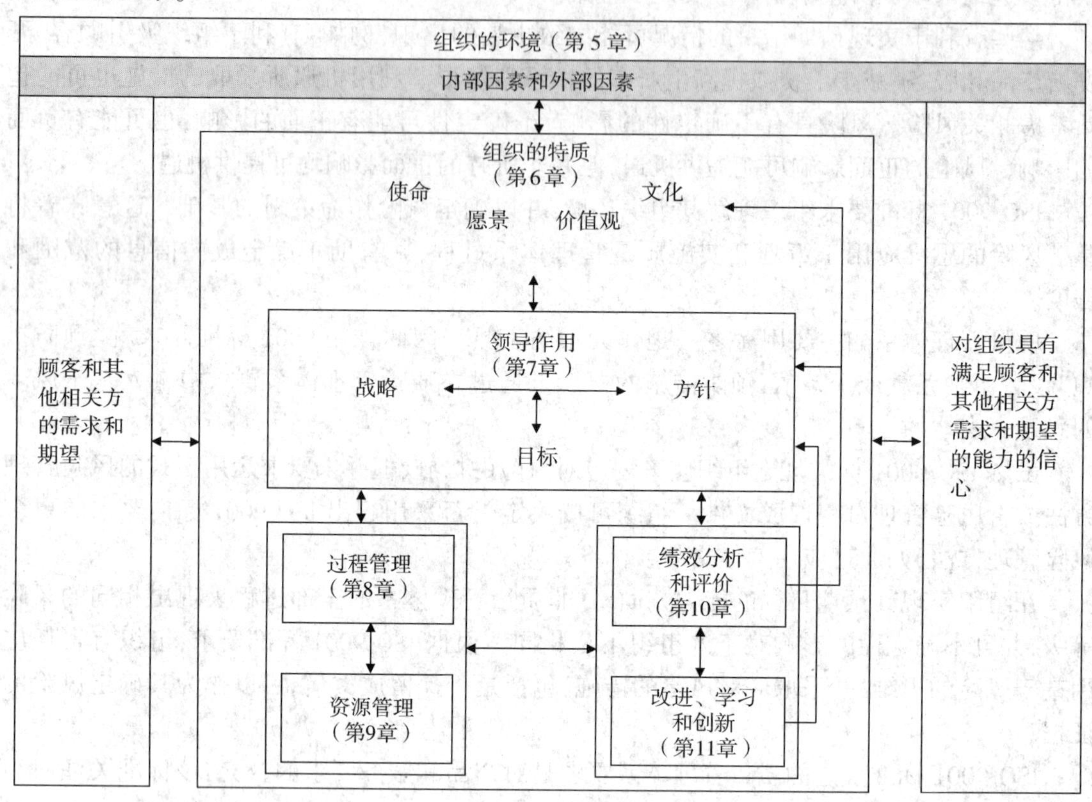

图 3.10　ISO 9004 标准结构示意图

组织的质量是指为实现持续成功，组织的固有特性满足其顾客和其他相关方需求和期望的程度。哪些因素与实现持续成功相关由组织决定。

组织应超越其产品和服务质量以及顾客的需求和期望。为了实现持续成功，组织应关注对相关方需求和期望的预测并予以满足，从而增强相关方满意及综合体验。

组织应运用质量管理的所有原则，以实现持续成功。尤其应注意“以顾客为关注焦点”和“关系管理”原则，以满足相关方的不同需求和期望。

各相关方的需求和期望可能是不同的、一致的或相互冲突的，或者变化很快。因此，可采用多种形式表达和满足相关方的需求和期望，如合作、谈判、外包或终止活动；在应对相关方的需求和期望时，组织还应考虑相关方之间的相互关系。

相关方的组成可能随时间的推移以及在不同的组织、行业、文化和国家之间有很大差异，图 3.11 给出了相关方及其需求和期望的示例。

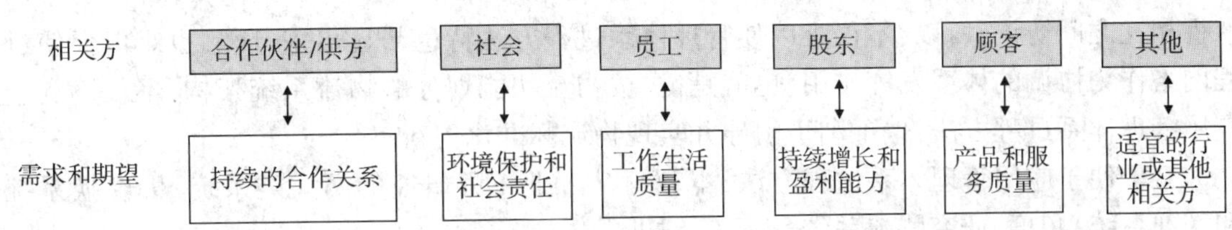

图 3.11　相关方及其需求和期望的示例

组织由其特质和环境界定。组织的特质由基于其使命、愿景、价值观和文化的特性确定。使命、愿景、价值观和文化相互依存,它们之间的关系是动态的。使命即指组织存在的目的;愿景即指组织期待实现的愿望;价值观即指在形成组织文化中发挥作用以及确定什么对组织重要时的原则和/或思维模式,且支持组织的使命和愿景;文化即指与组织的特质相关的信念、历史、伦理,以及所遵循的行为和态度。

组织的文化与其使命、愿景和价值观相一致很重要。在确定组织的使命、愿景和价值观时,最高管理者应确保考虑了组织的环境。这包括理解组织当前的文化和评价改变文化的需求。组织的战略方向及其方针应与这些特质要素保持一致。

最高管理者应按照策划的时间间隔以及在组织的环境发生变化时,评审其使命、愿景、价值观和文化。这种评审应考虑对实现持续成功的组织能力能够产生影响的外部和内部因素。当任何特质要素发生变化,适当时应在组织内部并与相关方沟通。

过程管理是确保组织质量和持续成功的基础和前提。组织应通过过程网络中相互关联的活动提供价值。过程通常跨越组织内的职能界限。当过程网络作为协调的体系发挥作用时,可更加有效和高效地达到一致且预期的结果。

过程对于组织来说是特定的,随着组织的类型、规模和成熟度等级而有所不同。每一过程的活动都应根据组织的规模和显著特征予以确定和修正。

为了实现其目标,组织应确保主动地管理所有过程,包括外部提供的过程,以确保其有效和高效。优化平衡过程的不同目的和特定目标,并与组织的目标保持一致很重要。

这可通过采用“过程方法”来完成,包括确定过程、过程间的相互依存关系、约束条件以及共享资源。

总之,过程方法作为 ISO 9000 族标准的灵魂,渗透并融入系列标准的所有内容体系,影响着与体系相关所有人的思维过程。可以说,ISO 9000 族标准是典型的思维导向型管理模型,也是最适合标准化创新领域的管理模型。

第二节　基于物流系统架构的物流标准体系架构

关于物流系统架构已有多种模型,其中,最典型的模型就是基于物流功能的物流系统架构。按运输、储存、装卸、搬运、包装、流通加工、配送、信息处理等基本物流功能体现的物流系统架构,虽然因其简单明了而容易理解,但又因容易带来过于强调各自功能重要性而忽视相互之间协调,所以,不仅难以使管理体系过程方法特色凸显出来,而且也难以促使过程网络作为协调的体系发挥作用,也就是说,按物流功能划分的物流系统架构,不仅不利于应用管理体系过程方法,也不利于引导并实现物流标准化创新。

为了便于应用管理体系过程方法,本教材从工业工程研究的两大类系统(即转换系统和管理系统)角度,研究物流系统目标和架构。

一、物流系统目标与架构

无论何种物流系统,其目标都是致力于满足物流需求的降本增效,落实到具体指标就是 QCDFS 目标的达成。满足物流需求需要转换职能(Transformation Function),实现降本增效需要管理职能(Management Function)。

物流系统的转换职能主要包括状态转换(流通加工、包装、集装单元化),位置转换(装卸搬运、运输、配送),时间转换(储存),量的转换(批量)。物流系统的管理职能主要包括计划、组织、协调和控制等,如图 3.12 所示。

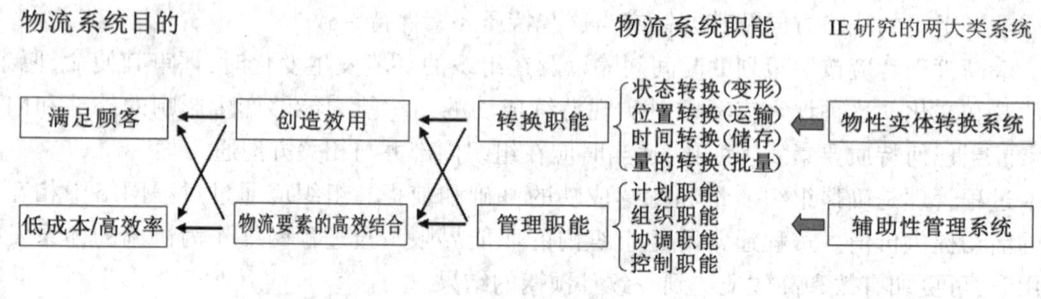

图 3.12 物流系统的管理职能关联图

为了完成物流系统的两大职能,物流系统需要由完成转换职能的转换系统和完成管理职能的管理系统组成。其中,转换系统的作用就是在装卸搬运、运输、储存、配送、流通加工、包装等作业中,借助现代科学技术,追求自动化、机械化和高效率,并致力于各物流功能之间能有机地连接起来创造效用,以满足顾客物流需求;管理系统的作用就是在各物流活动中将人、财、物、设备、信息和任务等相关要素高效结合和协调起来,从而确保物流系统的低成本、高效率运作,以追求可持续降本增效。转换系统和管理系统必然是相辅相成的。

物流活动的转换职能主要包括物的流动,即物流过程和物流功能作业,即运输、储存保管、装卸搬运、流通加工(包括包装)、配送等,而为了有效完成上述物流转换职能,必须要具备供信息沟通和决策的信息系统、物流设施和设备以及组织和人员等要素。于是,可以将物流转换系统进一步分解为流程/功能子系统、信息/知识子系统、设施设备/作业子系统以及组织/人员子系统。其中,流程/功能子系统是转换系统的核心,其他三个子系统是围绕流程/功能子系统,为有效完成流程/功能子系统的任务,实现其目的/目标而设置的支持性系统。

物流系统的管理职能主要包括 QCDFS 管理目标导向的计划子系统、组织子系统、协调子系统和控制子系统。

结合供应链物流系统特点，供应链物流系统架构如图 3.13 所示。

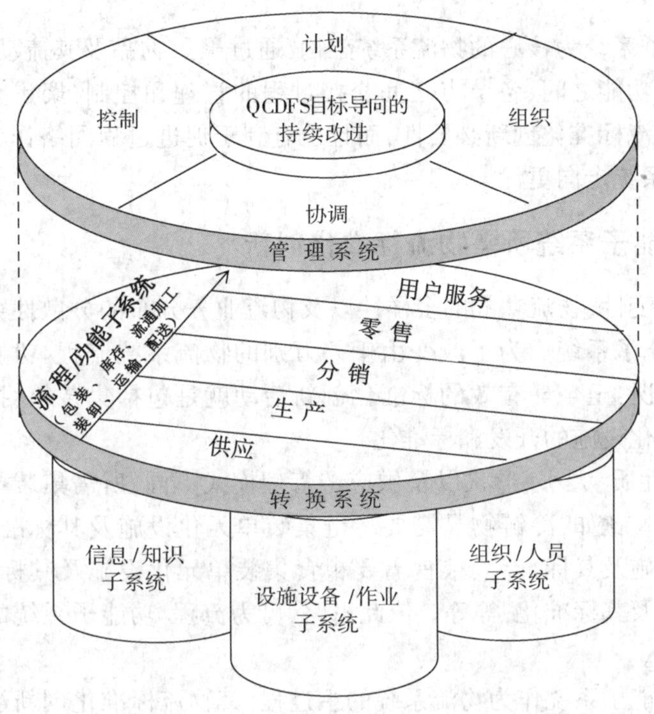

图 3.13 供应链物流系统架构图

显然，图 3.13 展示的供应链物流系统架构，与管理体系过程方法展示的典型过程：组织管理过程和测量、分析与改进过程（管理系统）、实现过程（流程/功能子系统）、资源管理过程（设施设备/作业子系统、信息/知识子系统、组织/人员子系统）等相对应，不仅体现管理体系过程方法的有效应用，而且聚焦于物流系统主过程即流程/功能子系统的信息/知识、设施/作业和人员/组织等子系统之间的关系，容易实现关注物流系统目标达成的各子系统标准化创新，进而有利于促使过程网络作为协调的体系发挥作用。

无论什么类型、什么规模的物流系统，所有物流系统架构都可以用图 3.13 的模型展示出来，但针对的物流系统不同，各子系统细化元素会不同。比如，如果用图 3.13 模型展示物流中心物流系统架构，那么，物流中心流程/功能子系统的流程和功能一般包括卸货、入库、存储、拣货、装货、配送等，而其他信息/知识、设施/作业、组织/人员以及管理系统等子系统细化元素必然也会发生相应变化；如果用图 3.13 模型展示集装箱多式联运物流系统架构，那么，其流程/功能子系统的流程和功能一般包括装箱、运输（陆海空运输组合）、储存、拆箱、拼箱等。

利用图 3.13 模型分析一个物流系统，首先需要明确物流需求和管理模式，这是管理系统需要承担的任务；其次，需要识别满足物流需求必须要历经的物流过程和功能，这是流程/功能子系统需要承担的任务；再次，根据流程/功能子系统和管理系统需求，需要明确所需物流过程和功能由哪些组织和人员,利用哪些设施和作业完成,而且,这些组织和人员之间又需要共享和沟通哪些信息和知识,这就是组织/人员、设施/作业以及信息/知识等子系统需要承担的任务。

以流程/功能子系统为核心的物流系统架构,通过聚焦物品及其流动过程,有助于关注物品在物流系统各功能之间、各节点之间交接过程的管理和控制,聚焦交接过程的管理和控制不仅会凸显物流标准化创新必要性,而且也有利于促进过程网络作为协调的体系发挥作用,以推动整体系统走向更优。

二、流程/功能子系统所需物流标准化创新

物流需求的多变性、物流功能的多样性以及物流业务分布的分散性会带来千差万别的物流系统流程/功能子系统。为了改变由千差万别的物流系统流程/功能子系统所带来的物流活动低效率状况,至今最有效的标准化创新活动就是包括集装箱、托盘、周转箱、包装箱等诸类集装单元化设施的开发和标准化。

然而,因物品性质、大小、形状以及供应链管理模式不同,所需集装单元化设施以及标准化需求也会不同。比如,冷链物品需要冷链集装单元化设施及其标准化、危险品需要危险品集装单元化设施及其标准化、粮食需要粮食集装单元化设施及其标准化、钢材需要钢材集装单元化设施及其标准化,等等。依此思路,可为流程/功能子系统的物流标准化创新提供无限发展空间。

另外,流程/功能子系统作为物流系统的主过程,其物流标准化创新活动应聚焦于物品供应链物流节点和物流功能之间对接环节的配合性,其中,主要体现在以下几点:

(1)集装单元与生产企业最后工序(也是物流活动的初始环节)——包装的配合性。包装尺寸和集装尺寸的关系应当是:集装是包装尺寸的倍数系列,而包装是集装尺寸的分割系列。

(2)集装单元与装卸机具、装卸场所、装卸小工具(如吊索、跳板等)的配合性。

(3)集装单元与仓库站台、货架、搬运机械、保管设施乃至仓库建筑(净高度、门高、门宽、通路宽度等)的配合性。

(4)集装单元与保管条件、工具、操作方式的配合性。

(5)集装单元与运输设备、设施,如运输设备的载重、有效空间尺寸等的配合性。

在以集装单元为基本物流单位的物流系统中,经常有许多基本集装单元进一步组合成大集装单元或输送保管单元的情况。例如,将集装托盘货载放入大型集装箱或国际集装箱,就组成了以大型集装箱或国际集装箱为整体的更大的集装单元;将集装托盘货载或小型集装箱放入卡车车厢、货车车厢,就组成了一个大的运输单元等。如果形成了倍数系列的尺寸关系,就能提高装运的密度和形成坚实的货垛。

(6)集装单元与末端物流的配合性。随着整个经济活动越来越以消费者(再生产者)的需要为转移,消费者的地位越来越强固,质量管理、生产管理、成本管理等经济管理活动都确立了"用户第一"的基本观念,这种观念在物流活动中的反映,就是末端物流越来越受到

重视。

末端物流是送达给消费者的物流,因此是以消费者的旨趣为转移的。一般说来,占消费者中大多数的零星消费者的要求,是逆规格化方向而行的,消费者追求多样化,这就使多样化的末端物流与简单化的主体物流(集装系统)的配合性出现困难。

集装物流转变为末端物流,要对简单化的集装进行多样化的分割,以解决集装的简单化与末端物流多样化要求的矛盾。衔接消费者的"分割系列"与衔接生产者的"倍数系列"有时是有矛盾的,标准化要解决的就是要选择最优。

(7)集装单元与国际物流的配合性。从国际经济交往来讲,由于我国是"后发性"国家,以国际标准为主体和国际标准接轨是我们集装单元标准化应该做的事情。其中最重要的是和国际海运集装箱接轨。这个接轨可以使国际海运集装箱通过我国的铁路和公路运输直达内地,从而充分发挥集装箱联运"门到门"的优势。

可以说,物流系统的流程/功能子系统所需物流标准化创新需要从集装单元化设施角度挖掘共性特征,其目的在于简化物流流程和功能。

三、信息/知识子系统所需物流标准化创新

信息/知识子系统的基本功能是为提高流程/功能子系统有效性和效率提供适宜的信息支持和信息沟通。这就是说,千差万别的流程/功能子系统会带来也需要千差万别的信息/知识子系统。为了使信息/知识子系统既能为流程/功能子系统提供适宜的信息支撑,也能实现自身的降本增效,物流信息标准化创新是必需的。

信息/知识子系统所需物流标准化创新需要从四个角度挖掘共性特征:一是从信息分类与编码角度挖掘共性特征,即形成信息分类与编码相关标准,比如,GS1 系统信息分类与编码标准等;二是从信息交换角度挖掘共性特征,即形成物流信息交换相关标准,比如,电子数据交换标准等;三是从信息技术角度挖掘共性特征,即形成信息标识和采集技术标准,比如,物流信息标识标准、条码技术标准、射频识别技术标准等;四是从物流信息应用角度挖掘共性特征,即形成物流信息应用标准,比如,国际标准 ISO 18186《集装箱-RFID-货运标签系统》等。

四、设施设备/作业子系统所需物流标准化创新

设施设备/作业子系统的基本功能是为提高流程/功能子系统有效性和效率提供适宜的物流设施、设备及作业方法。物流设施/设备具有技术性强、投资大的特点,为使设施设备/作业子系统既能满足流程/功能子系统的多变性需求,又能实现降本增效,物流设施/设备标准化创新是最有效的手段。

设施设备/作业子系统所需物流标准化创新需要从两个角度挖掘共性特征:一是从物流设施/设备角度挖掘共性特征,即形成物流设施/设备标准,比如,物流运输设施/设备(公路、铁路、航空、水路、管道等运输)相关标准、仓储设施/设备相关标准、装卸设施/设备相关标准、包装设施/设备相关标准等;二是从作业方法角度挖掘共性特征,即形成物流作业标

准,比如,装卸作业标准、运输作业标准、包装作业标准、仓储作业标准等。

五、组织/人员子系统所需物流标准化创新

组织/人员子系统的基本功能是为提高流程/功能子系统有效性和效率提供适宜的组织与人员保障。为使组织/人员子系统既能满足流程/功能子系统的多变性需求,又能实现降本增效,不仅要识别不同流程/功能子系统需要哪些不同的物流组织和人员,而且也要评估各类物流组织和人员所具有的特征和竞争力。这就会带来物流组织/人员子系统标准化创新需求。

组织/人员子系统所需物流标准化创新需要从三个角度挖掘共性特征:一是从资质角度挖掘共性特征,即形成物流企业及从业人员资质标准,比如,冷链物流从事人员资质相关标准、危险品物流从事人员资质相关标准等;二是从等级角度挖掘共性特征,即形成物流企业评估相关标准,比如,GB/T19680—2013《物流企业分类与评估指标》等;三是从服务的角度挖掘共性特征,即形成物流服务标准,比如,快递服务标准等。

六、物流管理系统所需物流标准化创新

全球化和智能化不仅换来绿色经济、共享经济以及数字化经济等的发展,而且也伴随推动了管理科学的发展。但无论如何发展,以降本增效为目的的管理系统离不开标准化创新。

物流管理系统的基本功能是为提高包括流程/功能子系统、信息/知识子系统、设施设备/作业子系统、组织/人员子系统等的物流转换系统有效性和效率,采取或提供必要的降本增效方法,即物流标准化创新。

物流管理系统所需标准化创新需要从四个角度挖掘共性特征:一是从统一认知角度挖掘共性特征,即形成物流通用基础标准,比如,术语、指南、计量单位、标识、图形符号、分类及其他标准等;二是从联盟共享的角度,即形成运营模式相关标准,比如,团体标准 T/WD 103《开放式托盘共用系统运营指南》、物流信息共享平台相关标准等;三是从统计与绩效评价的角度挖掘共性特征,即形成物流统计与绩效评价相关标准,比如,物流统计标准、物流成本核算标准、物流绩效评价标准等;四是从过程管控的角度挖掘共性特征,即形成过程控制相关标准,比如,物流安全管理体系标准、物流服务质量管理体系标准、绿色物流管理体系标准、物流风险管理体系标准、合规管理体系标准等。

综上,基于物流系统架构的物流标准产生过程,不仅能体现标准化创新需求(Know-what)、标准化创新目的(Know-why)以及标准化创新要素(Know-how),而且根据研究对象、界限和范围不同(Know-who),可以分为国际标准、国家标准、行业标准、团体标准、地方标准以及企业标准等。基于物流系统架构的物流标准体系架构如表 3.1 所示。

表 3.1 基于物流系统架构的物流标准体系架构

<table>
<tr><th colspan="2" rowspan="2">标准化创新需求
(Know-what)</th><th rowspan="2">标准化创新目的
(Know-why)</th><th colspan="2">标准化创新要素(Know-how)</th><th rowspan="2">标准化
创新范围
(Know-who)</th></tr>
<tr><th>关注要素</th><th>例</th></tr>
<tr><td rowspan="12">转换系统</td><td rowspan="2">流程/功能子系统</td><td rowspan="2">简化物流过程和功能</td><td>集装单元化设施</td><td>不同物品的集装箱标准、托盘标准、周转箱标准等</td><td rowspan="15">- 国际标准
- 国家标准
- 行业标准
- 团体标准
- 地方标准
- 企业标准</td></tr>
<tr><td>供应链协调</td><td>单元化物流系统相关标准、供应链物流运作相关标准等</td></tr>
<tr><td rowspan="4">信息/知识子系统</td><td>便于识别信息</td><td>信息分类与编码</td><td>GS1 系统分类与编码标准等</td></tr>
<tr><td>便于信息传递和共享</td><td>信息交换</td><td>电子数据交换标准(国家、港口)等,报文标准</td></tr>
<tr><td>便于信息采集</td><td>信息技术</td><td>物流信息标识标准、条码技术标准、射频识别技术标准等</td></tr>
<tr><td>便于智能化</td><td>物流信息应用系统</td><td>ISO 18186《集装箱-RFID-货运标签系统》等</td></tr>
<tr><td rowspan="2">设施设备/作业子系统</td><td>便于物流设施/设备共享</td><td>不同物流功能所需设施/设备</td><td>物流运输设施/设备标准、物流中心设施/设备标准、物流包装设施/设备标准、物流装卸设施/设备标准、集装箱多式联运标准等</td></tr>
<tr><td>物流作业降本增效</td><td>物流作业方法</td><td>装卸作业标准、运输作业标准、包装作业标准、仓储作业标准等</td></tr>
<tr><td rowspan="4">组织/人员子系统</td><td>明确从业门槛</td><td>物流企业/人员资质</td><td>危险品物流企业/人员资质标准等</td></tr>
<tr><td>便于评价</td><td>物流企业/人员等级</td><td>GB/T19680—2013《物流企业分类与评估指标》等</td></tr>
<tr><td>确保服务质量</td><td>物流服务</td><td>快递服务相关标准等</td></tr>
<tr><td>统一认知</td><td>物流通用基础标准</td><td>术语、指南、计量单位、图形符号、分类等</td></tr>
<tr><td colspan="2" rowspan="3">管理系统</td><td>联盟共享</td><td>集装单元化设施共享、信息共享</td><td>T/WD 103《开放式托盘共用系统运营指南》标准、物流信息共享平台标准等</td></tr>
<tr><td>统计与绩效评价</td><td>物流统计与绩效评价指标和方法</td><td>物流统计标准、物流成本核算标准、物流绩效评价标准等</td></tr>
<tr><td>过程管控</td><td>基于过程方法的管理体系</td><td>物流安全管理体系标准、物流质量管理体系标准、绿色物流管理体系标准、物流风险管理体系标准、合规管理体系等</td></tr>
</table>

总之,体现需求(Know-what)、目的(Know-why)、要素(Know-how)和范围(Know-who)的基于物流系统架构的物流标准体系架构,不仅为构建物流标准体系提供了方法,而且也为持续优化完善物流标准体系指明了方向。

思考题

(1)思考管理体系过程方法和PDCA循环方法的应用,并举例说明。

(2)思考ISO的管理体系模型应用,并举例说明。

(3)思考ISO 9000标准、ISO 9001标准以及ISO 9004标准之间的关联性。

(4)思考供应链物流系统架构各子系统之间的关联性。

(5)思考基于物流系统架构的物流标准体系架构与我国物流标准体系表的对应关系。

(6)我国最新版《物流标准目录手册》中基础类、公共类以及专业类等标准是怎么划分的?每种类型又细分为几种细类?为什么这么划分?各自对应基于物流系统架构的物流标准体系架构中的哪类标准?

(7)选择几个有代表性的我国现行物流标准,思考不同归类所带来的问题。

(8)思考如何借助基于物流系统架构的物流标准体系架构,构建并优化我国物流标准体系。

第四章　物流标准化创新过程

[引导案例]托盘单元化物流系统设计过程的标准化创新

有一家生产多种快消品的供应商,采用“一个供应商、一个物流中心和多个零售商组成的三级供应链”多周期运作模式,所生产快消品经由物流中心和零售商最终到达顾客手中。最初为其供应链设计的物流系统是以每种物品包装箱为物流单元,历经运输、装卸、仓储等物流功能到达零售商所在地。但如此运作结果,因过高物流成本和过长物流时间而失去了市场竞争力。于是,重新考虑采用了托盘单元化物流系统,即将物品由供应商地整合为托盘单元货物并且保持托盘单元货物的状态经由物流中心送达各零售商地点的物流形态,如图 4.1 所示。

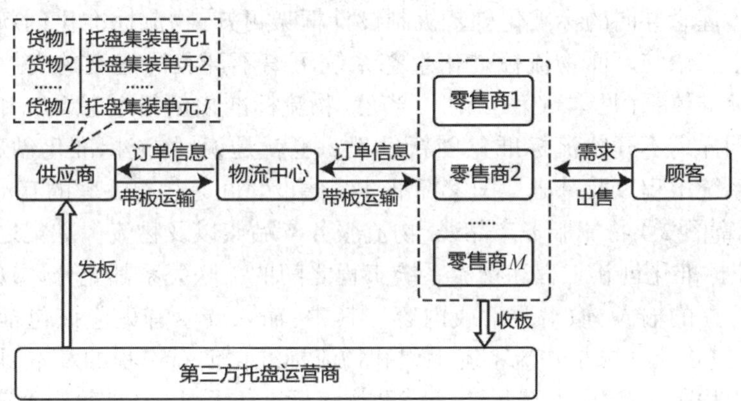

图 4.1　一个供应商、一个物流中心和多个零售商组成的三级供应链

然而,托盘跟随货物移动,其尺寸与物流系统各节点设施尺寸匹配程度越高(如第二章图 2.13 和图 2.15 所示),越易实现物流系统降本增效,而且,托盘跟随货物到达目的地后,可以通过再利用来追求降本增效,这就需要托盘共享,由此而产生托盘标准化创新。

然而,托盘单元化物流系统设计仅靠托盘标准化创新还远远不及,为了实现托盘单元化物流系统降本增效,可以继续开展一系列标准化创新,比如,供应链节点之间协调相关标准化创新等。

基于过程方法,认知物流标准化创新过程关联要素,了解基础性国家标准体系及其构成,理解物流标准化创新生态系统基本框架,理解物流标准化创新主要过程要素示意图,掌握物流标准化创新主要过程之间关联性以及各过程相关主要概念是本章的主要目的。

通过本章的学习,学员能够理解、认知:

☆ 物流标准化创新过程模型;

☆ 基础性国家标准体系及其构成;

☆ 物流标准化创新生态系统基本框架;

☆ 物流标准化创新主要过程相关要素及其关联性;

☆ 物流标准化创新主要过程关注点。

第一节　物流标准化创新过程模型

根据过程方法基本思想,任何一个系统都有一个以满足最终需求为目的的主过程,而且系统的价值就是靠其主过程来实现。物流标准化创新价值也是靠物流标准化创新过程来实现。

一、物流标准化创新过程关联性分析

由第三章图 3.3 可知,一般的过程包括输入、相互关联或相互作用的活动和控制方法、输出等三大环节。由第一章图 1.2 标准化创新生态系统与相关要素之间的关联图和图 1.4 人类命运共同体理念导向的标准化创新机制设计框架可知,物流标准化创新过程离不开物流标准化创新生态系统。而物流标准化生态系统更离不开我国建立的支撑标准制定工作的基础性国家标准体系(见本章第二节)。当然,物流标准化创新生态系统和基础性国家标准体系的建设同样离不开物流标准化创新过程。也就是说,物流标准化创新过程、物流标准化创新生态系统工程以及基础性国家标准体系建设之间是相互关联的互动关系。

而且,第二章图 2.4 物流服务产品线、物流服务产品族以及物流标准集之间的关联关系以及图 2.5 物流标准化创新工程和物流系统工程之间的关联关系都充分体现出物流标准化创新过程需要考虑的输入、输出要素或内容。其中,输入要素首先应该包括供应链物流需求(即满足供应链物流需求是物流系统工程和物流标准化创新工程的基本目标);其次应该考虑物流系统工程需求和期望;最后应该借助物流标准体系架构(即第三章表 3.1 基于物流系统架构的物流标准体系架构),按物流标准化创新需求(Know-what)、物流标准化创新目的(Know-why)、物流标准化创新要素(Know-how)以及物流标准化创新范围(Know-who)等内容开展物流标准化创新。也就是说,物流标准化创新过程的输入要素包括供应链物流需求、物流系统工程需求和期望以及物流标准体系架构等。基于输入要素,在基础性国家标准体系和物流标准化创新生态系统框架下,通过物流标准化创新 PDCA 循环,输出物流标

准/模块集、物流系统优化模型,并满足物流系统工程需求和期望要求即为物流标准化创新过程。也就是说,物流标准化创新过程与物流系统优化过程是相辅相成的关系。

二、物流标准化创新过程在 PDCA 循环中的展示

不包括输入和输出环节的物流标准化创新过程主要包括物流标准化创新需求识别、物流标准的开发与制定、物流标准的普及与应用、物流标准化效果评价等过程。根据前述分析,物流标准化创新过程在 PDCA 循环中的展示如图 4.2 所示。

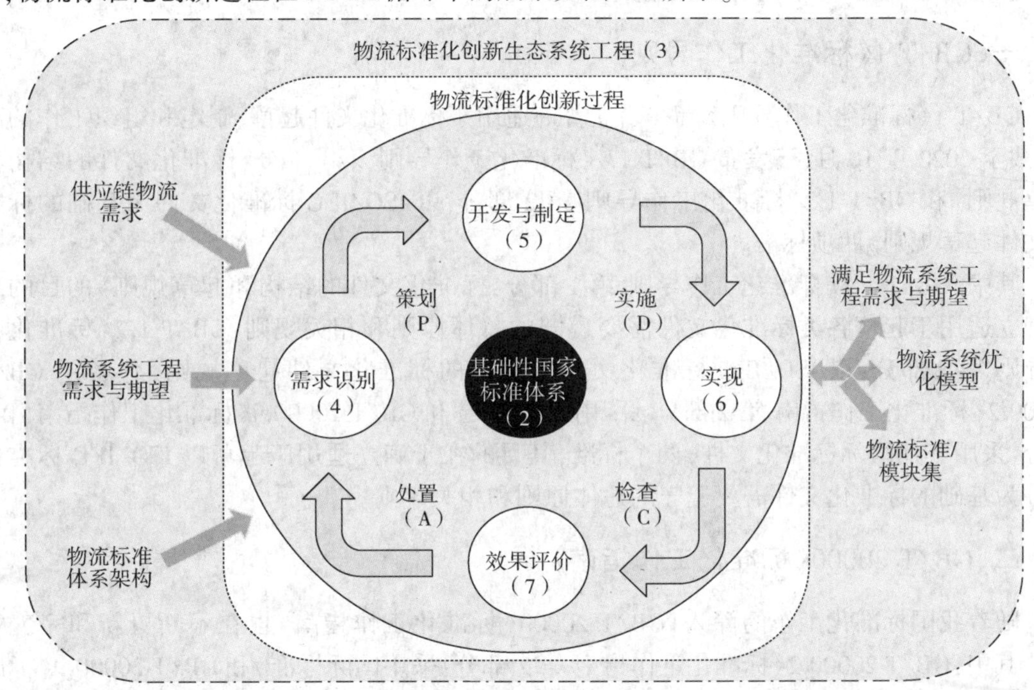

图 4.2　物流标准化创新过程在 PDCA 循环中的展示(括号中的数字表示相关内容在本章中相应节)

图 4.2 展示出四个方面之间的关联性和隶属关系。一是将物流标准化创新过程的物流标准化创新需求识别、物流标准的开发与制定、物流标准化实现、物流标准化效果评价等过程在 PDCA 循环中的展示;二是物流标准化创新过程与物流标准化创新生态系统工程(本章第三节内容)之间的隶属关系;三是物流标准化创新过程的主要输入要素,即供应链物流需求、物流系统工程需求和期望以及物流标准体系架构;四是物流标准化创新过程的主要输出要素,即满足物流系统工程需求和期望、物流系统优化模型、物流标准/模块集。

第二节　基础性国家标准体系

标准是经济活动和社会发展的技术支撑,是国家基础性制度的重要方面。标准化是为了建立最佳秩序、促进共同效益而开展的制定并应用标准的活动。为了保证标准化活动有序开展,促进标准化目标和效益的实现,对标准化活动本身确立规则已经成为国内外各类

标准化机构开展标准化活动的首要任务。在这方面,我国已经建立了支撑标准制定工作的基础性国家标准体系。在该标准体系中,GB/T 1《标准化工作导则》是指导我国标准化活动的基础性和通用性标准。GB/T 1《标准化工作导则》与 GB/T 20000《标准化工作指南》、GB/T 20001《标准编写规则》、GB/T 20002《标准中特定内容的起草》、GB/T 20003《标准制定的特殊程序》和 GB/T 20004《团体标准化》共同构成支撑标准制定工作的基础性国家标准体系。

需要注明的是,以下内容摘自相关标准文本。

一、GB/T 1《标准化工作导则》

GB/T 1《标准化工作导则》旨在确立普遍适用于标准化文件起草、制定和组织工作的准则,截至 2022 年 10 月,已发布 GB/T 1.1《标准化工作导则 第 1 部分:标准化文件的结构和起草规则》和 GB/T 1.2《标准化工作导则 第 2 部分:以 ISO/IEC 标准化文件为基础的标准化文件起草规则》两项标准。

其中,GB/T 1.1《标准化工作导则 第 1 部分:标准化文件的结构和起草规则》的目的在于确立适用于起草各类标准化文件需要遵守的总体原则和相关规则;GB/T 1.2《标准化工作导则 第 2 部分:以 ISO/IEC 标准化文件为基础的标准化文件起草规则》代替了 GB/T 20000.2《标准化工作指南 第 2 部分:采用国际标准》和 GB/T 20000.9《标准化工作指南 第 9 部分:采用其他国际标准化文件》两个标准,其目的在于确立适用于起草以 ISO/IEC 标准化文件为基础的标准化文件需要遵守的总体原则和相关规则。

二、GB/T 20000《标准化工作指南》

随着我国标准化工作的深入,GB/T 20000《标准化工作指南》也在不断更新和完善之中。其中,GB/T 20000.2《标准化工作指南 第 2 部分:采用国际标准》和 GB/T 20000.9《标准化工作指南 第 9 部分:采用其他国际标准化文件》被 GB/T 1.2《标准化工作导则 第 2 部分:以 ISO/IEC 标准化文件为基础的标准化文件起草规则》代替;GB/T 20000.4《标准化工作指南 第 4 部分:标准中涉及安全的内容》被 GB/T 20002.4《标准中特定内容的起草 第 4 部分:标准中涉及安全的内容》代替;GB/T 20000.5《标准化工作指南 第 5 部分:产品标准中涉及环境的内容》被 GB/T 20002.3《标准中特定内容的起草 第 3 部分:产品标准中涉及环境的内容》代替。

截至 2022 年 10 月,GB/T 20000《标准化工作指南》系列现行标准主要为如下:

1.GB/T 20000.1《标准化工作指南 第 1 部分:标准化和相关活动的通用术语》

制定本部分的目的在于促进从事标准化工作的机构和人员间的相互理解。本部分不重复其他权威术语词典从通用角度对术语所界定的定义。

2.GB/T 20000.3《标准化工作指南 第 3 部分:引用文件》

本部分在吸收国际上引用文件的原则和方法的基础上,结合我国的实际情况,给出了我国引用文件的普遍适用原则,并规定了标准中引用文件及法规中引用标准的一般要求、引用方式和表述方法,供我国在制定规范性文件时使用和参考。

3.GB/T 20000.6《标准化工作指南 第 6 部分:标准化良好行为规范》

标准在世界各国之间及其国内的商贸中发挥了重要作用。这些标准是由国际、区域、国家和国家以下层次的机构制定,这些机构中的大部分以协商一致的方法制定他们的文件。随着世界贸易与技术合作的发展,标准化机构已经形成了一些被普遍认为在各层次都适用的标准制定程序和合作模式的良好规范。

国际标准化组织(ISO)、国际电工委员会(IEC)和国际电信联盟(ITU)负责协调国际层次的资源的标准化程序。这些机构是以国家层次(需要时延伸至区域层次)为基础构成的具有广泛性架构的最高层组织。在国际层次通过 ISO、IEC 和 ITU 之间的合作协议,在区域层次通过区域标准化组织(如欧洲的 CEN,CENELEC 和 ETSI)之间的合作协议,通过三个最高层组织的各成员国间的广泛合作协议,把国际层次、区域层次和国家层次的标准化联结在一起构成这一国际体系。

在全球标准化体系中,这三个最高层组织的各成员国有责任确保一致性和协调性。国家标准机构仅指一个或更多国际最高层机构的成员,也是相应的有关区域性组织的成员,而标准化机构在一个国家中可能有许多,由此在本部分的第 7 章和第 8 章的表述中用"国家标准机构"与"标准化机构"进行区分。

本部分提供的原则力图确保标准化活动的公开性和透明度以及最佳的秩序、协调一致和有效性。

4.GB/T 20000.7《标准化工作指南 第 7 部分:管理体系标准的论证和制定》

管理体系标准目前正被广泛使用。这些标准若要保持其适用性和权威性,最重要的一点是要能反映市场需求,而且能彼此兼容,便于共同实施。为了确保管理体系标准的市场相关性和相互的兼容性,需要一个编制管理体系标准的统一的原则和方法,同时还需要有一个考虑诸如管理体系标准经济成本和效益问题的方法,为此,制定本文件作为指导管理体系标准论证和制定的标准化工作指南。

GB/T 20000 的本部分旨在协助起草管理体系标准,以确保管理体系标准符合市场需求和彼此兼容。遵循本部分的指导制定的管理体系标准便于满足市场需求,避免给标准使用者带来不必要的负担和使市场复杂化。遵循本部分的指导还有助于促进管理体系标准之间的兼容性和一致性,以便促进管理体系标准的应用。

制定通用管理体系标准的技术委员会负责所制定的标准完整性。这些委员会可以制定专业性方针,对与其工作范围有关的特定领域的标准制定工作提供进一步的指导和程序。

5.GB/T 20000.8《标准化工作指南 第 8 部分:阶段代码系统的使用原则和指南》

标准化过程由若干明确的步骤或阶段组成,用以描述标准制修订程序或表明某项标准计划项目所处的阶段。通常,不同的标准机构通过正式的标准化程序制定和出版标准的方法是十分相似的。因此,各标准机构有可能在较高层次上就标准化程序和各阶段设置形成一致意见。然而各标准机构的标准制修订程序又存在不同之处,这就需要其制定适用于自身的阶段系统。

制定如此多的系统容易使标准使用者感到混乱,因而 ISO 开发了一个所有机构都能理解和使用的协调阶段代码系统(HSC)。

本部分中提供的协调程序代码的建立原则和矩阵结构可以作为我国各类标准机构建立自身的程序代码,开发标准项目数据库和向外部发布标准制定信息的基础。

6.GB/T 20000.10《标准化工作指南 第10部分:国家标准的英文译本翻译通则》

本部分规定了国家标准、国家标准化指导性技术文件英文译本的翻译和格式要求。本部分适用于国家标准英文译本的翻译和出版,其他标准的英文译本可参照使用。

7.GB/T 20000.11《标准化工作指南 第11部分:国家标准的英文译本通用表述》

本部分给出了国家标准、国家标准化指导性技术文件的英文译本的通用表述方式和常用词汇。本部分适用于国家标准英文译本的翻译工作,其他标准的翻译可参照使用。

三、GB/T 20001《标准编写规则》

截至2022年10月,现行GB/T 20001《标准编写规则》相关标准包括术语、符号标准、分类标准、试验方法标准、规范标准、规程标准、指南标准等7项标准。

1.GB/T 20001.1《标准编写规则 第1部分:术语》

术语的标准化是标准化活动的基础。术语工作遵循统一的原则和方法,能够:(1)以实际和有效的方式组织术语工作;(2)在某一专业领域内及相关领域之间保证术语的一致性和逻辑上的完整性;(3)有助于概念体系间的协调和不同语种术语间的协调;(4)促进信息技术在术语工作中的有效应用。

本部分规定了术语标准的制定程序和编写要求。本部分适用于编写术语标准和标准中的"术语和定义"一章,其他术语工作也可参照使用。

2.GB/T 20001.2《标准编写规则 第2部分:符号标准》

符号标准是界定特定领域或学科中使用的符号的表现形式及其含义或名称的标准。符号标准在文本形式上具有典型的结构、特定的要素构成及相应的内容表述规则,其主要技术要素是文字符号、图形符号或含有符号的标志。符号标准中的符号一般以表格的形式呈现,表头通常含有编号栏、符号栏、名称栏或说明栏。

本部分规定了符号(包括文字符号、图形符号以及含有符号的标志)标准的结构、起草规则及符号表的编写细则等方面的内容。本部分适用于各层次标准中符号标准的编写。

3.GB/T 20001.3《标准编写规则 第3部分:分类标准》

分类标准是针对某一标准化对象,按照某个属性进行分类和/或编码的标准。分类标准化是对标准化对象建立秩序的途径之一,分类标准的制定目的是促进相互理解,标准中所确立的分类体系是对标准化对象进一步标准化的基础。分类标准在文本形式上具有典型的结构、特定的要素构成及相应的内容表述规则,其主要技术要素是分类方法和/或编码方法以及分类结果和/或编码结果。分类结果是具有层级关系或非层级关系的类目和/或项目。这些类目和/或项目一般用名称(由文字组成)予以识别;如果对分类的结果进行编码,编码结果通常用代码(由阿拉伯数字、拉丁字母或它们的组合组成)予以识别。

本部分规定了分类标准的结构、分类原则以及分类方法和命名、编码方法和代码等内容的起草表述规则,并规定了分类表、代码表的编写细则。本部分适用于各层次标准中产品、过程或服务等标准化对象的分类标准以及在已经确定的分类体系基础上进行编码的标准的编写。

4.GB/T 20001.4《标准编写规则 第4部分:试验方法标准》

试验方法标准是给出测定材料、部件、成品等的特性值、性能指标或成分的步骤以及得出结论的方式的标准。试验方法标准化是将试验方法作为标准化对象,建立测定指定特性或指标的试验步骤和结果计算规则,以为试验活动和过程提供指导。试验方法标准的目的是促进相互理解。试验方法标准在文本形式上具有典型的结构,特定的要素构成以及相应的内容表述规则,其主要技术要素包括仪器设备、样品、试验步骤、试验数据处理和试验报告等。

试验方法是分析方法、测量方法等的统称。实践中,对材料、部件、成品等的指定特性或指标的测定可能涉及化学和光谱化学分析、机械和电工试验、风化试验、燃烧试验、辐射照射试验等多种不同类型的试验。

本部分规定了试验方法标准的结构以及原理、试验条件、试剂或材料、仪器设备、样品、试验步骤、试验数据处理、试验报告等内容的起草规则。本部分适用于各层次标准中试验方法标准的编写。

5.GB/T 20001.5《标准编写规则 第5部分:规范标准》

对产品、过程或服务等标准化对象进行标准化,典型的做法之一就是在标准中规定这些标准化对象需要满足的要求。如果有必要判定声称符合这些标准的各种活动及其结果是否满足了这些要求,就要在标准中描述对应的证实方法。这样形成的标准即是规范标准。规范标准的功能是通过提供可证实要求对标准化对象进行“规定”,其必备要素包括“要求”和“证实方法”。这两个要素是规范标准区别于其他类型标准的一个显著特征,它们的有机结合使得判定各种活动及其结果是否符合标准中的规定成为可能。因而规范标准可以作为采购、贸易的基础,作为判定产品、过程或服务符合性的依据,作为自我声明、认证的基准。

本部分在参考国际国外标准组织有关规范标准起草规则的基础上,结合我国已有研究和实践,通过从标准的结构、总体原则和要求、技术要素编写以及技术内容表述等方面确立规范标准的起草规则,使我国规范标准的要素及其技术内容的选择和编写有据可依,规定的要求准确、可证实,从而提高标准本身的起草质量和应用效率,有效发挥这类标准的功能。

本部分确立了起草规范标准的总体原则和要求,规定了规范标准的结构以及标准名称、范围、要求和证实方法等必备要素的编写和表述规则。本部分适用于各层次标准中以产品、过程、服务为标准化对象的规范标准的起草。除非特殊说明,本部分中的产品包括原材料、零部件、制成品、系统等。

6.GB/T 20001.6《标准编写规则 第6部分:规程标准》

规程标准的标准化对象为过程。对过程进行标准化,典型的做法之一就是在标准中对过程效能提出要求。然而,实践中,有时不能够清晰识别出过程的效能特性及特性值,或者技术上能够识别但由于其他原因致使不能制定过程规范标准。有时已经有现行的相关规范,但有必要为活动的开展规定明确的"程序"。针对这些情况,通常可以考虑规定一系列明确的履行程序的行为指示以及程序的阶段/步骤之间的转换条件/程序最终结束条件。如果有必要判断声称符合这些标准的各种活动是否履行了标准中规定的程序,就要在标准中描述对应的追溯/证实方法。这样形成的标准即是规程标准。规程标准的功能是通过明确具体、可操作、可履行的行为指示的方式对过程/程序进行"规定",其必备要素包括"程序确立""程序指示"和"追溯/证实方法"。这三个要素是规程标准区别于其他类型标准的一个显著特征。它们的有机结合使得判定各种活动是否履行了规定的程序成为可能。

本部分确立了起草规程标准的总体原则和要求,规定了规程标准的结构以及标准名称、范围、程序确立、程序指示和追溯/证实方法等必备要素的编写和表述规则。本部分适用于各层次标准中以过程为标准化对象的规程标准的起草。

7.GB/T 20001.7《标准编写规则 第 7 部分:指南标准》

在对某些宏观、复杂、新兴的主题进行标准化时,为了加强对主题的认识、揭示其发展规律,需要提供方向性的指导、具体的建议或给出有参考价值的信息,这比规定关于主题的具体特性、规定活动开展的具体程序或描述具体的检测方法更能满足实际需求。在这种情况下就需要编制指南标准。指南标准的功能是提供普遍性、原则性、方向性的指导,或者同时给出相关建议或信息,其必备要素是"需考虑的因素",这也是指南标准区别于其他类型标准的一个显著特征。指南标准能够帮助标准使用者起草相关标准(通常为方法标准、规范标准和规程标准等)或技术文件,或者形成与该主题有关的技术解决方案。

本部分确立了起草指南标准的总体原则和要求,规定了指南标准的结构以及标准名称、范围、总则、需考虑的因素和附录等要素的编写和表述规则。本部分适用于各层次标准中以产品、过程、服务或系统为标准化对象的指南标准的起草。本部分不适用于提供指南的管理体系标准的起草。

四、GB/T 20002《标准中特定内容的起草》

GB/T 20002《标准中特定内容的起草》分为四部分,包括儿童安全、老年人和残疾人的需求、产品标准中涉及环境的内容、标准中涉及安全的内容等。

1.GB/T 20002.1《标准中特定内容的起草 第 1 部分:儿童安全》

本部分提供了解决儿童使用或接触产品、过程或服务(尽管它们并非为儿童专门设计)可能给儿童带来的意外身体伤害(危险)问题的框架,以便减少对儿童的伤害风险。本部分主要适用于参与标准编制和修订的人员,也包含了设计师、建筑师、制造商、服务提供者、宣传者和政策制定者等关注的重要信息。对于有特殊需要的儿童,补充适当的要求是可取的。本部分并未全面涉及这些补充要求。对于预防或减少心理和精神伤害或故意伤害,本部分没有提供任何专门的指导。本部分注明:产品可包括商品、结构、建筑物、设备或它们的组合。

2.GB/T 20002.2《标准中特定内容的起草 第 2 部分:老年人和残疾人的需求》

社会发展的一个重要目标是:所有成员都有权无障碍地使用产品、接受服务、享用工作场所和环境。随着世界人口中老年人口比例的逐渐上升,产品和服务的无障碍性和可用性问题越来越突出。尽管并非所有老年人都有残疾，但残疾或身体缺陷在老年人口中所占的比例最高。

人们的需求和能力随着年龄的变化而变化，并且每个人的能力在任一特定年龄段也各不相同。多年来，各国标准化组织和国际标准化组织在制定人体辅助技术和无障碍建筑设计方面的标准时，已经考虑到上述人群的需求。然而，在制定或修订日常用品和服务的其他相关标准时，并没有充分考虑老年人和残疾人的需求。各标准化组织正在着手解决老龄化和残疾问题，并不断制定和实施也适用于他们的产品与服务的政策和计划，以满足老年人和残疾人的需求。

本部分等同采用 ISO/IEC 指南 71:2001《标准制定者考虑老年人和残疾人需求的指南》。本部分旨在成为各标准化组织所采用构架的组成部分。本部分为各类相关标准的制定者就如何考虑老年人和残疾人的需求提供了指导。但是，某些残疾程度严重或复杂的人的需求不属于本部分的范围。本部分是针对轻度生理障碍人员，只需将标准中的方法做较小的更改，就能很容易地满足他们的需求，从而扩展产品或服务的市场。

3.GB/T 20002.3《标准中特定内容的起草 第 3 部分：产品标准中涉及环境的内容》

产品在生命周期的各个阶段都对环境产生影响，影响的强度或大或小，影响的持续时间可长可短，影响的范围可至本地、区域或全球。而产品环境影响与产品标准的条款相关。

需要减少产品在生命周期各个阶段给环境带来的不利影响已成为全球的共识。重视产品标准中的环境问题能减少产品给环境带来的不利影响。

本部分的意图，一是促使产品标准的起草者在支持国际贸易持续发展的同时重视环境问题，二是帮助产品标准的起草者弄清并了解相关的产品环境因素和影响，并判定环境问题能否借助于产品标准解决。

为减少产品给环境带来的不利影响，本部分依据生命周期理念原则，提出如图 4.3 所示的步进法途径，以安排本部分各章的内容。

4.GB/T 20002.4《标准中特定内容的起草 第 4 部分：标准中涉及安全的内容》

处理标准中的安全问题有许多不同的形式，涉及较宽的技术领域和产品、过程、服务和/或系统（以下简称“产品和/或系统”）。进入市场的产品和/或系统日益复杂，因而考虑安全问题尤为重要。

本部分为标准起草者提供了实用的指导，帮助他们将涉及安全的内容纳入标准。本部分的基本原则除适用于安全问题之外，同时对于其他利益相关者（例如设计者、制造者、服务提供者、政策制定者和管理者）也有重要的参考价值。

本部分介绍的方法旨在降低产品和/或系统使用过程中（包括易危消费者的使用）可能出现的风险。本部分旨在降低产品和/或系统的涉及、制造、分销、使用（包括保养维护）和销毁或报废方面可能出现的风险，考虑的是一个产品和/或系统的整个生命周期（包括预期的使用和合理可预见的误使用）。无论产品和/或系统准备用于工厂场所、家庭环境还是休闲活动，目标都是为人身、财产和环境实现可容许风险，最大限度地减少对环境的不利影响。

危险可能会带来各种不同的安全问题，并且可能因产品和/或系统的终端用户的不同

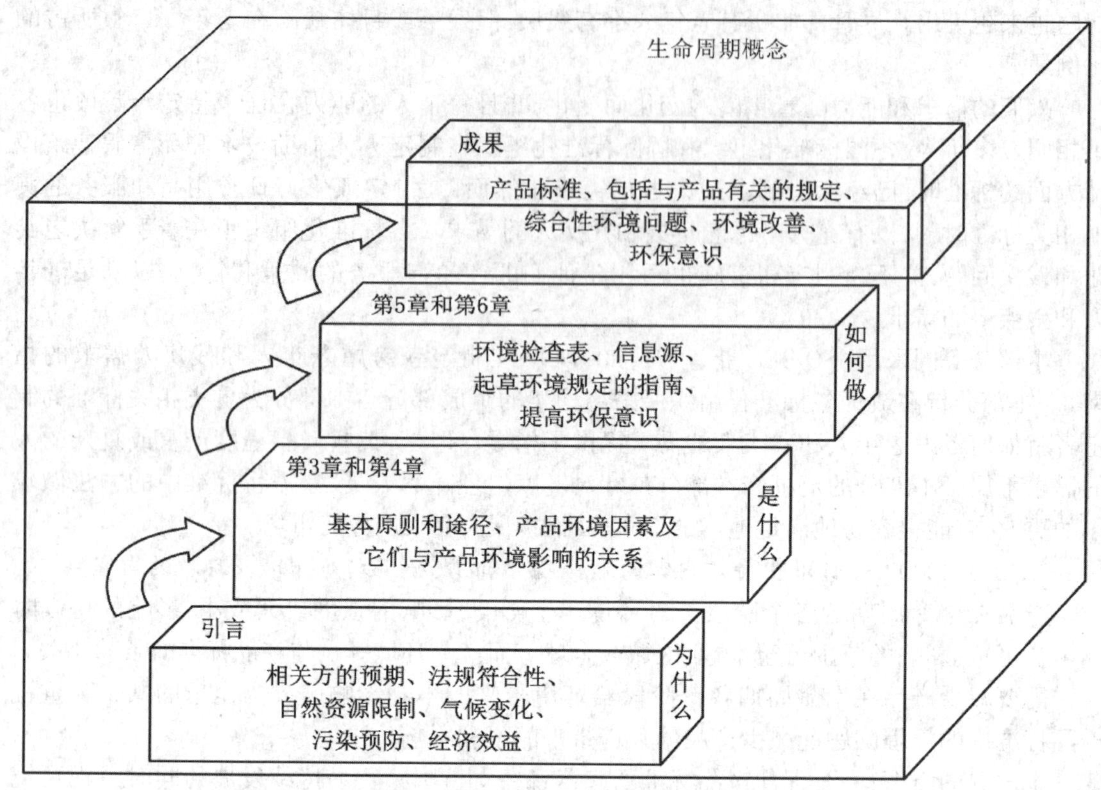

图 4.3　产品标准中基于生命周期理念环境条款的步进法途径

而有显著差异。虽然在工作场所可能能够更大程度地控制风险,但对于家庭环境或易危消费者使用产品和/或系统的情况不易做到。因此,本部分可能需要由针对具体领域或用户的其他出版物加以补充。

本部分预计适用于对所有新立项制定的标准和修订标准的起草。分清"质量"和"安全"这两个词的各自功用是十分重要的。但标准中有必要考虑质量要求以确保始终满足安全要求。

本部分为标准起草者将安全方面的内容纳入标准提供了要求和建议。本部分适用于有关人身、财产或环境的安全内容的起草。

五、GB/T 20003《标准制定的特殊程序》

GB/T 20003《标准制定的特殊程序》拟分为若干部分。截至 2022 年 10 月,已发布 GB/T 20003.1《标准制定的特殊程序 第 1 部分:涉及专利的标准》。

由于技术的发展和更新,标准中涉及的专利越来越多。为统一规范涉及专利的标准制修订规则,保护社会公众和专利权人及相关权力人的合法权益,保障涉及专利的标准制修订工作的公开、透明,特制定本部分。

本部分规定了标准制定和修订过程中涉及专利问题的处置要求和特殊程序。如无特别说明,本部分所提及的专利包括有效的专利和专利申请。

本部分适用于涉及专利的国家标准的制修订工作，涉及专利的国家标准化指导性技术文件、行业标准和地方标准的制修订可参照使用。

六、GB/T 20004《团体标准化》

截至2022年10月，GB/T 20004《团体标准化》发布两个部分，即GB/T 20004.1《团体标准化 第1部分：良好行为指南》和GB/T 20004.2《团体标准化 第2部分：良好行为评价指南》。

1. GB/T 20004.1《团体标准化 第1部分：良好行为指南》

近年来，为满足市场、科技快速变化及多样性需求，我国一些学会、协会、商会、联合会、产业技术联盟等社会团体开展标准制定与实施活动，产生了学会标准、协会标准等多种形式的团体标准。这些团体标准的制定和实施在市场经济运行中发挥了积极的作用。

标准化遵循着一定的运行规律和行为准则，本身也需要规范化。为引导具有标准化需求且已具有一定标准化工作基础的团体改进和完善标准化活动，特制定本部分。

本部分提供了团体开展标准化活动的一般原则，以及团体标准制定机构的管理运行、团体标准的制定程序和编写规则等方面的良好行为指南。本部分适用于指导各类团体开展标准化活动。

2. GB/T 20004.2《团体标准化 第2部分：良好行为评价指南》

随着我国团体标准化工作的推进，我国的一些社会团体已经开展了标准制定与实施活动。GB/T 20004.1《团体标准化 第1部分：良好行为指南》提出了社会团体开展标准化工作的良好行为模式，以引导社会团体标准化工作朝着良好的方向发展。团体标准化良好行为评价是推动团体标准化发展的有力措施。由于我国团体标准化工作方兴未艾，还处在积累经验和探索过程中，为了协调和指导团体标准化良好行为评价工作，以评价社会团体标准化工作对GB/T 20004.1的实施情况，特制定本部分。

本部分确立了对社会团体开展团体标准化良好行为评价的基本原则，提供了评价内容和评价程序等方面的指导和建议。本部分适用于对社会团体开展团体标准化良好行为评价。其他相关评价活动可参照适用。

总之，基础性国家标准体系为标准文本的编写及标准制定程序的规范化提供了有力支撑。

第三节　物流标准化创新生态系统工程

将相互关联的物流系统工程过程和物流标准化创新工程过程（如第二章图2.5所示）作为一个体系加以理解和管理，使其有效和高效地得以良性循环以助力物流产业可持续发展，就是物流标准化创新生态系统工程的出发点。

综合前三章内容之间的逻辑关系，考虑网络化时代物流系统模块化设计与运作特点，借助第二章第二节物流服务产品线工程定义（即从特定的物流项目开发到特定领域物流服务产品的愿景平台开发,而此愿景平台构筑过程就是物流服务产品线工程),本章定义:从特定领域物流服务产品到所有领域物流服务产品的愿景平台开发,而此愿景平台构筑过程就是物流标准化创新生态系统工程。也就是说,为所有领域物流服务产品构筑一个能使物流标准/模块集即物流产业核心资源库得以良性循环发展的愿景平台的过程就是物流标准化创新生态系统工程。就物流标准化创新生态系统工程,本节主要介绍物流标准化创新生态系统基本框架及其主要相关内容。

一、物流标准化创新生态系统基本框架

如第一章第一节所述,标准以被制定、被传播、被应用、被创新角色分布在生态链上,其与人类系统工程环境相互影响、相互制约共同构成标准化创新生态系统。考虑物流系统模块化设计与运作特点,物流标准被制定、被传播、被应用、被创新等过程的物流标准化创新生态链是借助物流模块被形成、被选用、被创新等过程的物流模块生态链,与物流系统工程环境相互影响、相互制约而共同构成物流标准化创新生态系统。

物流标准化创新生态系统基本框架主要由物流标准化创新生态链、物流模块资源管理以及物流模块生态链等三大部分构成,如图 4.4 所示。

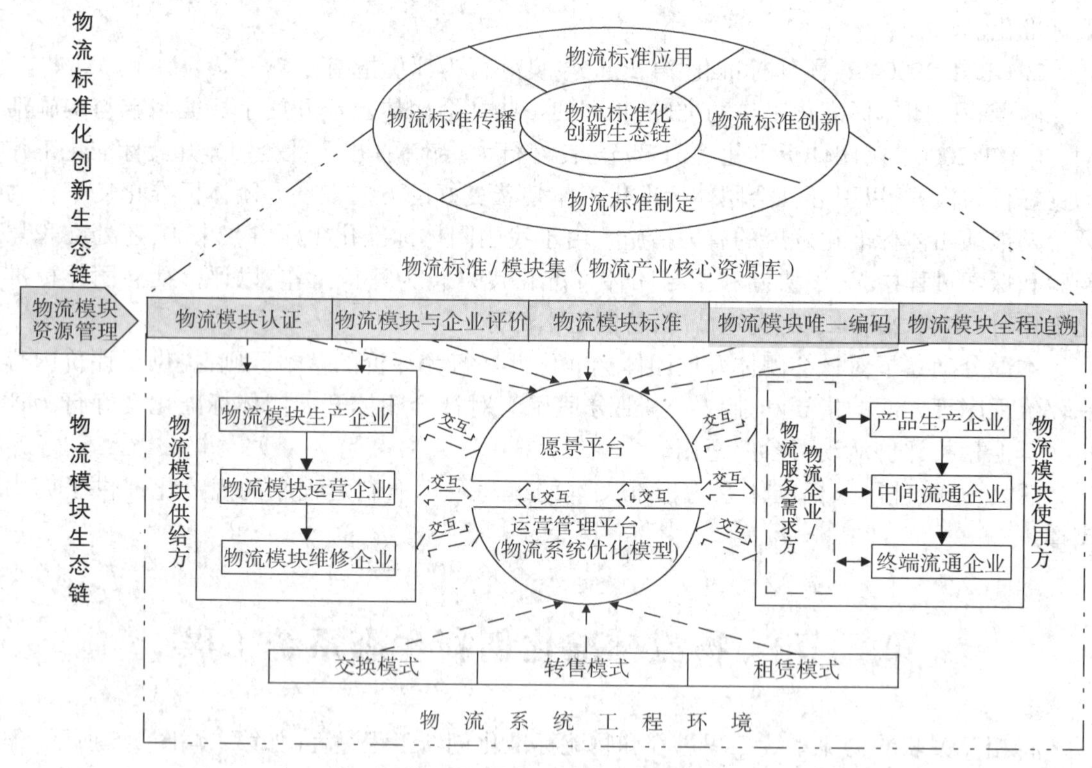

图 4.4 物流标准化创新生态系统基本框架

二、物流标准化创新生态链

如何促使物流标准被制定、被传播、被应用、被创新等循环过程得以良性发展就是物流

标准化创新生态链构建过程需要追求的目标,而此过程是一个循序渐进的过程,不仅需要基于物流标准化创新相关理论的共识并认知物流标准化创新逻辑,也需要互联网等综合信息技术为技术支撑和保障,更需要政策导向的物流标准化创新推进力度。

2017 年我国标准化法的修订、2021 年国家标准化发展纲要发布以及在此背景下产生的众多物流标准和物流标准化推进等诸多过程都充分体现出我国物流标准化创新生态正走向循序渐进的良性发展之路。物流标准化创新生态链循环过程的有效性和效率关联于物流模块被形成、被选用、被创新等物流模块生态链循环过程的有效性和效率,而最终体现于物流系统的降本增效。

三、物流模块生态链

物流模块生态链不仅涉及物流模块产生过程(物流模块供给方)、物流模块被选用过程(物流模块使用方),而且还涉及物流模块被创新过程(伴随物流标准化创新)。物流模块供给方不仅包括物流模块生产企业(比如,就集装箱模块而言,集装箱生产企业)、物流模块运营企业(比如,集装箱运营企业),而且也包括物流模块维修企业(比如,集装箱维修企业);物流模块使用方不仅包括处于供应链不同环节的物流企业(比如,就航运物流模块而言,航运物流企业),而且也包括物流服务需求方(比如,就快递模块而言,有快递需求的客户)。

物流系统模块化设计与运作的本质在于高标准化的物流模块有利于"即选即用"的物流系统集成以实现物流系统降本增效。为使模块化设计与运作相关方互动所带来的物流模块生态链得以良性循环发展,不仅需要强有力的物流模块相关信息共享平台作为支撑(愿景平台),而且也需要为物流模块供给方与物流模块使用方之间的不同交易(交换模式、转售模式和租赁模式)需求提供服务的平台(运营管理平台)。

当然,无论是愿景平台还是运营管理平台,都是以物流模块为中心提供相应服务。其中,愿景平台主要助力物流模块动态信息实时共享和更新,为此需要注重于提供诚信服务;运营管理平台主要助力物流模块资源得以充分共享以提高物流模块利用率,为此需要注重于提供市场化增值服务,比如,物流模块资源信息共享服务以及物流系统优化模型服务等。

四、物流模块资源管理

物流模块作为既是物流标准化创新产物也是物流服务供需方赖以交易的中介体,其资源如何得到管理不仅影响物流标准化创新生态链的良性循环,也影响物流模块生态链的良性循环,并最终影响物流标准化创新生态系统的良性发展。

首先,根据物流服务供需市场需求,产生物流模块,并对其进行全生命周期管理是物流模块资源管理的出发点。然后,根据每种物流模块特点,创新选择适合各自物流模块的管理方法,比如,就有流动特点的集装箱模块而言,为了解决空箱运输所带来的高物流成本问题,实现集装箱资源共享共用应成为管理关注点,而对冷藏集装箱而言,实现冷藏集装箱智能化以跟踪箱内环境参数的动态变化应成为管理关注点,等等。还有,对每种物流模块所采纳的标准及其符合程度、质量状况、所处位置以及所属企业等相关动态信息的有效管理(如图 4.4 所示,包括物流模块认证、物流模块与企业评价、物流模块相关标准、物流模块唯一编码和物流模块全程追溯等),并确保账物相符是物流模块资源管理的关键。

显然,物理模块资源管理与图4.4基本框架中的物流标准化创新生态链和物流模块生态链是密不可分的。而且,融入图4.4基本框架中的物流模块所占比例越大,越有利于物流系统降本增效以实现物流产业健康发展,也能推进物流标准化创新生态的可持续发展。

五、物流系统优化模型

物流需求多变性、物流资源移动性以及物流资源共享必要性等特点,使得优化理论与方法在物流系统工程中的作用显得尤为重要。特别是,在智能化时代,基于数字化的物流系统优化模型不仅成为物流系统降本增效的基本手段,而且也成为物流标准化创新所追求的目标。

物流系统优化建模一般经过基于物流系统架构的物流要素之间的关联性分析、管理目标(QCDFS目标值)和约束条件(物流系统关联要素约束要求)的识别和确定、选择决策变量、将管理目标和约束条件数学模型化、模型算法设计和求解、模型验证、分析要素之间互动规律等过程。而且,通过物流系统建模过程,数字化的优化模型也可作为“系统标准”(参见第一章第二节“系统标准”概念)嵌入到图4.4中的运营管理平台,以增值服务的形式服务于客户来提升运营管理平台竞争力。

可以说,物流系统优化建模过程自始至终离不开物流标准化创新。也就是说,无标准的物流要素无法分析相互之间的关联性;无标准的管理目标和约束条件也无法得到识别和确定;无标准的数学模型更是无法构建的。

总之,智能化时代的前提是数字化,数字化的前提是标准化。通过持续的标准化创新、模块化创新、数字化创新、模型化创新,不断追求物流系统降本增效,以实现物流产业可持续良性循环发展就是物流标准化创新生态系统构筑目标。

第四节　物流标准化创新需求识别过程

物流标准化创新需求识别作为物流标准化创新过程的第一个过程,决定了物流标准化创新的成败。前述的物流需求产生、供应链物流系统本质、物流系统工程与物流标准化创新工程之间的关联性、物流系统优化建模过程以及管理体系过程方法内涵,充分说明物流标准化创新需求贯穿于物流系统全生命周期,且通过不断的PDCA循环来实现物流标准化创新可持续发展。

一、物流标准化创新需求识别过程要素示意图

根据第三章图3.4单一过程要素示意图,创建物流标准化创新需求识别过程要素示意图如图4.5所示。

其中,示意图中的物流标准化创新需求识别活动内容,根据活动范围、目标、界限以及对象的不同差异很大。比如,如果标准化对象是针对冷链物流,那么就应该围绕冷链物流

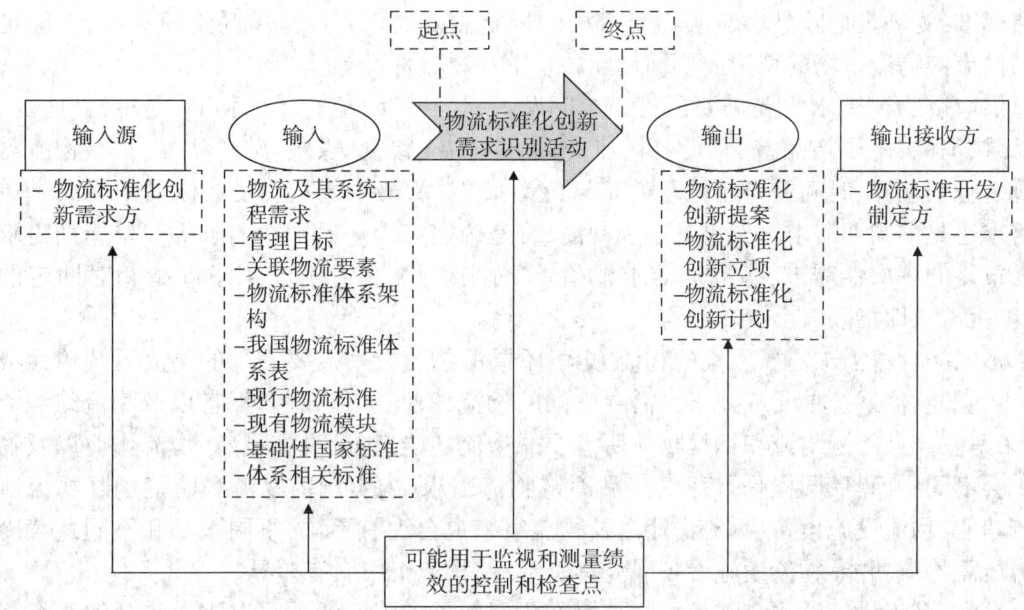

图 4.5　物流标准化创新需求识别过程要素示意图

领域，根据示意图中的输入/输出要求，基于物流标准体系架构，按物流标准化创新需求（Know-what）、物流标准化创新目的（Know-why）、物流标准化创新要素（Know-how）以及物流标准化创新范围（Know-who）等内容，进一步细化冷链物流相关标准化创新需求识别过程。

值得注意的是，物流标准化创新需求识别，首先需要判断现有物流标准/模块资源库中，有哪些可用相关物流标准/模块，包括标准化的托盘、周转箱、集装箱、运输设施设备、信息系统、物流组织等。因为物流标准化创新目的在于降本增效，以满足客户物流需求，而标准化程度越高，降本增效的可能性会越大，所以首先需要考虑的是现行物流标准/模块，应用现行标准/模块的人或组织越多，带来的效益会越大；其次，再考虑有无可创新的物流标准/模块或标准化/模块化对象。例如，现有 20 英尺和 40 英尺国际集装箱标准，但若其不适宜内贸集装箱运输，那么根据我国国内物流需求，可以创新内贸集装箱标准，而且，根据物流领域智能化程度，又可以创新开发智能集装箱标准等。但只要存在相应国际标准，而且其能满足要求，也不存在其他不适宜的约束要素，那么还是应该尽量使用国际标准，因为覆盖面大的国际标准，认知度大，使用量也大，降本增效的余地也会更大。

根据图 4.2 物流标准化创新过程在 PDCA 循环中的展示，物流标准化创新需求识别活动可以分为基于供应链物流需求的物流标准化创新需求识别、基于物流系统工程的物流标准化创新需求识别，以及基于物流标准体系架构的物流标准化创新需求识别。

二、基于供应链物流需求的物流标准化创新需求识别

基于供应链物流需求的物流标准化创新需求识别即指为满足一个选定供应链物流市场的特定需要而识别所需物流标准，比如，为满足冷链物流市场的特定需要而创新的冷链

物流标准,为满足危险品供应链物流市场的特定需要而创新的危险品物流标准,为满足快消品供应链物流市场的特定需要而创新的快消品物流标准等。

供应链物流需求主要需要回答三个问题:一是物流对象是什么物品,是冷链、医药、危化品、快消品、电子产品、汽车、钢材、建材,还是棉花、粮食、煤炭、矿产品等;二是物流需求是源于空间差异、时间差异还是量的差异(参见第二章第一节);三是物流需求模式是单周期需求还是多周期需求。如果是多周期需求,是确定需求还是随机需求等。单周期需求即指无重复的一次性需求,多周期需求即指重复多次性需求。确定需求即指相对固定的需求,随机需求即指随时会变化的需求。

不同的物流需求需要不同的物流方案,不同的物流方案需要不同的物流系统单元或要素,不同的物流系统单元或要素又需要不同的物流作业、物流设施/设备以及物流组织。例如,果蔬农产品冷链物流和钢材物流所需要的物流功能、物流设施设备、物流作业以及物流组织会不同。而且,同样是果蔬农产品冷链物流需求,内贸国内物流和跨境国际物流所需物流功能、物流设施设备、物流作业以及物流组织也会大有不同;不同水果和不同蔬菜冷链物流所需物流功能、物流设施设备、物流作业以及物流组织又有差异。

总之,基于供应链物流需求的物流标准化创新需求识别活动可以进一步分解为众多子过程活动。通过基于供应链物流需求的物流标准化创新过程,可以补充完善我国物流标准体系表中的专业类物流标准。

三、基于物流系统工程的物流标准化创新需求识别

由第二章图 2.5 可知,物流系统工程是历经物流需求与物流系统优化设计、物流系统配置与运维以及物流系统评价等过程的闭环过程,也是不断精益求精的物流系统优化过程。其中,核心过程就是基于数字化的物流系统优化建模过程,即物流系统优化模型构建过程。

基于物流系统工程的物流标准化创新需求识别即指为构建和实施物流系统优化模型而识别所需物流标准,比如,为构建和实施托盘单元化物流系统优化模型而创新的托盘单元化物流系统相关标准,为构建和实施零担货物拼箱运输系统优化模型而创新的集装箱和托盘相关标准,为构建和实施危险货物集装箱堆场箱区箱位优化模型而创新的危险货物集装箱及其堆场相关标准等。

由基于标准化的物流系统模块化设计和运作而产生的物流模块/模块集是构建和实施物流系统优化模型的最大资源。

根据第一章第二节模块定义,物流模块即指能够单独命名并独立地完成一定物流功能的可以组合和变换的物流单元。根据物流功能划分,物流模块可以包括物流包装模块、物流装卸模块、物流运输模块、物流仓储模块以及物流配送模块等;根据物流对象划分,物流模块可以包括冷链物流模块、危险品物流模块、钢铁物流模块、粮食物流模块、集装箱物流模块以及汽车物流模块等;根据物流系统构成要素划分,物流模块可以包括物流设施设备/作业模块、物流信息/知识模块、物流组织/人员模块以及物流管理模块等。

物流模块可以大到集成的物流系统,也可以小到一个托盘、一个物流信息服务模块等,只要其能被单独命名并独立完成某个物流功能均可以成为一个物流模块。

物流模块集即指物流模块集合体，其为物流系统工程中的系统配置和运维提供物流服务资源储备。根据模块化理论，物流模块与物流标准相关，不同的物流标准带来不同的物流模块。每个物流模块只要满足物流系统设计所需物流标准，都可成为物流模块集合体成员之一。但是，符合同一物流标准的物流模块之间也存在差异，为此，需要物流模块质量分级，而这个分级过程也需要标准化创新。

总之，基于物流系统工程的物流标准化创新需求识别活动涉及众多过程和内容。通过基于物流系统工程的物流标准化创新过程，可以补充完善我国物流标准体系表中的所有类物流标准。

四、基于物流标准体系架构的物流标准化创新需求识别

第三章表 3.1 基于物流系统架构的物流标准体系架构中所体现出的标准化创新需求（Know-what）、标准化创新目的（Know-why）、标准化创新要素（Know-what）以及标准化创新范围（Know-who），为物流标准化创新需求识别提供了基本思路。

无论是基于成员产品的物流功能相似性而定义的物流服务产品族，还是基于一个选定供应链物流市场的特定需要而定义的物流服务产品线，其物流系统架构都可以用第三章图 3.13 模型体现出来，即以流程/功能子系统为核心的物流系统架构。借助以流程/功能子系统为核心的物流系统架构，分析不同子系统在物流系统架构中的各自作用和相互关系，沿着各自子系统物流标准化创新需求产生逻辑，明确标准化创新范围和目的、确定标准化创新要素来识别物流标准化创新需求，这就是基于物流标准体系架构的物流标准化创新需求识别过程。比如，基于流程/功能子系统的集装单元化相关托盘、集装箱等标准化创新识别；基于信息/知识子系统的物流单元编码等相关标准化创新识别；基于设施（设备）/作业子系统的危险品运输相关标准化创新识别；基于组织/人员子系统的物流企业分级相关标准化创新识别；基于管理系统的物流风险管理相关标准化创新识别等。

通过基于物流标准体系架构的物流标准化创新过程，可以补充完善我国物流标准体系表中的物流基础标准、物流技术标准、物流信息标准、物流服务标准以及物流管理标准等。

第五节　物流标准开发与制定过程

作为物流标准化创新过程的第二个过程，物流标准开发与制定过程是物流标准化创新过程的核心过程，也是物流标准化创新需求能否有效落地的关键过程。

一、物流标准开发与制定过程要素示意图

根据第三章图 3.4 单一过程要素示意图，创建物流标准开发与制定过程要素示意图如图 4.6 所示。

其中，示意图中物流标准开发与制定活动，除了本章第二节基础性国家标准体系所要求的标准起草、征求意见、审查、批准、出版或者复审、废止等基本活动之外，最关键的技术

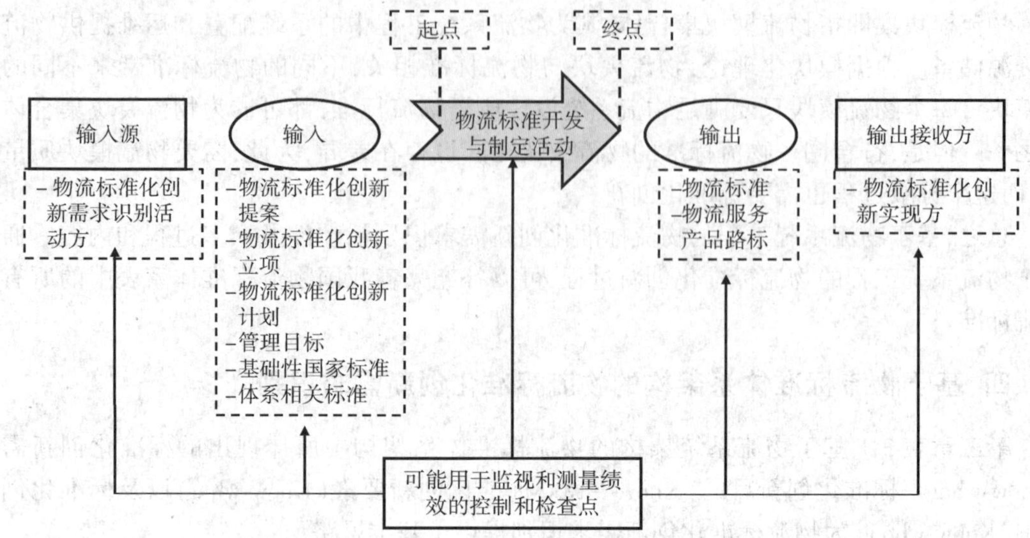

图 4.6　物流标准开发与制定过程要素示意图

性工作就是物流标准化创新架构设计即可变点设计。

如第二章第二节所述,共性和个性的识别作为物流服务产品线工程活动的主线,基于价值和成本之间的平衡,合理确定共性和个性之间可变点不仅是决定物流服务产品线工程成败的关键,也是物流标准开发与制定的焦点。

设计物流标准化创新架构可变点涉及产品线经济性问题,特别是市场策略。其设计的输入包含高层定义的管理目标,输出是物流服务产品路标。物流服务产品路标需要明确将来物流服务产品中的主要共同(共性)和可变(个性)特征,而这主要共同和可变特征的选择,既要考虑物流服务经济性又要考虑客户满意度。路标需要描述所有应用的特征,并把特征分类为所有应用的共同特征、一些应用的可变特征和每个应用自己的特征。

可以说,物流标准化创新架构设计的关键就在于可变点选择。而且,基于所选可变点,进一步细化研究并开发和制定所需物流标准,不断完善物流标准体系、充实物流标准集,这就是物流标准开发与制定过程。

根据我国物流产业及其标准化创新发展现状与趋势,物流标准化创新架构可变点可以从两个维度进行设计并拓展:一是层级维度的可变点设计,可以分为国际物流标准开发与制定、国家物流标准开发与制定、行业物流标准开发与制定、团体物流标准开发与制定、地方物流标准开发与制定以及企业物流标准开发与制定等;二是基于我国物流标准体系表的可变点设计,可以分为公共类物流标准开发与制定、专业类物流标准开发与制定以及要素类物流标准开发与制定。可变点设计实际上就是确定物流标准分类点。

二、层级维度的可变点设计

层级维度的可变点设计即指设计确定物流标准适用范围。也就是说,是立足于国际范围的物流标准开发与制定,还是立足于国内范围的物流标准开发与制定。而且,如果是立足于国内范围,那么,是立足于行业范围,还是地方范围、团体范围、企业范围等。这是物流标准开发与制定活动的首要过程，立足点不同，标准适用范围就会不同，由此而需要投入的资源、计划时间以及历经过程等诸多方面都会带来很大不同。

比如，就以 ISO 18186《集装箱 RFID 货运标签系统》国际标准产生过程而言，虽然国际标准化组织在 2007—2009 年期间发布了集装箱 RFID 相关标准，但因相关标准存在一定的局限，难以有效投入商用，与此同时，我国上海港从 2001 年起，就开始了集装箱电子标签系统的研究，而且 RFID 在集装箱运输领域应用的技术研究已达到了一定水平，集装箱 RFID 商业化应用和货运实践的步伐也早已远远超越了标准的进程。所以，为了将创新成果上升为国际标准，上海港项目组在原有技术成果和国家标准 GB/T 23678—2009《供应链监控用集装箱电子箱封应用技术规范》的基础上，从 2007 年年初开始参与国际标准化组织集装箱技术委员会通信与识别分会（以下简称“ISO/TC104/SC4”）活动，积极向 ISO/TC104/SC4 递交相关材料并参与国际会议技术讨论，历经国际标准制定的 8 个阶段，于 2011 年 12 月正式颁布 ISO 18186《集装箱 RFID 货运标签系统》国际标准。这就是层级维度的物流标准化创新可变点设计过程。

当然，范围越广越大，历经时间可能会越长，所经环节也会越多，由此可能会带来对市场需求的反应性以及标准的适应性等方面的弱化，但一旦成功，由此而带来的影响及其价值性会是无可比拟的。所以，可变点设计必须要充分考虑价值和成本之间的合理平衡。

三、基于我国物流标准体系表的可变点设计

基于我国物流标准体系表的可变点设计即指首先明确所要开发与制定的物流标准是属于专业类、公共类还是要素类；然后，再分别从专业类、公共类以及基础类，各自细化确定所要开发与制定的物流标准是属于专业类的冷链物流标准、危险品物流标准、钢铁物流标准、电子产品物流标准，还是属于棉花物流标准等；是属于公共类的运输领域的物流标准、多式联运领域的物流标准，还是属于仓储领域的物流标准；是属于要素类的流程/功能子系统的物流标准、信息/知识子系统的物流标准、设施/作业子系统的物流标准、组织/人员子系统的物流标准，还是管理系统的物流标准等。

比如，就以托盘为例，托盘作为助力于物流系统降本增效的重要设施，得到物流业广泛青睐，为此，也陆续开发了相关标准。其中，最基本标准就是尺寸相关标准，包括国际标准 ISO 6780《联合通用托盘重要尺寸及公差》规定 6 种托盘标准、国家标准 GB/T 2934—2007《联运通用平托盘主要尺寸及公差》规定的 1 200 mm×1 000 mm 和 1 100 mm×1 100 mm 两个尺寸规格等，接着，又出台中国仓储与配送协会团体标准 T/WD103—2017《开放式托盘共用系统运营指南》、GB/T 37106—2018《托盘单元化物流系统 托盘设计准则》以及 GB/T 37922—2019《托盘单元化物流系统-通用技术条件》等诸多相关标准。

因为托盘作为物流系统最基本设施，适用于任何物流服务产品线或任何物流功能，所以到目前为止，托盘相关标准可变点一般都按要素类设计分类点，比如，GB/T 37106—2018《托盘单元化物流系统 托盘设计准则》以及 GB/T 37922—2019《托盘单元化物流系统-通用技术条件》等两个标准就是隶属于流程/功能子系统的相关标准，而 T/WD103—2017《开放式托盘共用系统运营指南》团体标准是隶属于管理系统的相关标准。

然而,不同于托盘,集装箱可变点不仅按要素类确定分类点,而且按公共类和专业类也确定了分类点。比如,国家标准 GB/T 1413—2008《系列 1 集装箱分类、尺寸和额定质量》隶属于流程/功能子系统的相关标准,而国家标准 GB/T 13145—2018《冷藏集装箱堆场技术管理要求》隶属于冷链物流服务产品线和冷链集装箱堆场等相关标准。而且,随着集装箱智能化发展,会陆续出台更多集装箱相关标准。

总之,面对当今社会万物都在快速变化的时代,如何设计物流标准化创新架构可变点是非常值得深思和研究的内容。

第六节　物流标准化创新实现过程

物流标准化创新重在落地应用,没有应用的标准就没有存在价值。作为物流标准化创新过程的第三个过程,物流标准化创新实现过程的本质就是物流标准的普及和应用。

一、物流标准化创新实现过程要素示意图

根据第三章图 3.4 单一过程要素示意图,创建物流标准化创新实现过程要素示意图如图 4.7 所示。

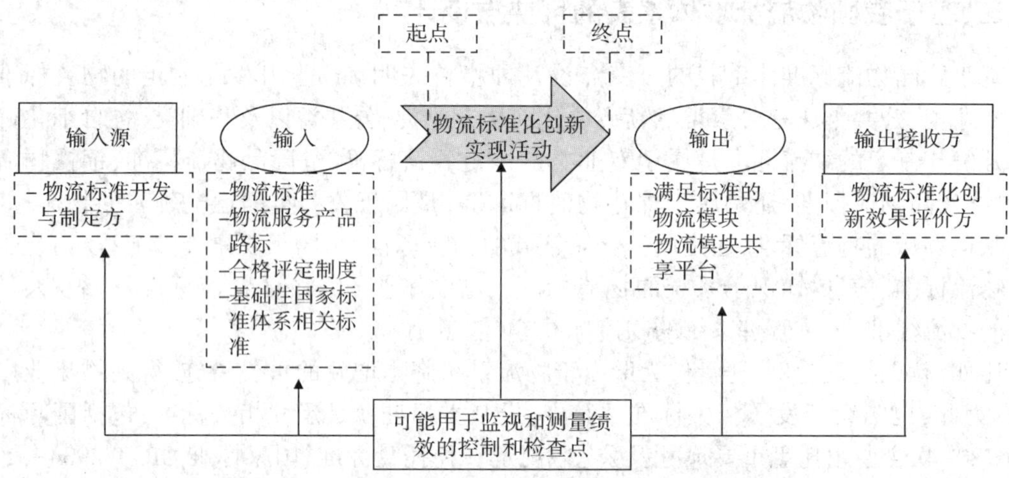

图 4.7　物流标准化创新实现过程要素示意图

其中,示意图中的物流标准化创新实现活动作为物流标准的普及和应用过程,主要包括物流标准化普及过程和物流标准应用过程。

二、物流标准普及过程

互联网为物流标准化普及提供了最有力支撑。其中,最常用的方法就是基于信息技术的网上传播和线上线下的标准培训。比如,就国内而言,关于物流标准传播平台,除了由国家标准化管理委员会、中国物流与采购联合会以及中国物品编码中心等国内标准化权威机构,通过各自网站,将物流标准与标准化状况实时公布于众之外,各行业、各地区以及各联

盟企业也陆续出台物流标准化相关平台来传播相关物流标准化相关信息，而且，也有借助信息技术将各机构已发布的标准聚集到一个平台（比如，物流标准化公共服务信息平台）来传播物流标准化信息。就国外而言，ISO、IEC、ITU、WCO、IMO、GS1 等国际标准化权威机构，也通过建立各自的网站，按标准化主要过程：标准需求识别、标准制定与发布、标准普及与应用，展示各自职能的同时，将物流标准实时公之于众。

当然，如《纲要》第八部分第三十二条"加强标准化人才队伍建设"中所指出："将标准化纳入普通高等教育、职业教育和继续教育，开展专业与标准化教育融合试点。构建多层次从业人员培养培训体系，开展标准化专业人才培养培训和国家质量基础设施综合教育。建立健全标准化领域人才的职业能力评价和激励机制。造就一支熟练掌握国际规则、精通专业技术的职业化人才队伍。提升科研人员标准化能力，充分发挥标准化专家在国家科技决策咨询中的作用，建设国家标准化高端智库。加强基层标准化管理人员队伍建设，支持西部地区标准化专业人才队伍建设。"通过在高等学校开设"物流标准化创新"课程，用现行物流标准有效融入专业核心课程体系来普及物流标准是物流标准化创新实现过程的重要一环，也是行之有效的方法。

除此之外，线上线下、有偿无偿的标准培训也在雨后春笋般快速发展之中。随着综合信息技术的不断发展以及人们对物流标准化创新意识的不断提高，物流标准化普及必将会上台阶。

三、物流标准应用过程

随着物流标准化普及范围的不断扩大和普及力度的不断深化，物流标准的应用必然会体现在符合相关物流标准的物流模块产生。比如，出现满足 1 200 mm×1 000 mm 尺寸标准的托盘、出现满足危险品集装箱箱位堆码标准的堆场、出现满足冷链运输标准要求的冷链运输组织等等。而这些物流模块是否能满足其使用者"即选即用"之需求，需要靠合格评定过程来认证认可。其中，包括第一方合格评定、第二方合格评定和第三方合格评定等，其相关内容参见第一章第一节。

符合标准的物流模块越多说明物流标准应用越好，但重要的是物流模块能够得以共享，也就是说不仅要通过标准化增加物流模块量，而且也要提高物流模块利用率，这就是物流标准化创新生态系统工程应追求的目标（参见本章第三节内容）。

另外，制定的物流标准越能体现市场需求，标准的普及应用也会越广泛，满足其标准的物流模块也会越多，也越能向客户提供有竞争力的物流模块，以开展物流模块"即选即用"的物流系统优化活动。

第七节　物流标准化创新效果评价过程

作为物流标准化创新过程的最后一个过程，物流标准化创新效果评价即指对物流标准化创新前三个过程（即物流标准化创新需求识别、物流标准开发与制定以及物流标准化创新实现等过程)的有效性和效率的评价。

根据过程的有效性和效率之定义,物流标准化创新效果评价主要包括识别并制定的物流标准被普及与应用的能力评价即标准普及率评价(过程的有效性评价)、物流标准化创新经济效益和社会效益评价(过程的效率评价)等。

一、物流标准化创新效果评价过程要素示意图

根据第三章图 3.4 单一过程要素示意图,创建物流标准化创新效果评价过程要素示意图如图 4.8 所示。

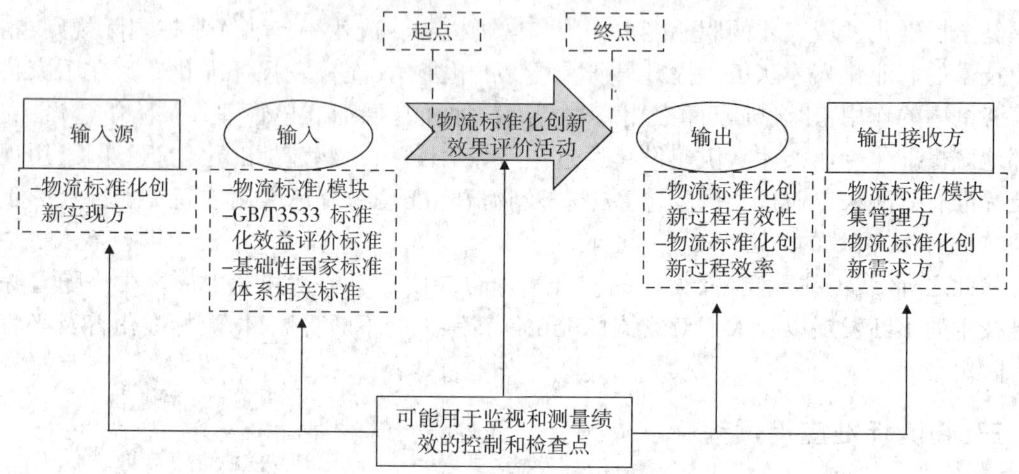

图 4.8　物流标准化创新效果评价过程要素示意图

二、物流标准普及率评价

物流标准普及率主要体现在符合标准的物流模块数量和质量。比如,就托盘模块而言,符合国家标准 1200 系列和 1100 系列的托盘在总托盘量中所占比例,以及纳入第二章图 2.7 托举未来平台的托盘在总托盘量中所占比例等数量方面的评价等等。除此之外,还有质量方面的评价。这里所指的质量主要表现为物流模块“即选即用”的方便性上。物流标准化创新质量越高,应用其标准所产生的物流模块受市场青睐的关注度越高,影响范围也越大,由此会带来标准级别的提升。比如,由初期的团体标准逐渐可以提升为行业标准、国家标准乃至国际标准等等。

三、物流标准化创新经济效益和社会效益评价

国内外的标准化创新实践已充分证明:除了安全、卫生、环境保护标准及某些基础标准和方法标准较难计算直接的经济效益之外,其余标准贯彻实施之后都可以计算出经济上的积极效益。据一些国家的调查、统计和计算,开展标准化活动所节约的资金与所花费的资金之比,在日本是 10∶1,德国是 7∶1,法国是 20∶1,美国是 50∶1,标准化所获得的经济效益和社会效益是不可估量的。

根据国家标准 GB/T 3533.1—2017《标准化效益评价 第 1 部分:经济效益评价通则》,标

准化经济效益即指标准化有用效果与标准化劳动耗费的差。其中,标准化有用效果即指制定与实施标准所获得的节约和有益结果,例如,产品产量的提高、采购/生产和交易成本的降低、市场规模的扩大、生产和工程效率的提高和各种活动时间的减少等;标准化劳动耗费即指制定与实施标准所付出的活劳动与物化劳动耗费的总和,即标准化投资。

根据国家标准 GB/T 3533.2—2017《标准化效益评价 第 2 部分:社会效益评价通则》,标准化社会效益即指实施标准对社会发展以及节能环保所起的积极作用或产生的有益效果。

可以说,物流领域的标准化创新经济效益和社会效益是不可估量的,其具体评价原则、方法以及依据等相关内容可参考上述两个标准。

除此之外,物流标准化创新效果评价活动也包括评价指标体系建立、评价模型开发以及评价结果反馈等过程。

思考题

(1)思考物流标准化创新过程模型及其构成要素,并举例说明。

(2)思考基础性国家标准体系对物流标准化创新过程的影响。

(3)思考物流标准化创新生态系统工程与物流标准化创新生态系统基本框架之间的关联性。

(4)思考物流标准化创新主要过程之间的关联性。

(5)举例说明物流标准化创新主要过程活动。

方法篇

第五章 物流标准化创新思维培育方法

[引导案例]供应链协调导向的物流标准化创新思维

信息共享平台下的生产商—物流服务商—线下超市所组成的三级供应链，如图 5.1 所示。

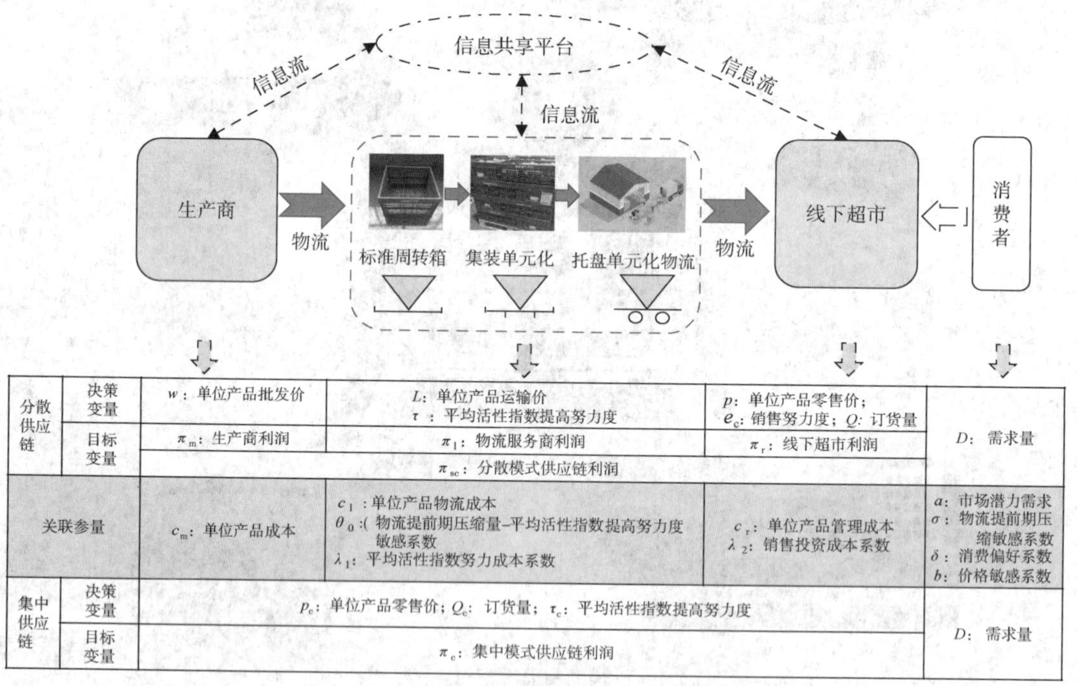

分散供应链	决策变量	w：单位产品批发价	L：单位产品运输价 τ：平均活性指数提高努力度	p：单位产品零售价； e_c：销售努力度；Q：订货量	D：需求量
	目标变量	π_m：生产商利润	π_1：物流服务商利润	π_r：线下超市利润	
		π_{sc}：分散模式供应链利润			
关联参量		c_m：单位产品成本	c_1：单位产品物流成本 θ_0：(物流提前期压缩量–平均活性指数提高努力度敏感系数 λ_1：平均活性指数努力成本系数	c_r：单位产品管理成本 λ_2：销售投资成本系数	a：市场潜力需求 σ：物流提前期压缩敏感系数 δ：消费偏好系数 b：价格敏感系数
集中供应链	决策变量	p_c：单位产品零售价；Q_c：订货量；τ_c：平均活性指数提高努力度			D：需求量
	目标变量	π_c：集中模式供应链利润			

图 5.1 三级供应链模型决策变量及相关参量

图 5.1 显示，在三级供应链系统的分散和集中两种决策模式下，供应链系统、供应链成员所对应的决策变量、目标变量及其关联参量。产品从生产商运到线下超市处，要保证消

费者满意,供应链利润最大化,不仅需要线下超市做出销售努力,也需要物流服务商做出相应努力并承担相应的成本,将产品准时高效送达线下超市处。为此,采用了单元化物流系统以提高物流服务商在装卸搬运中的作业效率。

在分散决策模式下,三级供应链中生产商的决策变量包括单位产品批发价 w;物流服务商的决策变量包括单位产品运输费用 L 和平均活性指数提高努力度 τ;线下超市的决策变量包括单位产品零售价格 p、销售努力度 e 和订货量 Q;在集中决策模式下,三级供应链系统的决策变量包括单位产品零售价格 p_c、订货量 Q_c、平均活性指数提高努力度 τ_c 和销售努力度 e_c。

两种决策模式下,要实现该三级供应链系统的可持续性良性发展,都要以消费者需求(需求量和单位产品零售价格)为导向,而且,在实际的三级供应链系统中,消费者需求量和单位产品零售价格在互为影响的同时,两者还同时受到物流提前期敏感系数和消费偏好系数的影响。为使物流服务商付出的平均活性指数努力和线下超市承担的销售努力实现契约协调,需要供应链成员的合作,而合作离不开标准化创新思维。

追求“价值引领、知识传授、能力培养”融为一体,关注思维和知识之间的关联性,思维和知识一起抓,培育物流标准化创新思维是本章的主要目的。

通过本章的学习,学员能够理解、认知:

☆ 物流标准化创新思维培育关注点;

☆ “成长上限”“舍本逐末”以及“恶性竞争”等系统基模所体现出的本质;

☆ 人类系统工程活动中的过程网络及其形成过程;

☆ ISO 9001 标准对物流标准化创新思维培育的作用;

☆ 我国物流标准体系表与现行物流标准如何有助于形成物流标准化创新思维;

☆ 基于物流系统架构的物流标准体系架构如何有助于形成物流标准化创新思维。

第一节　物流标准化创新思维培育关注点

事在人为,人为在思维。思维意指人们对事物或问题的理性认识和思考。而其认识和思考是以知识为基础的,即人的思维活动是建立在一定知识的基础上的。没有知识,也不会有思想,知识是思维的基础,同时,思维又能帮助我们有效应用知识并建立自己的知识体系。科学的思维方法善于用科学规律去消化和理解关联知识,识别出知识间的关系,并进行合理有效的组合,将关联知识串起来,形成自己的知识网络。当然,知识又不能代替思维。不能认为收集到大量的知识就会使我们产生出主意来。一个决定、计划或行动是利用已有的知识进行大量的分析、推理、演绎等思维才能产生的。知识不能代替思维,只有通过解决问题才能变成你的知识。

物流标准化创新相关知识已在前四章理论篇中充分展现出来。然而,其知识能否得以有效传播和应用关键在于物流标准化创新思维培育。根据第一章第一节所述标准化创新思维之含义,物流标准化创新思维包括系统思维、标准化思维和创新思维。然而,无论系统思维、标准化思维还是创新思维,都离不开价值观支撑,因为价值观决定重要性,由此而影响决策和选择。这就是当前教育界大力推进"思政教育"之本质。

物流标准化创新思维培育有四个关注点:思政教育、系统思考、底线思维、共享思维。

一、关注思政教育的物流标准化创新思维培育

思政教育的本质就是价值观教育。2012 年 11 月,中国共产党十八大报告明确提出"三个倡导",即"倡导富强、民主、文明、和谐,倡导自由、平等、公正、法治,倡导爱国、敬业、诚信、友善,积极培育社会主义核心价值观",这是对社会主义核心价值观的最新概括。

其中,"富强、民主、文明、和谐",是我国社会主义现代化国家的建设目标,也是从价值目标层面对社会主义核心价值观基本理念的凝练,在社会主义核心价值观中居于最高层次,对其他层次的价值理念具有统领作用。"自由、平等、公正、法治",是对美好社会的生动表述,也是从社会层面对社会主义核心价值观基本理念的凝练。它反映了中国特色社会主义的基本属性,是我们党矢志不渝、长期实践的核心价值理念。"爱国、敬业、诚信、友善",是公民基本道德规范,是从个人行为层面对社会主义核心价值观基本理念的凝练。它覆盖社会道德生活的各个领域,是公民必须恪守的基本道德准则,也是评价公民道德行为选择的基本价值标准。

将"价值引领(社会主义核心价值观)、知识传授(本教材理论篇)、能力培养(本教材方法篇和应用篇)"融为一体,共享社会主义核心价值观引领的"学、教、用"多方互动可持续学习育人过程,推动物流标准化创新生态系统得以良性循环发展,这是物流标准化创新思维培育的首要关注点。

二、关注系统思考的物流标准化创新思维培育

系统思考也可称系统思维。其强调,世上万物、万事都相互关联,但其关联性存在隐晦不明及时间滞延等现象。显然,关注系统思考之本意就是不要只关注看得到的表面和眼前现象,应该努力挖掘系统要素之间的内在联系,认知系统背后的内置逻辑。

彼得·圣吉在其所著《第五项修炼》中,利用"系统基模"(系统的基本模型),展示出诸多关联性问题,为系统思考提供了有用工具。其中,强调所有系统基模都是由增强环路、调节环路与时间滞延所组成。比如,"成长上限"系统基模的基本结构(如图 5.2 所示)、"舍本逐末"系统基模的基本结构(如图 5.3 所示)以及"恶性竞争"系统基模的基本结构(如图 5.4 所示)等。

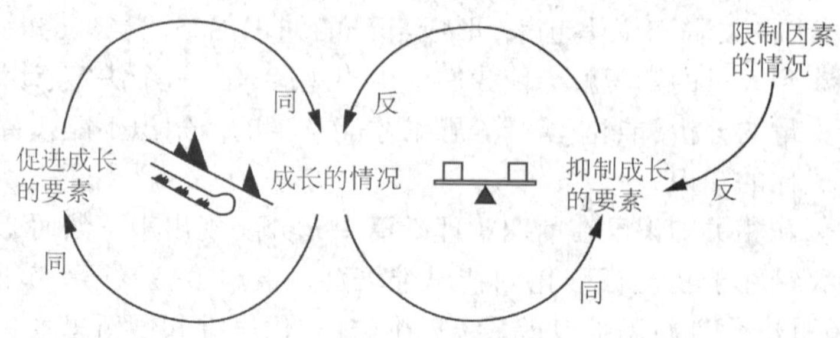

图 5.2 "成长上限"系统基模的基本结构

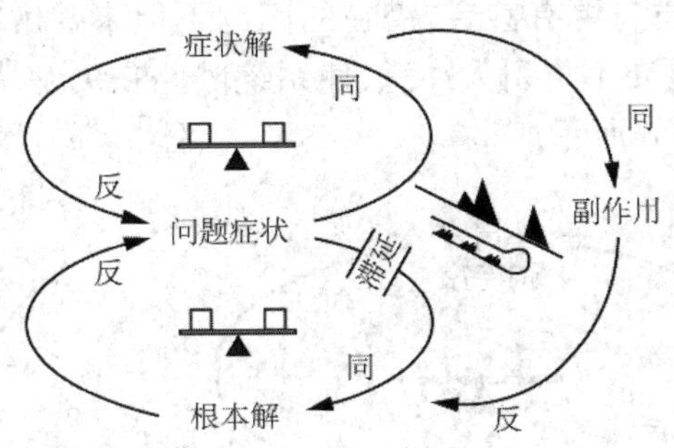

图 5.3　“舍本逐末”系统基模的基本结构

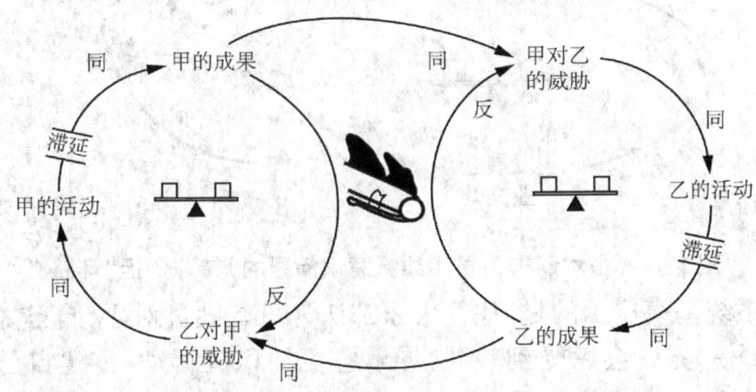

图 5.4　“恶性竞争”系统基模的基本结构

“成长上限”系统基模展示的是,增强环路导致成长,但成长总会遇到各种限制和瓶颈,由此而产生调节环路,使成长减缓、停顿,甚至下滑。比如,物流标准化带来物流系统降本增效,物流系统降本增效又带来利润增加,这是物流标准化的增长环路。而由利润增加带来的收入增加也会带来多样化、个性化需求的增加,由此又会出现多样化、个性化的调节环路,如图 5.5 所示。

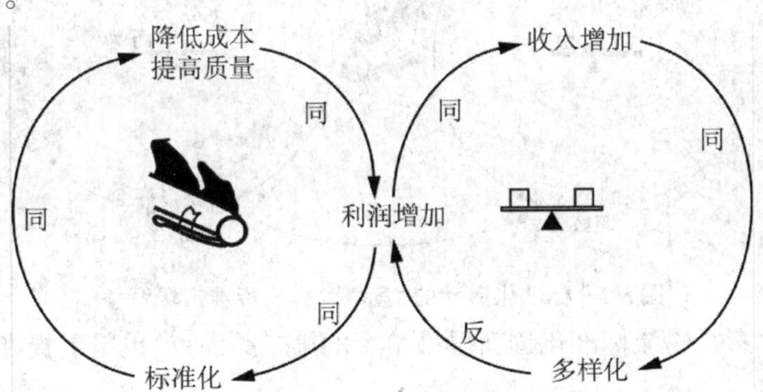

图 5.5　物流标准化“成长上限”之一:多样化趋势

“舍本逐末”系统基模展示的是,潜在的问题常在症状明显出现后才会引起注意,但问题根源常隐晦不明。而且,即使找出了根源,也因为需要付出极高的代价去克服,而避重就轻,采用一些简便的、立即见效的解决办法。不幸的是,较为容易的解决办法经常只能改善症状,并不能改变问题本质。更有甚者,潜在的问题不但未曾解决,反而更为恶化,但由于症状已经暂时消除了,问题便不再引人注意,使系统因此丧失解决潜在问题的能力。比如,员工质量意识问题,如图 5.6 所示。

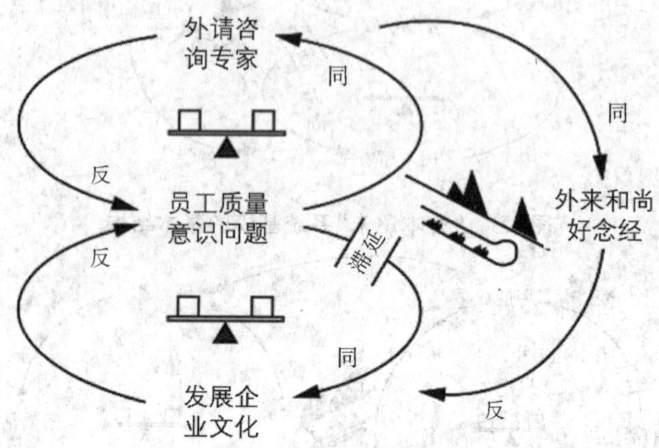

图 5.6 “舍本逐末”:员工质量意识问题的“转嫁负担”环路

“恶性竞争”系统基模展示的是:往往大家都认为只有胜过对手,自己才能获利。为此,只要有一方领先,另一方就会感受到威胁,导致它更加积极行动,重建自己的优势,而过一段时间之后,这又对另一方产生威胁,由此而升高另一方行动的积极程度,如此循环,最后会带来双方都不想要的“恶性竞争”。比如,标准化活动的“竞争”之一:标准市场竞争,如图 5.7 所示。

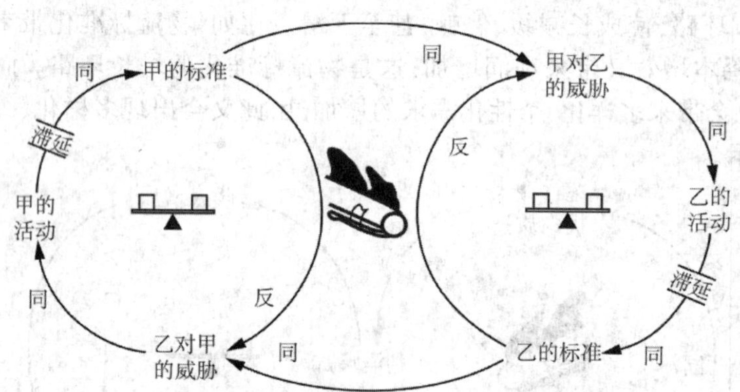

图 5.7 标准化活动的“竞争”之一:标准市场竞争

总之,系统思考是物流标准化创新思维培育的第二关注点,也是前提和基础。

三、关注底线的物流标准化创新思维培育

无论是物流系统优化模型还是物流系统优化方案,任何物流系统优化活动都是以相关物流要素满足“选定标准”为前提的。“牵一发而动全身”是“系统”所拥有的最大特征。以满足“选定标准”为前提而配置的物流系统单元或要素,如果达不到确定物流系统优化方案

时所设置的“选定标准”,那么,不仅会使物流系统达不到最初优化目标,而且,还有可能带来更大的无法挽回的损失。这就是系统工程活动中,标准之重要所在。

这里,所谓关注底线即指标准一旦被选定,就必须要按“底线”来管理之意。物流标准化创新思维培育必须要关注“底线思维”培育,即“选定标准”是底线,“破底”意味着发生了“质的变化”。

四、关注共享的物流标准化创新思维培育

共享即为共用。“共享带来共赢”应成为物流标准化创新思维主线。然而,图 5.7 所示的标准市场竞争常常会带来物流业的恶性竞争。所谓关注共享的物流标准化创新思维培育,即指在共享和创新竞争之间更多向共享倾斜之意。比如,若有国际标准,应尽量采用对应国际标准,也就是说,只要有对应标准,尽量采用更上层级标准,以求在更大范围内共享而共赢。这不仅对全球气候急剧变化的应对特别重要,而且对以移动和可变性为特征的物流系统而言,也尤为重要。因为共享物流资源所带来的降本增效会远大于创新竞争所带来的收益。特别是在智能化时代,物流资源的共享和智能化,是实现智慧物流所不可缺少的。

第二节 基于过程方法的物流标准化创新思维培育方法

身处人类社会中的每个人都在多个系统中,借助不同的系统工程活动来满足各自不同的需求,包括人的生理需求、人的安全需求、人的社交需求、人的尊重需求和人的自我实现需求。每个系统作为人类社会系统中的一部分,都有其各自目标、实现过程以及持续成功为导向的管理体系,各系统之间通过过程相关联,一个过程会影响多个系统及其管理目标,由此而形成过程网络,如图 5.8 所示。快速发展的数字化、智能化以及网络化技术不仅推动了过程网络形成,而且使其变得越来越复杂。

通过过程网络中相互关联的活动提供价值已成为当今社会组织创造价值的主要方法。然而,通过过程网络中相互关联的活动提供价值要持续成功,不仅需要识别过程网络中活动之间、过程之间如何关联,而且更需要认知如何才能促使过程网络作为协调的体系发挥作用,以更加有效和高效地达到一致且预期的结果。

显然,本教材第三章第一节所述的管理体系过程方法以及以其为基础产生的 ISO 9001 标准,不仅为建立一个系统的质量管理体系提供了通用方法,而且更重要的是其内涵的过程思维自始至终在引导系统成员能够关注到过程网络中相互关联活动之价值,以求协调来达成预期目标。

物流标准化创新思维培育离不开过程方法的应用,基于过程方法的 ISO 9001 标准为关注系统思考、关注底线以及关注共享的物流标准化创新思维培育提供了最有力工具。

一、ISO 9001 标准及其实训软件

关于 ISO 9001 标准在教材第三章第一节已做了描述,在此主要说明一下其标准如何体

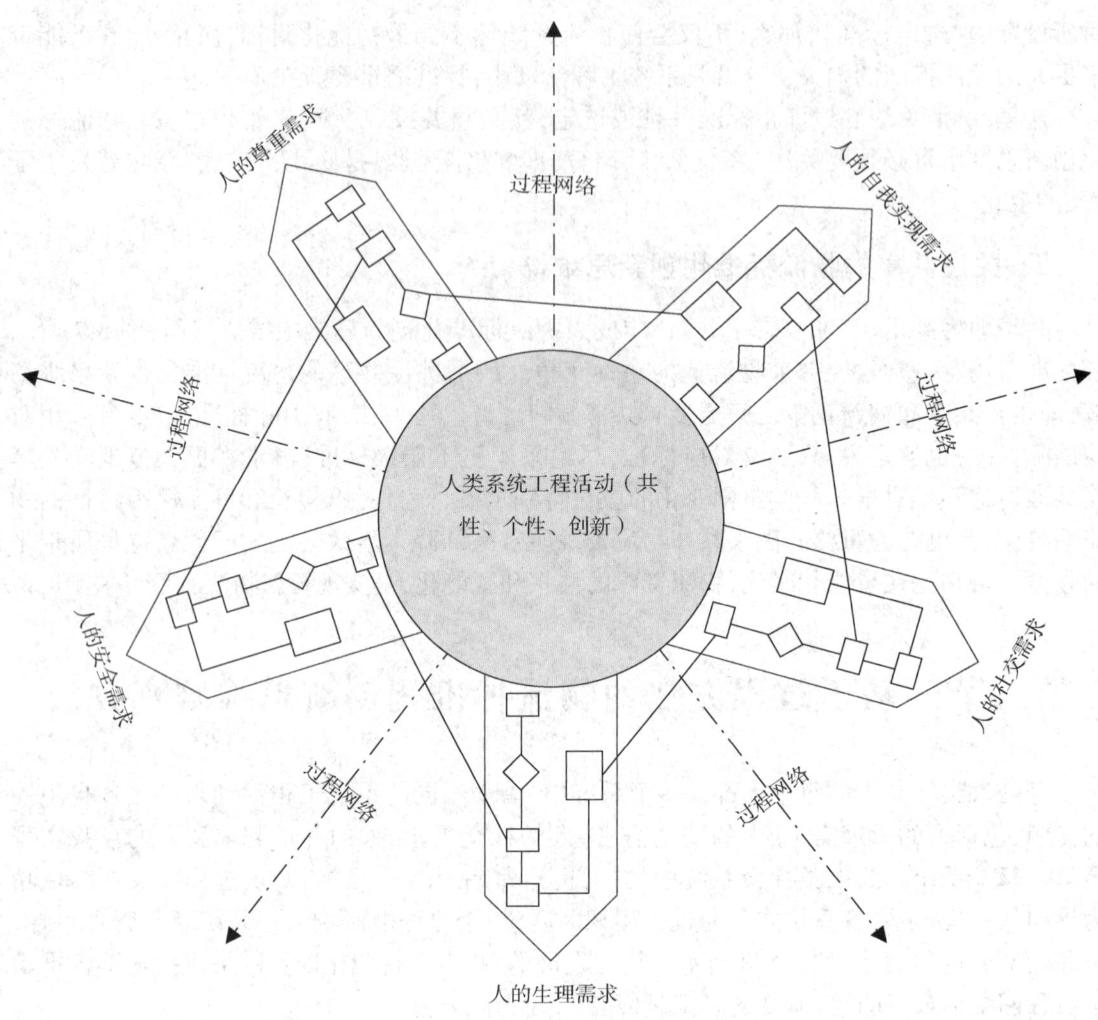

图 5.8　人类系统工程活动中的过程网络

现关注思政教育、关注系统思考、关注底线以及关注共享等特点。首先,它是国际标准,也是第一个管理类标准。自其发布以来,以其为基础,不仅陆续出台了诸多其他管理体系类标准,比如,ISO 14000 环境标准、ISO 28000 供应链安全管理标准等,而且 ISO 9001 标准目前已被一百多个国家所采用,体现出 ISO 9001 标准在国际上的共享性。其次,ISO 9001 标准明确的是达成系统目标的"底线要求"而非"高标准要求",目标导向型底线管理思维和关注目标达成过程的过程思维是 ISO 9001 标准最大特征。然后是系统思考,其主要体现在第三章第一节 ISO 9001 标准的质量管理原则,以及通过图 3.4 和图 3.9 所展示出的系统思考。最后是思政教育。其中,思政教育需要体现在所有环节,也就是不违背社会主义核心价值观是落实 ISO 9001 标准的基本前提。

ISO 9001 标准的质量管理原则包括以顾客为关注焦点、领导作用、全员积极参与、过程方法、改进、循证决策、关系管理等 7 个原则。其中,图 3.4 单一过程要素示意图,将一个过程中的相关要素之间的关联性充分展示出来,以体现系统思考的关联性原则;图 3.9

ISO 9001标准的结构在 PDCA 循环中的展示，不仅将 ISO 9001 标准的过程方法充分体现出来，而且通过输入（顾客要求、相关方的需求和期望、组织及其环境等要素）、PDCA 循环过程以及输出（目标：顾客满意、质量管理体系结果、产品和服务等要素），将一个系统的所有要素系统地整合起来，以体现系统思考的整体性原则、开放性原则以及演化性原则。可以说，系统思考贯穿于 ISO 9001 标准，ISO 9001 标准就是利用系统思考方法构成的。

尽管 ISO 9001 标准以图示法等系统语言助力于对相关条款的理解和领会，但仅靠其标准文件，传播其核心思维和内涵仍显乏力。有必要借助信息技术，将其转换成可视化的标准实训软件，以求借助人机互动来学习和思考。

大连海事大学物流标准化创新团队开发的 ISO 9001 标准实训软件具有以下特点：

（1）将难以理解的“标准”语言转换为通俗语言。ISO 9001 标准是国际标准，其表述方式过于抽象和专业化，这对处于不同文化领域的学员，理解其内容有可能会存在误差，为此，ISO 9001 标准实训软件在不影响标准本意的基础上，尽量采用了通俗语言；

（2）采用一问一答的方式，简化了对标准条款的理解，而且，通过设置“帮助”“图表导入”以及“文字语言描述”等多样化框栏，在方便于学员理解和应用的同时，又能启发学员思考并创新适用于研究对象的质量管理方法；

（3）将图 3.9 的“环状相连的图示系统语言”融入软件，使学员在深入思考每一条款要求的同时，时刻关注而不脱离整个系统的相互关联性。

二、基于 ISO 9001 标准实训软件的物流标准化创新思维培育过程

将“人智”转为“机智”，再通过“机智”导向“人智”来影响人的思维是智能化时代有效的人机互动思维导向方法。ISO 9001 标准实训软件作为典型的“人机互动思维导向”实训软件，为物流系统建立质量管理体系提供了方便。建立物流系统质量管理体系作为保障物流质量的基本手段，是物流标准化创新思维培育的前提，也是基础。如果客户对物流质量的最基本要求都满足不了，还谈什么物流标准化创新呢？

ISO 9001 标准实训软件，将 ISO 9001 标准条款要求、软件的形象化特点以及人性强弱项等充分融合，利用一问一答“人机互动思维导向”方式，为学员提供了较好的 ISO 9001 标准学习环境和工具。

基于 ISO 9001 标准实训软件的物流标准化创新思维培育过程，主要包括案例选择过程、利用实训软件为所选案例建立质量管理体系过程以及物流标准化创新成果归类过程。

1.案例选择过程

物流无处不需、无处不在。选择自己感兴趣或容易接触的物流系统是物流标准化创新思维培育的关键。选择自己感兴趣的物流系统有利于提升兴趣、聚焦注意力以达成目标；选择容易接触的物流系统有利于开展实际调研、深入学习以达成目标。

2.建立质量管理体系过程

借助 ISO 9001 标准实训软件，引导学员分析建立所选案例物流系统的质量管理体系，培育学员关注思政、关注系统思考、关注底线以及关注共享的物流标准化创新思维，树立共享意识、底线意识、关联意识、问题责任意识以及创新意识为关注点的习近平新时代中国特

色社会主义思想,以达成思想政治教育与专业教育的有效融合。

可以说,通过建立案例物流系统的质量管理体系,既能实现思政教育之目的,也能实现专业教育之目的。值得注意的是,为所选案例物流系统建立质量管理体系过程,需要做好“共享”和“创新”之间的协调,“共享”有助于经济性,“创新”有助于竞争性,两者之间如何平衡涉及可变性和可变点的设计(参考第二章第二节内容)。

3.物流标准化创新成果归类过程

建立所选案例物流系统质量管理体系的结果,可以产生诸多物流标准,其中,有些是原有标准的应用,有些是为满足所选案例物流系统的个性要求而产生的创新标准。为了便于标准的管理,也为了便于标准的学习和有效执行,有必要按我国物流标准体系表以及物流标准体系架构分析归类相关标准,这就是物流标准化创新成果归类过程。

可以说,基于 ISO 9001 标准实训软件的物流标准化创新思维培育过程,也是思维培育和知识传授一起抓的过程。

第三节　基于物流标准体系的物流标准化创新思维培育方法

根据第三章标准体系、标准体系表以及标准体系架构等概念,物流标准体系是随着物流业务需求、物流技术发展变化不断优化完善并维护更新的一个动态的系统;物流标准体系表是物流领域内包含现有、应有和预计制定物流标准的蓝图;物流标准体系架构是体现各类物流标准之间的关联性以及物流标准化创新逻辑和演变规则的体系结构。

显然,我国物流标准体系表和本教材第三章物流标准体系架构是结合我国实情和我国物流行业特点而提炼出来的两种物流标准体系模型。所以,所谓基于物流标准体系的物流标准化创新思维培育方法,即指基于我国物流标准体系表和物流标准体系架构的物流标准化创新思维培育方法。

一、基于我国物流标准体系表的物流标准化创新思维培育过程

标准是最能体现一个系统(包括社会、经济、文化等所有系统)平均发展水平的量尺,也是融入系统、构成系统要素的基本条件。无论在哪里,无论要融入哪个领域、哪个环境之中,首先,最需要关注的是,该领域、该系统有哪些大家共识的标准,这不仅是掌握并领会相关领域知识的捷径,也是最能快速融入其中而成为合格要素的有效方法。特别是围绕庞大而复杂的物流系统相关要素,按国家标准化发展要求,提炼出来的我国物流标准体系表以及现行国家标准、行业标准以及团体标准是物流领域的最大知识宝库。

基于我国物流标准体系表的物流标准化创新思维培育过程,主要包括我国物流标准体系表编制依据和基本思路以及基于物流标准分类的物流标准化创新思维培育。

1.我国物流标准体系表编制依据和基本思路

虽然我国物流标准体系表(2010 年版)是依据 GB/T 13016—1991《标准体系表的编制原则和要求》编制的,而 GB/T 13016 标准又已做了两次修订,现行标准是 GB/T 13016—

2018《标准体系构建原则和要求》,但我国物流标准体系表的编制是符合 GB/T 13016 标准中的全面成套、层次恰当、划分明确等原则和要求的。而且,我国物流标准体系表的编制也充分依据了其他行业的研究成果和物流系统自身的特点,特别是在物流标准体系分类三维结构(如图 5.9 所示)的基础上,所形成的我国物流标准体系表(如图 3.1 和图 3.2 所示)充分体现出其完整性、协调性、层次性、可扩展性和先进性等特征。

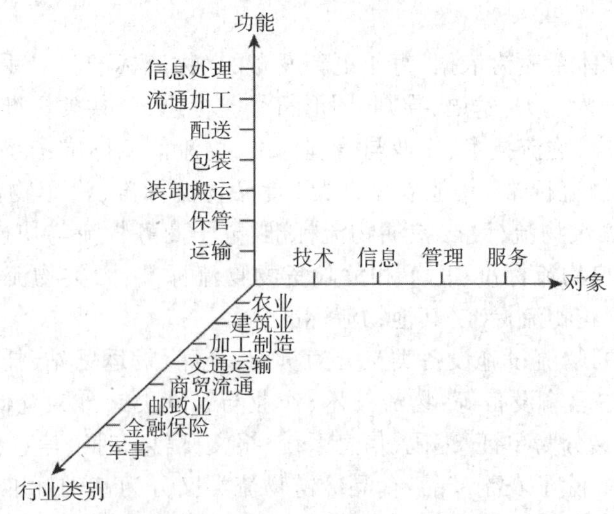

图 5.9 物流标准体系分类三维结构

物流标准取自于物流系统,又服务于物流系统。物流标准体系表应能体现物流标准门类齐全、系统、成套,并能有效服务于现代物流系统运作的完整性、协调性和层次性。而且,伴随物流业的发展,物流标准体系表应能包容现有的、应有的和预计发展的标准,也就是应具备可扩展性和先进性。

我国物流标准体系表编制依据和基本思路有助于关注系统思考的物流标准化创新思维培育。

2.基于物流标准分类的物流标准化创新思维培育

我国物流标准体系表采用树形结构,共分 4 层,层与层之间是包含与被包含关系。

体系表第一层是,根据图 5.9 物流标准体系分类三维结构中的对象维,分为物流基础标准、物流技术标准、物流信息标准、物流管理标准和物流服务标准(如第三章图 3.1 所示)。

体系表的第二层对物流基础标准、物流技术标准、物流信息标准、物流管理标准和物流服务标准进一步分层(如第三章图 3.2 所示)。在物流基础标准中,分为术语类、指南类和图形符号类等;在物流技术标准中,分为物流设施标准、物流设备标准、物流作业标准等;在物流信息标准中,分为物流信息编码标准、物流信息标识与采集标准、物流信息交换标准、物流信息系统及信息平台标准、物流信息应用标准等;在物流管理标准中,分为物流安全标准、物流统计标准、物流枢纽标准、物流绩效标准等;在物流服务标准中,分为物流服务质量标准、物流服务组织标准、物流服务人员标准、物流服务环境标准等。

体系表的第三层,根据物流标准体系分类三维结构中的功能维(与本教材第二章第二节物流服务产品族概念相对应)和行业类别维(与本教材第二章第二节物流服务产品线概念相对应),分为公共类物流标准和专业类物流标准。

体系表的第四层对公共类物流标准和专业类物流标准进一步分层。在公共类物流标准中,分为道路运输、铁路运输、水路运输、航空运输、多式联运、货运代理、仓储等标准;在专业类物流标准中,分为钢铁物流、煤炭物流、铁矿石等重要矿产品物流、石油石化物流、建材物流、粮食物流、棉花物流、冷链物流、医药物流、汽车和零部(配)件物流、邮政(含快递)物流、应急物流等。

以我国物流标准体系表为依据,每年更新发布的"物流标准目录手册"(2021 年版为基准)中,基础类标准分为三类:术语、导则、图形符号与标志;公共类标准分为四类:综合类标准,物流设施设备标准,物流技术、作业与管理标准,物流信息标准;专业类标准分为 17 类:农副产品、食品冷链物流标准,其他农副产品、食品物流标准,汽车物流标准,医药物流标准,家电物流标准,煤炭物流标准,粮油物流标准,电子商务物流与快递标准,出版物物流,烟草物流标准,进出口物流标准,化工和危险货物物流标准,酒类物流标准,钢铁类物流标准,应急物流标准,棉花物流标准,其他物流标准。

在公共类标准中,物流设施设备类又分为货架、仓库、货运场站、托盘、叉车、集装箱袋、装卸搬运设备、包装、运输设备等;物流技术、作业与管理类又分为仓储、装卸搬运和运输、包装等;物流信息类又分为单证、编码、信息系统、报文、信息交换、信息技术应用等。

在专业类标准中,除了农副产品、食品冷链物流类又分为基础标准、设施设备标准以及物流技术、作业与管理标准等之外,其他类标准未做进一步分类。

物流标准目录手册中的物流标准分类方法不仅有助于理解物流标准及其作用,而且也有助于创新物流标准,以培育物流标准化创新思维。

我国物流标准体系表及其物流标准分类方法是培育物流标准化创新思维的首要过程。

二、基于物流标准体系架构的物流标准化创新思维培育过程

第三章表 3.1 所示的基于物流系统架构的物流标准体系架构也是一种物流标准体系模型,但比起以展示现有、应有和预计制定标准为目的的我国物流标准体系表,物流标准体系架构关注的是各类物流标准之间的关联性以及物流标准化创新逻辑和演变原则,旨在引导物流标准化创新的可持续发展。

基于物流标准体系架构的物流标准化创新思维培育过程,主要包括基于物流系统架构的物流标准化创新思维培育以及基于现行物流标准的物流标准化创新思维培育。

1.基于物流系统架构的物流标准化创新思维培育

源于并服务于物流系统的物流标准化创新需要从物流系统架构即物流流程/功能子系统、物流信息/知识子系统、物流设施/作业子系统、物流组织/人员子系统以及物流管理系统等物流各子系统之间关联逻辑来识别物流标准化创新需求。

表 3.1 所示的基于物流系统架构的物流标准体系架构所体现的物流标准化创新需求(Know-what)、物流标准化创新目的(Know-why)、物流标准化创新要素(Know-how)以及物流标准化创新范围(Know-who)等物流标准化创新思维逻辑和过程,有利于将物流系统和物流标准化创新需求关联起来,达成思维培育和知识传授并行之目的。

源于并应用于实践的物流标准是对复杂而庞大的物流系统所拥有共性的精华提炼。从物流系统架构来认知物流标准，从每个物流标准制定目的以及对物流系统的作用，正确领会“共享、底线、创新”的物流标准化创新思维，通过传授物流标准体系形成机理，不仅能培育系统思考能力、标准化思维能力和创新思维能力，而且也非常有利于掌握和领会物流领域相关知识，以形成自己的知识体系。这就是基于物流系统架构的物流标准化创新思维培育。

2.基于现行物流标准的物流标准化创新思维培育

在《中华人民共和国标准化法》和《国家标准化发展纲要》框架下，以基础性国家标准体系和我国物流标准体系表为依据，我国现行物流标准无论是在数量上还是在质量上都得到了快速发展。特别是，团体物流标准以其制定周期短为优势，其数量更是得到快速增加。

基于现行物流标准的物流标准化创新思维培育，主要从两个角度进行：一是通过选择并学习符合各自需求的适宜的现行物流标准，快速了解并融入相关领域，比如，可以包括思政教育相关标准、系统思考相关标准、底线思维相关标准以及共享思维相关标准等；二是针对相关现行物流标准的归类（参考物流标准目录手册最新版）和内容构成，借助物流标准体系架构，进一步从物流标准化创新需求、物流标准化创新目的、物流标准化创新要素以及物流标准化创新范围等角度，做细化分析，由此实现物流标准化创新思维培育。

思考题

(1)思考思政教育与物流标准化创新思维培育的关联性，并举例说明。

(2)思考“学教用”多方互动可持续学习育人过程。

(3)思考思维和知识之间的关联性。

(4)举例说明“成长上限”“舍本逐末”以及“恶性竞争”等系统基模。

(5)思考智能化时代过程网络的作用。

(6)思考物流标准化创新思维培育方法。

第六章 基于产学研一体化的物流标准化创新方法

[引导案例]生产、销售和配送为一体的果蔬农户物流标准化创新

有个种植多种果蔬,生产、销售和配送为一体的农户。在信息化环境下,农户和多个线下需求地构成的果蔬二级供应链如图6.1所示。供应链成员之间信息沟通依赖于信息平台。考虑到果蔬供应链供需关系,农户对不同需求地采用不同销售价。而且,为了保障果蔬质量,根据果蔬成熟和采摘程度,限定每种果蔬的最高/最低日销售量。同时,为了减少果蔬损耗和提高流通效率,采用基于共享标准周转箱和托盘的单元化物流系统。农户每日做一次一体化方案决策,并利用托盘单元化物流整合果蔬销售与配送,为此,需要进行一系列物流标准化创新,比如,物流信息标准化创新、物流设施设备作业标准化创新、物流组织人员标准化创新等。

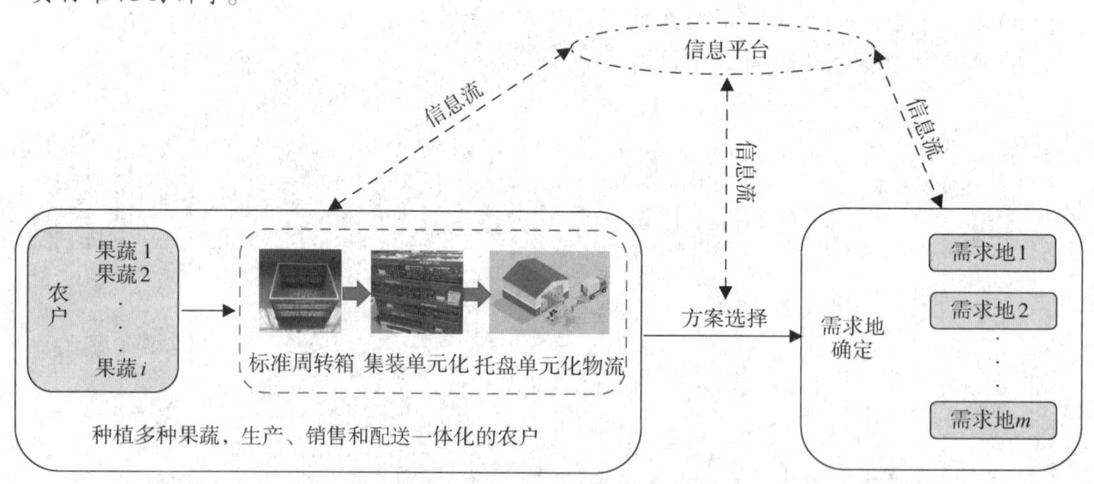

图6.1 果蔬供应链系统结构

借助管理体系过程方法和智能化方法,助推物流标准化创新产学研一体化,共享社会

主义核心价值观引领的物流标准化创新“学教用”多方互动可持续学习育人过程，实现物流标准化创新过程的数字化转型是本章的主要目的。

通过本章的学习，学员能够理解、认知：

☆ 物流标准化创新产学研一体化必要性；

☆ 政府导向的物流标准化创新相关机构系统工程活动；

☆ 基于过程方法的物流标准化创新产学研一体化管理体系构建过程；

☆ 物流标准化创新产学研一体化的智能化过程；

☆ 管理体系过程方法与智能化相结合的物流标准化创新产学研一体化模式；

☆ 物流标准化创新产学研一体机系统架构；

☆ 基于虚拟仿真物流系统的物流标准化创新产学研一体机育人系统。

第一节　物流标准化创新产学研一体化需求

产学研概念产生于 20 世纪中叶，以美国“特曼式大学”产学研合作模式为现实标志。之后在国际上引起了广泛的关注和研究，到了 20 世纪 80 年代逐渐形成了多种产学研合作协同发展的理论学派和组织结构。

产学研即指“产”代表产业界；“学”代表教育界；“研”代表科研界。产学研一体化又称产学研结合，是产业、教育、科研不同社会分工在功能与资源优势上的协同与集成化。

物流标准化创新产学研一体化需求主要体现在物流标准化创新需求识别过程中的政府和产业的结合、物流标准开发与制定过程中的产业与科研的结合、物流标准化创新实现过程中的政府、产业和教育的结合以及物流标准化创新效果评价中的政府和产业的结合等。

一、物流标准化创新需求识别过程中的政府和产业的结合

第四章图 4.5 物流标准化创新需求识别过程要素示意图显示，开展物流标准化创新需求识别活动，需要了解来自物流企业及产业的物流及其系统工程需求，需要掌握来自物流产业的物流标准体系表以及来自政府标准化管理机构的现行物流标准，而且，从物流标准提案到计划阶段，离不开物流产业以及政府标准化管理机构之间的沟通和协调。

就是说，无论由谁主导开展物流标准化创新需求识别活动，政府和产业的结合是必需的，但结合即一体化程度应该因地因需因项而异，也就是说，根据标准级别和影响范围大小，一体化程度可以不同。因为不同程度的一体化会带来不同程度的协调障碍，由此而影响活动有效性和效率以及标准的市场化程度。

二、物流标准开发与制定过程中的政府、产业和科研的结合

与物流标准化创新需求识别过程相比较，第四章图 4.6 物流标准开发与制定过程要素示意图显示，开展物流标准开发与制定活动，除了需要物流产业以及政府标准化管理机构

参与之外,还需要物流标准化创新相关科研机构,特别是,标准化专业机构参与是必须的。因为物流标准开发与制定是专业性极强的系统工程活动,不仅涉及面广而且专业性强,其活动需要由专业科研机构主导,产业和政府积极配合来实施。

物流标准开发与制定过程同样需要根据标准级别和影响范围来选择产学研一体化程度、方法和模式。

三、物流标准化创新实现过程中的政府、产业和教育的结合

第四章图 4.7 物流标准化创新实现过程要素示意图显示,物流标准化创新实现活动的主要内容是物流标准的培训教育和合格评定活动。显然,其活动需要教育、合格评定、物流产业以及政府标准化管理等诸多机构或部门之间的结合。其中,教育和产业之间如何实现不同分工在功能和资源优势上的协同和一体化是物流标准化创新实现活动的关键。

四、物流标准化创新效果评价过程中的政府和产业的结合

第四章图 4.8 物流标准化创新效果评价过程要素示意图显示,物流标准化创新效果评价活动包括物流标准化创新过程有效性和效率评价。既然物流标准化创新过程包括需求识别、物流标准制定、物流标准化创新实现以及物流标准化创新效果评价等过程,而且每个过程都涉及政府、产业(企业)、教育以及科研等机构,那么,过程有效性和效率评价自然也离不开评价过程公平和公正为前提的政府、产业(企业)、教育以及科研等机构的结合。

可以说,就标准化创新活动而言,政府导向是必需的,产学研一体化也是必由之路,关键是如何一体化的问题,也就是选择何种物流标准化创新产学研一体化方法的问题。

第二节　物流标准化创新产学研一体化方法

从前述物流标准化创新理论与物流标准化创新产学研一体化需求可知,物流标准化创新作为一个纵横交错的复杂系统,其相关机构系统工程活动中的过程网络如图 6.2 所示。

图 6.2 显示,参与物流标准化创新的不同机构,借助不同的政府导向的物流标准化创新系统工程活动来满足各自不同需求(比如,教育机构的育人需求、标准化研究机构的标准开发需求、物流产业的标准化创新需求、物流相关企业的标准化创新实现需求等)的同时,形成相互交叉的物流标准化创新过程网络。这些过程网络可以包括物流标准化创新需求识别过程、物流标准开发与制定过程、物流标准化创新实现过程以及物流标准化创新效果评价过程等。而且,满足不同需求的物流标准化创新系统工程活动都要以符合社会发展需求和政府导向为前提,因为标准不仅是经济活动和社会发展的技术支撑,而且也是国家基础性制度的重要方面。

为使物流标准化创新过程网络作为协调的体系发挥作用,首先,需要构建物流标准化创新产学研一体化管理体系;其次,根据需求,将智能化融入物流标准化创新产学研一体化管理体系,从而提出管理体系过程方法和智能化相结合的物流标准化创新产学研一体化

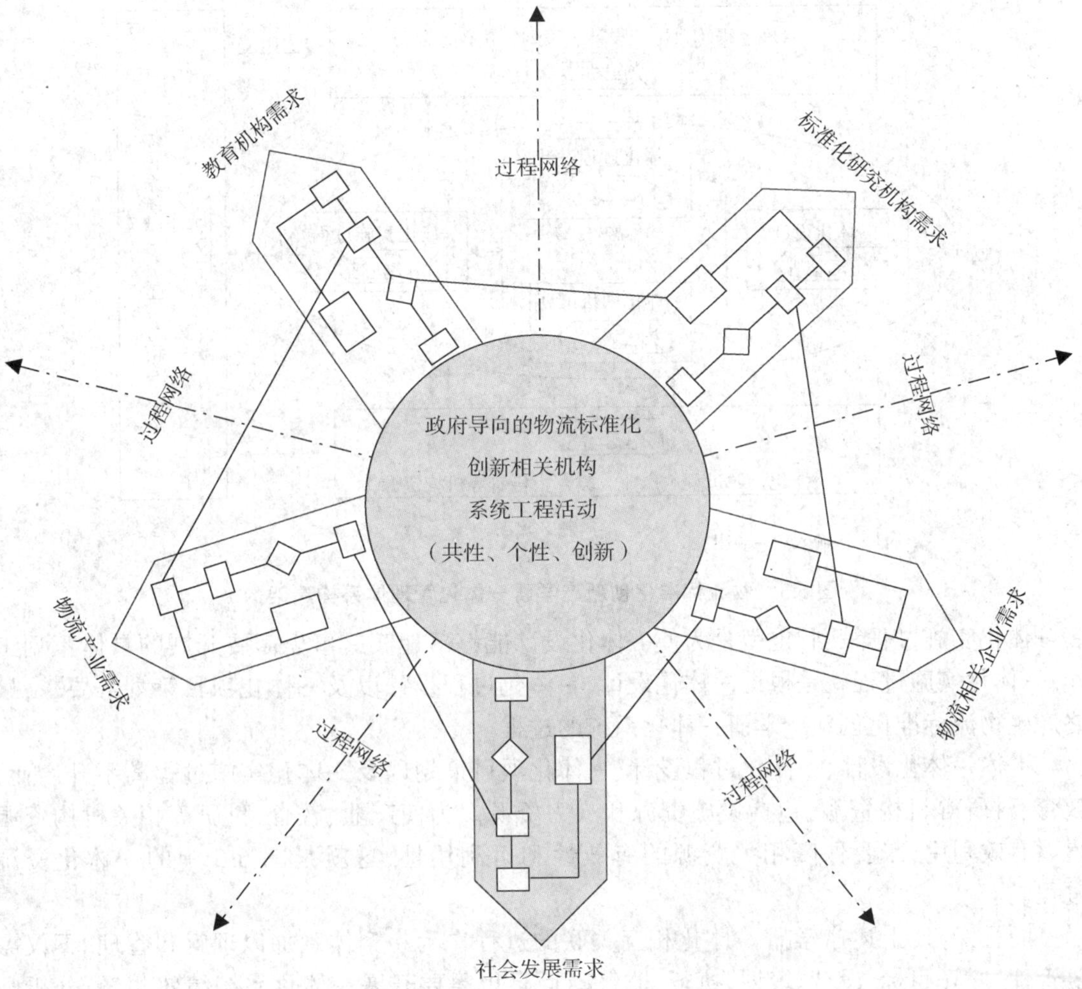

过程网络
教育机构需求
标准化研究机构需求
过程网络
过程网络
政府导向的物流标准化
创新相关机构
系统工程活动
（共性、个性、创新）
物流产业需求
物流相关企业需求
过程网络
过程网络
社会发展需求

图 6.2　物流标准化创新系统工程活动中的过程网络

模式。

一、基于过程方法的物流标准化创新产学研一体化管理体系构建

将物流标准化创新产学研一体化相互关联的过程作为一个体系加以理解和管理，并为其建立管理体系即为基于过程方法的物流标准化创新产学研一体化管理体系构建。物流标准化创新产学研一体化管理体系构建架构如图 6.3 所示。

其中，一体化设计即指设计物流标准化创新产学研一体化系统，即明确系统的目标（标准化创新目标）、功能（标准化创新过程）、构成要素（资源要素）及其运作模式（产业、教育、科研等机构之间对接和协调制度）等；一体化过程设计即指设计物流标准化创新产学研一体化系统构建过程，也就是为了构建物流标准化创新产学研一体化系统需要开展的工作，其实就是物流标准化创新产学研一体化系统工程过程。可以包括一体化系统需求识别、一体化系统设计、一体化系统实现以及一体化系统效果评价等过程；一体化项目策划是对后

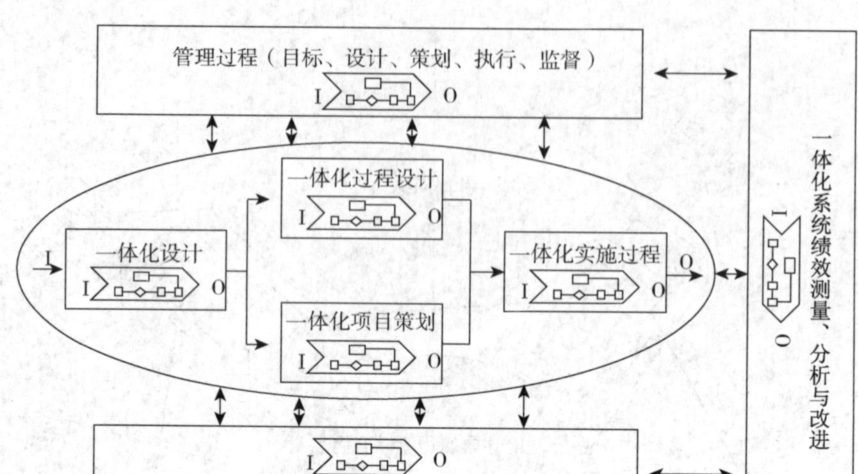

注：I–输入；O–输出

图 6.3　物流标准化创新产学研一体化管理体系构建架构

续一体化实施过程策划，也就是为使一体化设计能够落地实施事先需要开展的具体策划工作；一体化实施过程就是根据一体化设计、一体化过程设计以及一体化项目策划等要求，最终产生物流标准化创新产学研一体化系统的过程。

上述一体化设计、一体化过程设计、一体化项目策划以及一体化实施过程离不开产业、教育、科研等机构资源，包括设施资源和人力资源。为使产业、教育、科研等相关机构资源得以有效利用，需要保障相关资源的有效性和可利用性，这就是图 6.3 中的一体化资源过程。

而且，为使上述产学研一体化相互关联的过程作为一个体系加以理解和管理，不仅需要管理过程（目标、设计、策划、执行、监督），而且也需要开展一体化系统绩效测量、分析与改进，如图 6.3 所示。以上就是物流标准化创新产学研一体化管理体系构建的相关要素。

二、物流标准化创新产学研一体化的智能化

智能化是指事物在计算机网络、大数据、物联网和人工智能等技术的支持下，所具有的能满足人的各种需求的属性。也就是说，事物是否需要智能化取决于人的需求和智能化技术发展水平，而不同环境、不同领域、不同系统、不同岗位以及不同人群的需求和智能化技术发展水平又会不同。

比如，就物流标准化创新产学研一体化而言，不仅在物流标准化创新需求识别、物流标准开发与制定、物流标准化创新实现以及物流标准化创新效果评价等各过程的产学研一体化需求会不同（比如，在需求识别过程，需要的是产业团体主导的产学研一体化；在标准制定过程，需要的是科研机构主导的产学研一体化；在标准化创新实现过程，需要的是教育机构主导的产学研一体化等），而且不同类型的标准在同一个过程的产学研一体化需求也会不同（比如，强制性标准和推荐性标准在同一个过程的产学研一体化需求会不同），由此而

带来不同的智能化。

但是，无论是什么样的智能化，都需要历经第二章第二节所述需求工程的需求获取、需求分析、需求规格说明、需求验证和需求管理等五个阶段，而这个需求工程与物流标准化创新产学研一体化管理体系所需要求密切相关。

三、管理体系过程方法与智能化相结合的物流标准化创新产学研一体化模式

如前所述，基于过程方法的物流标准化创新产学研一体化管理体系构建是必须的。借助计算机网络、大数据、物联网和人工智能等技术，将相关过程和要素有效协同和集成，提高过程有效性和效率也是必要的。两者有效融合产生的物流标准化创新产学研一体化系统即为管理体系过程方法与智能化相结合的物流标准化创新产学研一体化模式，如图 6.4 所示。可以说，通过该模式，基于不同需求，可以产生多种类型的物流标准化创新产学研一体化系统，其中包括本章第三节产学研一体机。

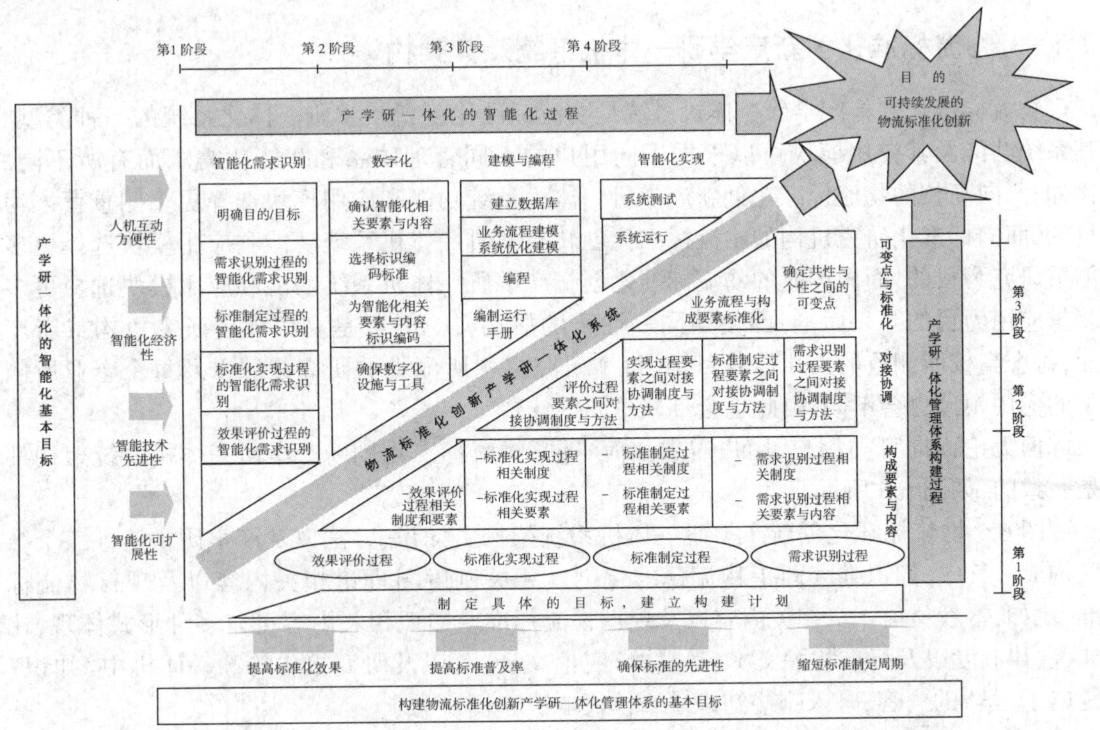

图 6.4　管理体系过程方法与智能化相结合的物流标准化创新产学研一体化模式

图 6.4 模式中，物流标准化创新产学研一体化系统作为最终产品，根据管理体系和智能化需求，可以表现为多种形式。比如，可以是以人机互动为主的人机互动系统，也可以是以制度为约束的隐形运作系统等；物流标准化创新产学研一体化管理体系作为动态体系，随着科技和管理技术发展而动态变化，其中，按图 6.3 所示管理体系构建架构，构建物流标准化产学研一体化管理体系过程中，做好共性和个性之间的可变点识别和确定是与智能化相融合的关键，因为智能化的前提是数字化，数字化的前提是标准化，没识别并确定共性和个性之间的可变点，无法进行标准化，也就无法实现数字化，更无法智能化；物流标准化创新

产学研一体化的智能化也是动态过程,会随着智能化技术发展和管理体系智能化需求而动态变化,其活动主要包括智能化需求识别、数字化过程、建模过程、编程过程以及智能化实现过程。

第三节 物流标准化创新产学研一体机系统及其应用环境

数字经济正在成为重组全球要素资源、重塑全球经济结构、改变全球竞争格局的关键力量。自从数字孪生即"与物理产品等价的虚拟数字化表达"概念提出,特别是随着数字孪生相关技术的发展,将物理世界的人、物、事件等所有要素数字化,在网络空间再造一个一一对应的虚拟世界,物理世界和虚拟世界同生共存、虚实交融,已成为所有领域可追求的运作模式。物流标准化创新产学研一体机就是由此而产生的一个概念。

一、物流标准化创新产学研一体机系统及其架构

物流标准化创新产学研一体机系统是物流标准化创新产学研一体化系统的一种类型。其系统功能及其应用模块可以根据不同用户的不同管理体系和智能化需求而有所不同。比如,面向高校的物流标准化创新产学研一体机系统功能和应用模块选择更多侧重育人为目的;面向标准化研究机构的物流标准化创新产学研一体机系统功能和应用模块选择更多侧重研究为目的;面向产业的物流标准化创新产学研一体机系统功能和应用模块选择更多侧重应用为目的等。而且,即使是同一性质的机构,比如,都是高校或者研究机构或者产业,每个高校所侧重的人才培养目标、每个研究机构所侧重的研究领域以及每个企业所侧重的应用领域也会不同,由此也会带来不同的选择。

但无论面向哪类用户,用户需求如何不同,物流标准化创新产学研一体机系统架构都是一致的,如图 6.5 所示。

图 6.5 物流标准化创新产学研一体机系统架构由知识、方法以及产学研主体等三个维度构成。其中,知识维度即指物流标准化创新相关制度与理论相关内容以及现行物流标准,比如,本教材前 4 章相关内容以及现行物流标准。知识相关内容可以多种形式体现,比如,法律制度以及标准相关文本、教材、研究论文、专著以及研究报告等。一体机中"知识"是属于"学"的内容,融入哪些知识于一体机取决于用户需求。

方法维度即指物流标准化创新方法,比如,本教材第五章至第七章相关内容。方法维度关注的是如何促使物流标准被制定、被传播、被应用、被创新等循环过程得以良性发展。方法存在多种多样。其中,可以包括"人智"转为"机智"的思维导向型管理体系过程方法、"机智"再影响"人智"的思维培育方法、管理体系过程方法和智能化相结合的产学研一体化方法以及制度体系化方法等。高校的教育教学及其管理方法、研究机构的科研及其管理方法、产业企业的员工培训和管理方法等都属于方法维度范畴。一体机中"方法"是属于"教"的范畴,融入哪些方法于一体机也取决于用户需求。

产学研主体维度即指参与和应用物流标准化创新产学研一体机系统的主体。因为物

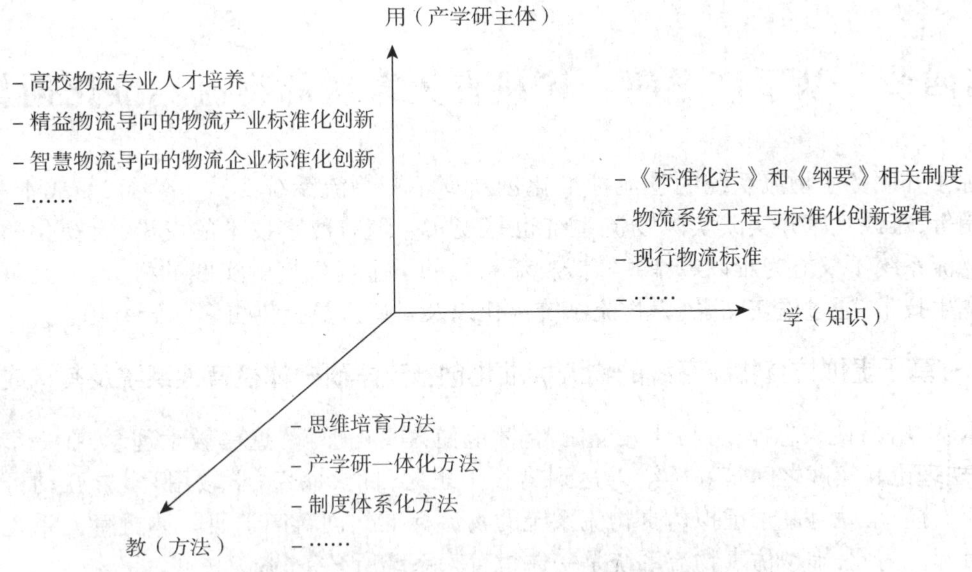

图 6.5　物流标准化创新产学研一体机系统架构

流标准化创新相关知识和方法来自产业、教育以及科研机构即产学研主体，所以产学研主体既是物流标准创造者、传播者，也是应用者。产学研主体维度关注的是各自需求、各自任务和各自职责以及主体之间运作模型。比如，高校物流专业人才培养、精益物流导向的物流产业标准化创新以及智慧物流导向的物流标准化创新等。

值得提醒的是，一体机系统是智能化系统，实现图 6.5 中的学(知识)、教(方法)和用(产学研主体)等三个维度各自内容的标准化和数字化(参考第七章内容)是开发与应用物流标准化创新产学研一体机系统的前提和基础，也是关键。

另外，物流标准化创新产学研一体机系统的政府导向需求需要体现在“知识”维度的法律制度相关文本以及“方法”维度的制度体系化方法中。

二、物流标准化创新产学研一体机系统应用环境

物流标准化创新产学研一体机系统应用环境取决于系统所能提供的功能和应用模块。但既然一体机系统是智能化系统，数字化基础设施是必备的。比如，计算机终端设施、通信网络设施、存储设施以及相关应用软件等。而且，根据一体机所能提供的功能和应用模块以及用户需求，网络条件、用户操作系统、用户非操作系统软件配置、用户硬件配置、用户特殊外置硬件以及网络安全等要求会不同。

还有，智能化的实现需要依赖诸多基础数字技术的融合创新，而且随着基础数字技术的发展，智能化还有机会从小尺度到大尺度实现更多的应用场景，并变成新的融会贯通式的数字化基础设施。比如，物联网、5G 通信网络、云计算、人工智能、建模仿真、大数据等智能化相关基础设施。

就是说，随着智能化技术发展，物流标准化创新产学研一体机系统构成和应用场景会不断得到扩充和扩展，其应用环境及其所需设施设备必然也要随之而变化。

第四节　基于产学研一体机育人系统的物流标准化创新

源于并服务于物流系统的物流标准化创新离不开物流系统实践。然而,受成本高、时空限制等,难以观摩并实践实际物流系统也是现实。随着数字技术的发展,可视化的虚拟仿真物流系统不仅能为难以观摩并实践物流系统的学生提供接触实践的机会,而且可借助数字孪生技术,通过虚实交融,为物流系统优化以及科研人员提供更多的研究场景。

一、基于虚拟仿真物流系统的物流标准化创新产学研一体机育人系统及其构成内容

本着"听易使人忘掉,看易让人记住,行才能使人真正理解"这一教学理念,在一定程度上,实现理论和实践之间筑好桥梁以达到寓教于乐之目的,探究"学教用"多方互动可持续学习育人模式,就是基于虚拟仿真物流系统的物流标准化创新产学研一体机育人系统所追求的目标。为此,虚拟仿真物流系统是一体机育人系统所必备的。

选择开发设计如图 6.6 所示的可视化动态物流系统案例,并将其虚拟仿真模型化而构建案例数据库是一体机育人系统重要构成内容。而且,考虑到物流标准化创新思维培育的思政教育、系统思考、底线以及共享等四个关注点,选择策划能综合体现四个关注点的案例是非常重要的。当然,只要能体现物流系统特点,案例展示方式可以是多种多样,既可以是动态的,也可以是静态的,其主要取决于用户需求和经济性。

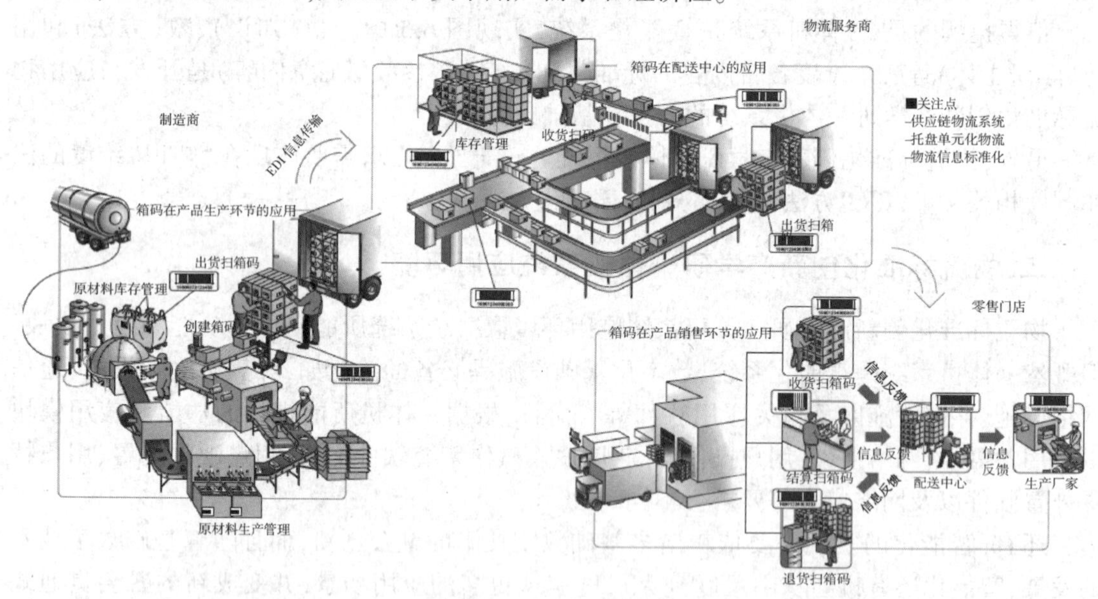

图 6.6　三级供应链物流系统虚拟仿真模型

按图 6.5 物流标准化创新产学研一体机系统架构,案例数据库代表产学研主体维度的产业(用),除此之外,知识数据库是一体机育人系统的核心。因为就一体机育人系统而言,

无论是案例数据库还是方法维度相关内容，都是以有效学习和领会相关知识为目的的。

根据本教材前四章内容，一体机育人系统的相关知识主要分为法规、现行物流标准、物流标准化创新理论以及典型模型等四大模块。而且，各模块相关内容（即“学”的对象），在一体机育人系统，以文本、教材、论文、专著以及研究报告等形式体现的同时，也可以从方法维度，选择策划多种“教”的方法融于一体机育人系统，比如，教师授课视频、教学课堂、基于过程方法的教学软件、虚拟仿真实训实验项目以及制度体系化方法等。其中，制度体系化方法相关内容参见第七章。

二、物流标准化创新产学研一体机育人系统的应用与扩展

“学教用”多方互动可持续学习是物流标准化创新产学研一体机育人系统特点。通过对不同产业物流系统的不断提炼，可以持续充实或更新物流系统案例数据库；通过对物流系统案例的不断研究，可以持续充实或更新物流标准化创新相关知识；通过对教育教学方法以及智能化技术的不断研究，可以持续充实或更新物流标准化创新相关方法。

产业、教育、科研等机构及其人员既可以是物流标准化创新产学研一体机育人系统的使用者也可以是构建者，其在一体机育人系统中应得以充分体现。如表 6.1 所示，你既可以学生身份加入学生用户群，以教师身份加入教师用户群，也可以科研人员身份加入研发人员用户群。这就是所谓“学教用”多方互动可持续学习育人过程。

物流标准化创新产学研一体机育人系统作为一种第四章图 4.4 物流标准化创新生态系统基本框架中的物流标准化创新生态链系统，若要使其得到可持续发展，不仅需要政府、产业、教育以及科研机构的共同努力，而且，更重要的是需要有相关制度来支撑。

表 6.1　一体机育人系统应用例子

<table>
<tr><th>最终用户
系统构成</th><th colspan="2">学生</th><th colspan="2">教师</th><th colspan="2">管理人员</th><th colspan="2">研发人员</th></tr>
<tr><td rowspan="3">业务应用</td><td>选课中心</td><td>问答社区</td><td>课程管理</td><td>自定义集群</td><td>班级论坛</td><td>消息通知</td><td>班级论坛</td><td>研发中心</td></tr>
<tr><td>实验文档</td><td>实验环境</td><td>考试中心</td><td>作业部署</td><td>实验案例</td><td>实验排课</td><td>虚拟机管理</td><td>试题库</td></tr>
<tr><td>课程地图</td><td>数据集市</td><td>学习分析</td><td>班级管理</td><td>成绩管理</td><td>课堂监控</td><td>视频库</td><td>数图可视化</td></tr>
<tr><td rowspan="4">教学内容</td><td colspan="4" rowspan="2">物流标准化创新理论课程</td><td colspan="4">ISO 9001 标准产学研一条龙虚拟仿真实训实验镜像</td></tr>
<tr><td colspan="4">冷链物流标准产学研一条龙虚拟仿真实训实验镜像</td></tr>
<tr><td colspan="4" rowspan="2">物流标准化创新
产学研一条龙虚拟仿真实训实验课程包</td><td colspan="4">危险品物流标准产学研一条龙虚拟仿真实训实验镜像</td></tr>
<tr><td colspan="4">快消品物流标准产学研一条龙虚拟仿真实训实验镜像</td></tr>
<tr><td rowspan="3">云计算服务</td><td colspan="3">存储管理</td><td colspan="3">实验快照</td><td colspan="2">虚拟机资源管理</td></tr>
<tr><td colspan="3">监控管理</td><td colspan="3">容器引擎</td><td colspan="2">容器调度管理系统</td></tr>
<tr><td colspan="3">GPU 资源调度</td><td colspan="3">容器镜像管理系统</td><td colspan="2">Pod 管理系统</td></tr>
<tr><td>虚拟化</td><td colspan="3">基于 KVM 计算虚拟化</td><td colspan="3">存储虚拟化</td><td colspan="2">网络虚拟化</td></tr>
<tr><td>硬件服务器</td><td colspan="3">CPU/GPU</td><td colspan="3">存储资源池</td><td colspan="2">网络资源池</td></tr>
</table>

三、物流标准化创新产学研一条龙虚拟仿真实训实验项目

物流标准化创新产学研一条龙虚拟仿真实训实验项目是经济地落实“行才能使人真正理解”教学理念、培养物流标准化创新能力的一种有效方法,也是一体机育人系统的最重要组成部分。通过实训实验项目要达到三个目的:一是了解物流标准化对象即物流系统(代表“产”);二是理解相关物流标准(代表“学”);三是培育物流标准化创新思维(代表“研”)。这就是“产学研一条龙”之本意。当然,实训实验项目是与物流标准化创新知识相对应的,也就是说,不同的物流标准化创新知识需要不同的实训实验项目来对应。

实训实验项目以案例数据库中的物流系统案例为实训实验对象,一个案例组成一个实验组,实验组成员每人承担案例中的某一个独立物流功能和作业。而且,每个案例所涉及物流标准以及物流功能和作业可能会有所不同,用户可以根据个人需求选择相应案例,也可以根据个人需求选择一个案例中各自所需物流功能和作业。

选择案例并确定物流功能和作业以形成实验组后,通过多样化的物流标准学习和创新过程,每个成员都以自己利益最大为目标设计提出可行物流系统方案,并计算得出各物流系统方案的绩效。最后,通过分析比较不同物流系统方案绩效,提交实训实验报告。这就是物流标准化创新产学研一条龙虚拟仿真实训实验项目策划思路。

显然,物流标准化创新产学研一条龙虚拟仿真实训实验项目实施不仅需要人机交互,也需要人与人交互。但是,就目前数字技术发展水平而言,从技术上实现上述系统功能并不是问题,关键是支撑实训实验项目的基本教学资源和教学方法能否能得到有效保障的问题,比如,与不同物流标准化创新相关知识相对应的物流系统案例开发、与不同物流标准相对应的物流系统案例开发以及与每个实训实验项目相对应的考核标准和制度体系化等,而这些都是需要投入资源的。

思考题

(1)举例说明物流标准化创新产学研一体化需求。

(2)思考物流标准化创新产学研一体化过程的数字化和智能化过程。

(3)举例说明管理体系过程方法与智能化相结合的物流标准化创新产学研一体化系统。

(4)思考物流标准化创新产学研一体机系统构成和应用。

(5)思考虚拟仿真技术和数字孪生技术在物流标准化创新产学研一体化过程中的应用。

第七章　物流标准化创新制度体系化方法

[引导案例]6σ 质量经营体系及其组成

20 世纪 90 年代,质量管理领域出现了一个非常重要的概念和方法,即 6σ 质量经营。6σ 质量经营理论的产生是有背景的。最早提出这个概念的是美国摩托罗拉公司。当时该公司的质量总监在对产品质量进行分析的过程中,发现了一种现象:凡是出厂后出现质量问题退回的产品,基本都是在出厂前返工的产品。究其原因,主要是因为返工返修后,只检查确认之前未能达标的质量要求。但很多情况下,在对零部件或产品返工返修过程中,容易引起其他要求项目的不合格,而此项又不在返工后的检查范围。这就是说,对返工返修零部件或产品,若不进行全面检查就很容易带来售后的产品质量问题。

于是,摩托罗拉公司开发出一套能系统解决问题的 6σ 质量经营体系。为此,首先开发出一个统计软件 minitab 系统。这是一个质量管理专业软件,现场作业人员只要把现场原始数据输入进去,相应的统计分析结果就出来了,显然,不需要现场人员掌握统计理论与方法,只要会用分析结果就可。在此基础上,公司开发出相互配套的 7 个 6σ 质量经营子体系。

(1)资格认定体系:就像我们职称评定制度一样,设了 5 个级别的 6σ 质量经营体系内资格,最低级别 WB 是现场作业人员需要具备的资格,GB 是部门管理者需要具备的资格,BB 是质量管理专业人员需要具备的资格,MBB 是质量总监需要具备的资格,最高级 Champion 是总负责人需要具备的资格(如表 7.1 所示案例)。另外,对每个级别都明确了需要学习、掌握和应用的质量管理相关知识。而且,所学知识必须要与本职工作结合起来带来应有的效果方可得到相应级别认定,而只有获得了资格认定,方能就任相应岗位,并获得相应薪酬。6σ 质量经营,就用这种方式实现全员参与。

(2)培训教育体系:落实资格认定体系,自然要具备与之配套的培训教育体系,否则,资格认定体系也只能成为空。培训教育内容主要是基于本职工作的 minitab 系统应用。

(3)激励机制:这也是必需的。资格和薪酬、职务等级等之间需要有效关联并成为体系。

(4)项目管理体系:资格认定体系表明每个岗位人员必须围绕本职工作开展改善活动。而且,改善过程需要立项并获得验收,这就需要企业设置专门的项目管理部门,并建立项目管理体系。

(5)VOC 体系:这是顾客声音 Voice of Customer 的英文缩写。也就是说,企业必须设置能与顾客有效沟通的渠道,比如:顾客投诉渠道等。

(6)数据管理体系:这是与前面介绍的 minitab 统计分析软件相配套的管理体系,用于对企业所有原始数据和分析数据的管理。

(7)σ 水平测定体系:这是 6σ 质量经营体系所特有的。我们知道,企业是不同岗位人员的集合体,不同岗位工作性质不同,必然会带来不同的工作测定方法。也正因为允许存在不同测定方法,所以时常出现称谓"不公平"的抱怨。6σ 质量经营要求所有岗位都采用"σ 水平测定"方法。σ 即指数据分布的标准偏差,表明数据分布分散度。在一组数据公差范围即质量标准明确的数据中,σ 值越大说明数据越分散,也就是说,纳入公差范围即公差界限的数据越少,质量水平越低。用统一的 σ 水平标准测定所有岗位,追求测定的公正和公平。

显然,上述 7 个子体系是相辅相成、密切关联的一套体系,缺了其中任何一个都会影响到整个系统。这就是所谓的"制度体系化"。

表 7.1 6σ 质量经营体系中的资格认定制度(案例)

资格 内容	Champion (总责任人)	MBB (项目指导专家)	BB (项目实施专家)	GB (兼顾本职工作的改善人员)	WB (全体职员的义务资格)
主要作用	· 明确战略和愿景 · 资源配置,营造氛围	· 指导 BB,GB · 项目的落实 · 验证成果的真实性 · 实施培训	· 独自实施项目 · 所属机构 6SIGMA 活动的领导作用(改善活动,培训等)	· 独立或扶持 BB 实施项目 · 其他的小组改善活动 · 已改善过程的维持	· 遵守最基本的要求
资格条件	· 事业部长、研究所所长等 · 完成 Champion 培训课程	· 完成 MBB 培训课程 · 完成 4 个项目以上者 · 每年指导 5 个以上项目(资格维持条件)	· 完成 BB 培训课程 · 完成 3 个项目以上者 · 每年实施 1 个以上项目者(资格维持条件)	· 完成 GB 培训课程 · 参加过 2 个以上项目	· 完成 WB 培训课程
资格有效期限		永久	5 年	3 年	3 年
接受培训期限	3~4 天	6 周	4 周	1~2 周	3 天
接受培训内容	· 6SIGMA 概论 · 领导的作用	· BB 课程+项目指导能力的提高	· 促进 6SIGMA 所需内容的深化培训	· 大致了解整体内容所需的培训	· 6SIGMA 概论 · 统计思考方法

续表

资格 内容	Champion （总责任人）	MBB （项目指导专家）	BB （项目实施专家）	GB （兼顾本职工作的改善人员）	WB （全体职员的义务资格）
备 注	①项目有效性评价： · 项目必须限于5个范围之内（满足顾客、质量成本、外协企业质量、内部绩效、有利于量产的设计等） · 项目的最终财务效果必须符合相应级别所要求的财务金额； · 不能纳入有效项目的情况（例：未按要求登记管理的项目等）。 ②项目配分制：为了避免1个项目多人重复收益的现象，可以根据项目有效性大小赋予一个项目的总分数，再按项目实施过程中各自所承担的职责和工作量大小来配分。 ③质量资格制度只有与企业人事制度和薪酬制度有效挂构，方可发挥其作用。				

（资料来源：根据相关资料整理）

借助芒特-赖特尔图，了解物流标准化创新制度构成要素之间关联性，结合产学研一体机系统，理解智能化系统所需相关制度及其体系，认知物流标准化创新制度体系化的重要性是本章的主要目的。

通过本章的学习，学员能够理解、认知：

☆ 物流标准化创新相关主要制度之间的关联性；

☆ 物流标准化创新相关主要制度关注点；

☆ 基于产学研一体机的物流标准化创新制度体系化过程；

☆ 国家信息网络安全相关法律法规 ；

☆ 开发和应用物流标准化创新产学研一体机系统的相关制度；

☆ 基于产学研一体机的应用模块需求工程相关制度。

第一节　基于芒特-赖特尔图的物流标准化创新制度体系化

作为规范人的行为的制度，其体系化的目的在于系统内所有岗位成员工作都可有法可依、有章可循，而且既能相互激励，又能相互制约，以确保系统始终处于适宜状态。根据第一章图1.3芒特-赖特尔图机制设计框架图，物流标准化创新制度体系化过程为如下：

一、基于芒特-赖特尔图的物流标准化创新机制设计框架

将芒特-赖特尔图用于物流标准化创新机制设计，可以得到图7.1所示框架。

基于芒特-赖特尔图的物流标准化创新机制设计框架强调了真实制度的四个方面：一是物流标准化创新信息集（行动集），即指物流标准化创新参与者需要知道的物流标准化创新相关信息，这里涉及物流标准化创新信息管理制度；二是物流标准化创新行为规则，即指物流标准化创新参与者可行使的规则以及为此付出的代价和可获利益，这里涉及物流标准化创新过程管理制度；三是物流标准化创新效果，即指对物流标准化创新所带来的物流系

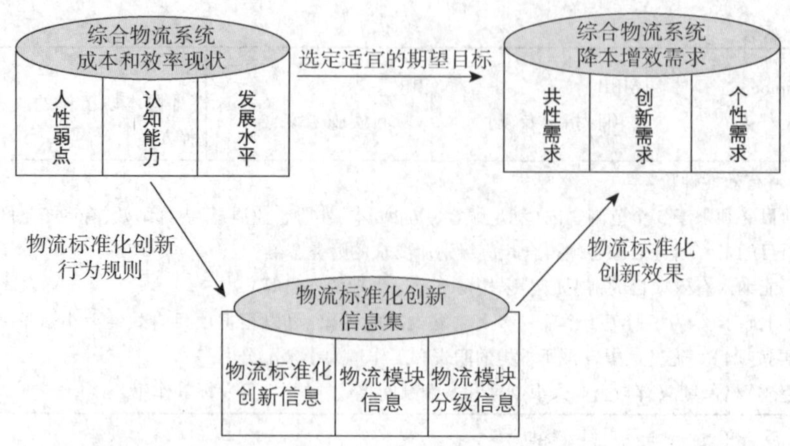

图 7.1 基于芒特–赖特尔图的物流标准化创新机制设计框架

统降本增效效果,这里涉及物流标准化创新效果测定制度;四是选定适宜的期望目标,即指确保所期望目标的适宜性,这里涉及物流标准化创新参与者认知能力相关制度,也就是物流标准化创新思维导向的物流专业人才培养制度。

力求使上述四个方面制度得以有效协调,形成相互激励、相互制约的制度体系,以确保物流标准化创新可持续发展,是基于芒特–赖特尔图的物流标准化创新制度体系化的基本思路。

二、物流标准化创新信息管理制度关注点

作为物流标准化创新制度主要组成内容,物流标准化创新信息管理制度关注点应放在如何促使物流标准化创新参与者能够快速准确查询到所需物流标准化创新相关信息,包括不同级别、不同领域的现行物流标准信息、执行不同物流标准的物流模块信息以及执行同一物流标准的不同等级物流模块的分级信息等。显然,这与第四章图 4.4 物流标准化创新生态系统基本框架构成内容密切关联,也就是说,物流标准化创新信息管理制度需要与物流标准化创新生态系统工程关联起来。还有,第六章图 6.5 物流标准化创新产学研一体机系统架构体现出的《标准化法》和《国家标准化发展纲要》等相关制度也涉及物流标准化创新信息管理制度。所以,物流标准化创新信息管理制度也要与物流标准化创新产学研一体机系统相关联。而且,物流标准化创新信息管理制度还要与本章第二节基于产学研一体机的物流标准化创新制度体系化相关联。

我国《标准化法》明确规定:“强制性标准文本应当免费向社会公开。国家推动免费向社会公开推荐性标准文本。”“国家实行团体标准、企业标准自我声明公开和监督制度。企业应当公开其执行的强制性标准、推荐性标准、团体标准或者企业标准的编号和名称;企业执行自行制定的企业标准的,还应当公开产品、服务的功能指标和产品的性能指标。国家鼓励团体标准、企业标准通过标准信息公共服务平台向社会公开。”“国家建立强制性标准

实施情况统计分析报告制度。国务院标准化行政主管部门和国务院有关行政主管部门、设区的市级以上地方人民政府标准化行政主管部门应当建立标准实施信息反馈和评估机制，根据反馈和评估情况对其制定的标准进行复审。标准的复审周期一般不超过五年。经过复审，对不适应经济社会发展需要和技术进步的应当及时修订或者废止。”

这就是说，免费向社会公开物流标准化创新相关信息是国家发展大方向，关键是如何实现，因为这会涉及物流标准化创新参与者的利益得失。于是，产生了如图 7.1 所强调的物流标准化创新行为规则，即物流标准化创新过程管理制度的需求。

三、物流标准化创新过程管理制度关注点

作为物流标准化创新制度第二个组成内容，物流标准化创新过程管理制度关注点应放在物流标准化创新需求识别、物流标准开发与制定、物流标准化创新实现以及物流标准化创新效果评价等各过程要素示意图中的控制和检查点相关制度，以及物流标准化创新参与者利益得失相关制度。比如，强制性标准、推荐性标准以及团体标准等不同层级标准制定过程中控制和检查点选择和方法上的区别，以及不同等级物流模块所获利益上的差异等。

当然，《标准化法》《基础性国家标准体系》以及《国家标准化发展纲要》中的相关要求应充分融入物流标准化创新过程管理制度。

另外，物流标准化创新过程管理制度与物流标准化创新信息管理制度是密切关联的。因为物流标准化创新过程结果就是物流标准化创新信息，而且，物流标准化创新过程会涉及物流标准化创新产学研诸多机构和人员，由此而产生相关物流模块及其等级信息。所以，物流标准化创新过程管理制度必须考虑物流标准化创新信息管理制度，两者之间能否得以有效协调是物流标准化创新系统能否得以可持续发展的关键。

四、物流标准化创新效果测定制度关注点

作为物流标准化创新制度第三个组成内容，物流标准化创新效果测定制度关注点应放在如何确保测定过程和测定结果的客观性和科学性。因为物流成本效益测定涉及供应链多个节点、多个功能以及多个组织，如果各节点、各功能以及各组织的物流成本项目构成、物流绩效指标以及社会物流统计指标等之间不协调，那么，不仅难以合理有效测定物流标准化创新效果，而且也难以保障测定结果的科学性。所以，统一供应链物流成本构成项目、统一物流绩效指标以及统一社会物流统计指标等就成为物流标准化创新效果测定制度的重要组成部分。比如，通过国家标准 GB/T 20523《企业物流成本构成与计算》的制定，统一成本构成项目和计算方法；通过国家标准 GB/T 24361《社会物流统计指标体系》的制定，统一社会物流相关指标测定方法等。

随着物流标准化创新理论与方法研究的不断深入，特别是随着智能化技术的发展和有效应用，通过从多个角度，开发多种物流标准化创新效果测定数学模型，客观反映物流标准化创新对物流系统降本增效的影响，有效避免测定过程和测定结果的人为干预，是物流标

准化创新效果测定制度的另一关注点。

将相关标准和数学模型,选择性地融入物流标准化创新效果测定制度,实现测定过程和测定结果的公开和透明,是物流标准化创新效果测定制度发展走向。

五、物流标准化创新思维导向的物流专业人才培养制度关注点

物流标准化创新思维导向的物流系统工程专业人才培养制度是物流标准化创新制度体系的最重要组成部分,也是物流标准化创新机制得以有效运作的关键制度。事在人为,只有拥有具备一定认知能力的物流专业人才,才能设计并运行物流标准化创新机制。

物流标准化创新思维导向的物流专业人才培养制度关注点应放在能高质量培养出具有物流标准化创新思维的物流系统工程师。物流系统工程师不仅需要具备标准化创新能力、需要具备物流系统建模能力,而且也需要具备应用智能化技术的能力。通过人才培养制度,保障物流专业人才,提高物流标准化创新参与者认知能力,实现物流系统降本增效,是物流标准化创新制度体系化的最终目标。

《国家标准化发展纲要》明确指出:“将标准化纳入普通高等教育、职业教育和继续教育,开展专业与标准化教育融合试点。构建多层次从业人员培养培训体系,开展标准化专业人才培养培训和国家质量基础设施综合教育。建立健全标准化领域人才的职业能力评价和激励机制。造就一支熟练掌握国际规则、精通专业技术的职业化人才队伍。提升科研人员标准化能力,充分发挥标准化专家在国家科技决策咨询中的作用,建设国家标准化高端智库。加强基层标准化管理人员队伍建设,支持西部地区标准化专业人才队伍建设。”

将《国家标准化发展纲要》需求有效融入物流专业人才培养体系,并将其制度化是物流标准化创新思维导向的物流专业人才培养制度的另一关注点。其中,可用来“学教用”多方互动可持续学习的物流标准化创新产学研一体机育人系统是贯彻《纲要》需求的有效工具。

第二节　基于产学研一体机的物流标准化创新制度体系化

如第六章所述,产学研一体机即物流标准化创新产学研一体机是伴随智能化技术发展而产生的物流标准化创新产学研一体化系统的一种类型。信息化、网络化、智能化是产学研一体机所固有的特征。产学研一体机一方面可以助力去做由自然人难以有效或者无法完成的作业或实现的功能,以助推物流标准化创新系统的降本增效;另一方面也会带来与信息网络相关的安全问题。

基于产学研一体机的物流标准化创新制度体系化实质上就是将智能化融入基于芒特-赖特尔图的物流标准化创新制度体系化的过程,也是借助一体机促使图 6.4 管理体系过程

方法与智能化相结合的物流标准化创新产学研一体化模式得以有效落地而实施的物流标准化创新制度体系构建过程。

为此,首先需要从国家层次,关注由信息化、网络化以及智能化所带来的安全防范相关国家法律法规;然后再从一体机层次,关注开发和应用物流标准化创新产学研一体机系统的相关制度;最后从应用模块层次,关注产学研一体机系统应用模块相关制度。其相互关系如图 7.2 所示。显然,基于产学研一体机的物流标准化创新制度体系化与智能化技术发展水平密切相关。

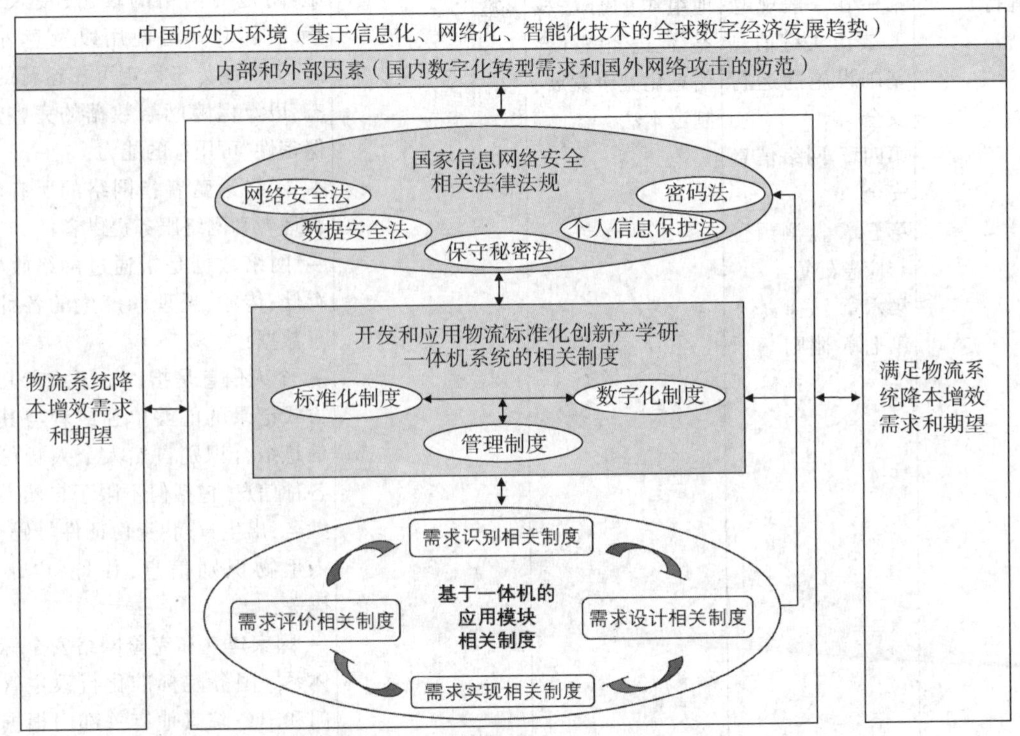

图 7.2　基于产学研一体机的物流标准化创新制度体系化过程

一、国家信息网络安全相关法律法规

2022 年 8 月 31 日,信息网络安全相关国家法律法规主要包括《中华人民共和国网络安全法》《中华人民共和国数据安全法》《中华人民共和国保守国家秘密法》《中华人民共和国个人信息保护法》《中华人民共和国密码法》等法律,以及《中华人民共和国保守国家秘密法实施条例》《中华人民共和国计算机信息系统安全保护条例》等行政法规。

其中,主要法律内容组成、制定目的、适用范围、主要概念与内容以及施行时间如表 7.2 所示。

表 7.2 国家信息网络安全相关主要法律要点

法律名称	内容组成	制定目的	适用范围	主要概念与内容
中华人民共和国网络安全法(从 2017 年 6 月 1 日开始施行)	第一章 总则 第二章 网络安全支持与促进 第三章 网络运行安全 第一节 一般规定 第二节 关键信息基础设施的运行安全 第四章 网络信息安全 第五章 监测预警与应急处置 第六章 法律责任 第七章 附则	为了保障网络安全,维护网络空间主权和国家安全、社会公共利益,保护公民、法人和其他组织的合法权益,促进经济社会信息化健康发展,制定本法	在中华人民共和国境内建设、运营、维护和使用网络,以及网络安全的监督管理,适用本法	— 网络是指由计算机或者其他信息终端及相关设备组成的按照一定的规则和程序对信息进行收集、存储、传输、交换、处理的系统; — 网络安全是指通过采取必要措施,防范对网络的攻击、侵入、干扰、破坏和非法使用以及意外事故,使网络处于稳定可靠运行的状态,以及保障网络数据的完整性、保密性、可用性的能力; — 网络运营者指网络的所有者、管理者和网络服务提供者; — 网络数据是指通过网络收集、存储、传输、处理和产生的各种电子数据; — 个人信息是指以电子或者其他方式记录的能够单独或者与其他信息结合识别自然人个人身份的各种信息,包括但不限于自然人的姓名、出生日期、身份证件号码、个人生物识别信息、住址、电话号码等; — 国家建立和完善网络安全标准体系。国务院标准化行政主管部门和国务院其他有关部门根据各自的职责,组织制定并适时修订有关网络安全管理以及网络产品、服务和运行安全的国家标准、行业标准。 — 国家支持企业、研究机构、高等学校、网络相关行业组织参与网络安全国家标准、行业标准的制定

续表

法律名称	内容组成	制定目的	适用范围	主要概念与内容
中华人民共和国数据安全法（从 2021 年 9 月 1 日开始施行）	第一章 总则 第二章 数据安全与发展 第三章 数据安全制度 第四章 数据安全保护义务 第五章 政务数据安全与开放 第六章 法律责任 第七章 附则	为了规范数据处理活动，保障数据安全，促进数据开发利用，保护个人、组织的合法权益，维护国家主权、安全和发展利益，制定本法	— 在中华人民共和国境内开展数据处理活动及其安全监管，适用本法。 — 在中华人民共和国境外开展数据处理活动，损害中华人民共和国国家安全、公共利益或者公民、组织合法权益的，依法追究法律责任	— 数据是指任何以电子或者其他方式对信息的记录； — 数据处理包括数据的收集、存储、使用、加工、传输、提供、公开等； — 数据安全是指通过采取必要措施，确保数据处于有效保护和合法利用的状态，以及具备保障持续安全状态的能力； — 国家建立数据分类分级保护制度，根据数据在经济社会发展中的重要程度，以及一旦遭到篡改、破坏、泄露或者非法获取、非法利用，对国家安全、公共利益或者个人、组织合法权益造成的危害程度，对数据实行分类分级保护。国家数据安全工作协调机制统筹协调有关部门制定重要数据目录，加强对重要数据的保护； — 开展数据处理活动应当依照法律、法规的规定，建立健全全流程数据安全管理制度，组织开展数据安全教育培训，采取相应的技术措施和其他必要措施，保障数据安全。利用互联网等信息网络开展数据处理活动，应当在网络安全等级保护制度的基础上，履行上述数据安全保护义务。重要数据的处理者应当明确数据安全负责人和管理机构，落实数据安全保护责任

续表

法律名称	内容组成	制定目的	适用范围	主要概念与内容
中华人民共和国保守国家秘密法（从 2010 年 10 月 1 日开始施行）	第一章 总则 第二章 国家秘密的范围和密级 第三章 保密制度 第四章 监督管理 第五章 法律责任 第六章 附则	为了保守国家秘密，维护国家安全和利益，保障改革开放和社会主义建设事业的顺利进行，制定本法	一切国家机关、武装力量、政党、社会团体、企业事业单位和公民都有保守国家秘密的义务	- 国家秘密是关系国家安全和利益，依照法定程序确定，在一定时间内只限一定范围的人员知悉的事项； - 国家秘密的密级分为绝密、机密、秘密三级。绝密级国家秘密是最重要的国家秘密，泄露会使国家安全和利益遭受特别严重的损害；机密级国家秘密是重要的国家秘密，泄露会使国家安全和利益遭受严重的损害；秘密级国家秘密是一般的国家秘密，泄露会使国家安全和利益遭受损害； -机关、单位负责人及其指定的人员为定密责任人，负责本机关、本单位的国家秘密确定、变更和解除工作。机关、单位确定、变更和解除本机关、本单位的国家秘密，应当由承办人提出具体意见，经定密责任人审核批准； -确定国家秘密的密级，应当遵守定密权限

续表

法律名称	内容组成	制定目的	适用范围	主要概念与内容
中华人民共和国个人信息保护法（从2021年11月1日开始施行）	第一章 总则 第二章 个人信息处理规则 第一节 一般规定 第二节 敏感个人信息的处理规则 第三节 国家机关处理个人信息的特别规定 第三章 个人信息跨境提供的规则 第四章 个人在个人信息处理活动中的权利 第五章 个人信息处理者的义务 第六章 履行个人信息保护职责的部门 第七章 法律责任 第八章 附则	为了保护个人信息权益，规范个人信息处理活动，促进个人信息合理利用，根据宪法，制定本法	-在中华人民共和国境内处理自然人个人信息的活动，适用本法。 -在中华人民共和国境外处理中华人民共和国境内自然人个人信息的活动，有下列情形之一的，也适用本法： (1)以向境内自然人提供产品或者服务为目的； (2)分析、评估境内自然人的行为； (3)法律、行政法规规定的其他情形	-个人信息是以电子或者其他方式记录的与已识别或者可识别的自然人有关的各种信息，不包括匿名化处理后的信息； -个人信息的处理包括个人信息的收集、存储、使用、加工、传输、提供、公开、删除等。 -本法下列用语的含义： (1)个人信息处理者，是指在个人信息处理活动中自主决定处理目的、处理方式的组织、个人； (2)自动化决策，是指通过计算机程序自动分析、评估个人的行为习惯、兴趣爱好或者经济、健康、信用状况等，并进行决策的活动； (3)去标识化，是指个人信息经过处理，使其在不借助额外信息的情况下无法识别特定自然人的过程； (4)匿名化，是指个人信息经过处理无法识别特定自然人且不能复原的过程

续表

法律名称	内容组成	制定目的	适用范围	主要概念与内容
中华人民共和国密码法（从 2020 年 1 月 1 日开始施行）	第一章 总则 第二章 核心密码、普通密码 第三章 商用密码 第四章 法律责任 第五章 附则	为了规范密码应用和管理，促进密码事业发展，保障网络与信息安全，维护国家安全和社会公共利益，保护公民、法人和其他组织的合法权益，制定本法	- 国家密码管理部门负责管理全国的密码工作；县级以上地方各级密码管理部门负责管理本行政区域的密码工作； - 国家机关和涉及密码工作的单位在其职责范围内负责本机关、本单位或者本系统的密码工作	- 本法所称密码，是指采用特定变换的方法对信息等进行加密保护、安全认证的技术、产品和服务； - 国家对密码实行分类管理。密码分为核心密码、普通密码和商用密码； - 核心密码、普通密码用于保护国家秘密信息，核心密码保护信息的最高密级为绝密级，普通密码保护信息的最高密级为机密级； - 核心密码、普通密码属于国家秘密。密码管理部门依照本法和有关法律、行政法规、国家有关规定对核心密码、普通密码实行严格统一管理； - 商用密码用于保护不属于国家秘密的信息。公民、法人和其他组织可以依法使用商用密码保护网络与信息安全； - 国家建立和完善商用密码标准体系； - 商用密码产品检测认证适用《中华人民共和国网络安全法》的有关规定，避免重复检测认证。商用密码服务使用网络关键设备和网络安全专用产品的，应当经商用密码认证机构对该商用密码服务认证合格

（表 7.2 内容来源：摘自相关法律文本）

二、开发和应用产学研一体机系统的相关制度

开发和应用产学研一体机系统的相关制度即指为有效开发并应用产学研一体机系统需要制定的相关制度。它主要包括标准化制度、数字化制度以及管理制度等。

1.标准化制度

除了前述基于芒特-赖特尔图的物流标准化创新制度体系化过程中所包含的标准化相关制度之外，一体机系统相关标准化制度还需要关注智能化相关标准化制度。比如，一体

机系统所需网络相关标准化制度以及信息相关标准化制度等。

网络有多种类型。比如，按地理位置，分为局域网、城域网以及广域网等；按传输介质，分为有线网、光纤网以及无线网等；按拓扑结构，分为星形网络、环形网络以及总线型网络等；按通信分类，分为点对点和广播式等；按使用目的，分为共享资源、数据处理网以及数据传输网等；按服务分类，分为客户机/服务器网络以及对等网，等等。选用不同的网络，必然需要不同的标准化制度。

信息既是国家网络安全法和数据安全法的核心要素，也是所有智能化系统的核心。在众多信息相关标准化制度中，最基本的莫过于信息分类和编码相关标准化制度。

根据国家标准 GB/T 7027—2002《信息分类和编码的基本原则与方法》，信息分类是根据信息内容的属性或特征，将信息按一定的原则和方法进行区分和归类，并建立起一定的分类体系和排列顺序。信息分类有两个要素：一是分类对象，二是分类依据。分类对象由若干个被分类的实体组成。分类依据取决于分类对象的属性和特征。信息内容属性的相同或相异，形成了各种不同的类。在信息分类体系中，类可称为类目。

信息编码是将事物或概念（编码对象）赋予具有一定规律、易于计算机和人识别处理的符号，形成代码元素集合。代码元素集合中的代码元素就是赋予编码对象的符号，即编码对象的代码值。所有类型的信息都能够进行编码：如关于产品、人、国家、货币、程序、文件、部件等各种各样的信息。信息编码包含的内容有：数据表达成代码的方法、数据的代码表示形式、代码元素集合的赋值。信息编码的主要作用有：标识、分类、参照。

标识的目的是要把编码对象彼此区分开，在编码对象的集合范围内，编码对象的代码值是其唯一性标志；信息编码的分类作用实质上是对类进行标识；信息编码的参照作用体现在编码对象的代码值可作为不同应用系统或应用领域之间发生关联的关键字。

根据国家标准 GB/T 7027—2002，信息分类的基本方法有三种：线分类法、面分类法和混合分类法。其中，线分类法又称层级分类法、体系分类法；面分类法又称组配分类法。

线分类法是将分类对象（即被划分的事物或概念）按所选定的若干个属性或特征逐次地分成相应的若干个层级的类目，并排成一个有层次的、逐渐展开的分类体系。在这个分类体系中，被划分的类目称为上位类，划分出的类目称为下位类，由一个类目直接划分出来的下一级各类目，彼此称为同位类。同位类类目之间存在着并列关系，下位类与上位类目之间存在着隶属关系。

面分类法是将所选定的分类对象的若干属性或特征视为若干个"面"，每个"面"中又可分成彼此独立的若干个类目。使用时，可根据需要将这些"面"中类目组合在一起，形成一个复合类目。

比如，物流标准的分类可采用面分类法，选服务产品物流标准、物流功能标准、物流系统要素标准作为三个"面"，每个"面"又可分成若干个类目，如表 7.3 所示。使用时，可以将有关类目组配起来，比如，冷链运输设备标准、危险品仓储设施标准等。

表 7.3 物流标准的面分类法

服务产品物流标准	物流功能标准	物流系统要素标准
冷链物流标准 危险品物流标准 快消品物流标准 ……	运输标准 仓储标准 包装标准 ……	物流设施标准 物流设备标准 物流服务人员相关标准 ……

混合分类法是将线分类法和面分类法组合使用,以其中一种分类法为主,另一种做补充的信息分类方法。

2.数字化制度

数字化的目的是实现智能化,而智能化是利用人工智能技术,通过数字化建模,借助智能化设施/设备系统来满足人类需求的。既然基于产学研一体机的物流标准化创新制度体系化是将智能化融入基于芒特-赖特尔图的物流标准化创新制度体系化的过程,那么,开发和应用产学研一体机系统的数字化制度,首先应考虑基于芒特-赖特尔图的物流标准化创新制度体系化的哪些环节需要或可以智能化,比如,哪些“人智”可以转换为“机智”,还有,通过哪些“机智”再来影响“人智”等;其次,需要考虑可以应用哪些人工智能技术、哪些数字化模型、哪些智能化设施/设备以及开发并应用具有什么功能和应用模块的产学研一体机系统等,依此而制定相应的数字化制度。可以说,数字化制度与智能化技术发展水平密切关联。

当然,数字化的前提是标准化,所以,标准化制度和数字化制度应该相辅相成。

3.管理制度

管理制度即指确保产学研一体机系统有效被应用并可持续得到发展的相关制度。为此,首先需要制定管理标准化和数字化的相关制度,比如,物流标准化创新产学研一体机系统标准体系管理制度、数字化模型管理制度、数字化数据管理制度等;然后,需要制定对开发和应用产学研一体机系统相关主体的管理制度,包括注册管理制度、权限管理制度、会员管理制度以及包括个人信息安全的相关保障制度;还有,就是构成产学研一体机系统的软硬件及其安全保障相关管理制度,包括一体机系统维护制度、一体机系统更新制度、一体机系统网络和数据安全管理制度等。

三、基于产学研一体机的应用模块需求工程相关制度

在国家法律法规和产学研一体机系统相关制度框架下,产学研主体根据各自需求开发应用不同应用模块。比如,从产学研一体机系统架构的知识维度,可以包括现行法律法规模块、现行物流标准模块以及物流标准化创新理论模块等;从一体机系统架构的方法维度,可以包括视频模块、课堂模块、实训实验模块以及测评模块等;从一体机系统架构的产学研主体维度,可以包括业务流程模型模块、物流系统仿真模型模块以及物流系统优化模型模块等。每类应用模块又可以进一步进行线分类或面分类,以满足不同用户的多种需求。

但无论是哪类应用模块都是因有需求而产生,所以,为使应用模块能有效被应用并可持续得到发展,每个应用模块都需要需求工程相关制度。包括应用模块需求识别相关制

度、应用模块需求设计相关制度、应用模块需求实现相关制度以及应用模块需求评价相关制度。

1.应用模块需求识别相关制度

应用模块需求识别相关制度即指确保应用模块需求识别过程得以有效实施需要制定的相关制度。其中,知识维度的应用模块需求识别相关制度关注点应放在确保知识传播的必要性、知识来源的权威性和可靠性;方法维度的应用模块需求识别相关制度关注点应放在方法的先进性、可行性和经济性;产学研主体维度的应用模块需求识别相关制度关注点应放在模型的创新性、科学性和应用性。

但必须明确的是方法维度和产学研主体维度的应用模块都是为使知识有效传播和应用为目的。所以,知识、方法和产学研主体等三个维度的应用模块之间交叉融合相关制度也属于应用模块需求识别相关制度。

2.应用模块需求设计相关制度

应用模块需求设计相关制度即指确保应用模块需求设计过程得以有效实施需要制定的相关制度。其中,知识维度的应用模块需求设计相关制度关注点应放在确保相关知识数字化转型的有效性;方法维度的应用模块需求设计相关制度关注点应放在确保关联要素的合法性和安全性;产学研主体维度的应用模块需求设计相关制度关注点应放在知识产权的保护。

3.应用模块需求实现相关制度

应用模块需求实现相关制度即指确保应用模块需求实现过程得以有效实施需要制定的相关制度。无论是从知识维度、方法维度还是从产学研主体维度,应用模块需求实现相关制度关注点都应放在用户管理和用户关系管理。

4.应用模块需求评价相关制度

应用模块需求评价相关制度即指确保应用模块需求评价过程得以有效实施需要制定的相关制度。无论是从知识维度、方法维度还是从产学研主体维度,应用模块需求评价相关制度关注点都应放在确保评价过程的公正、公平和公开上。

思考题

(1)思考物流标准化创新机制设计框架构成要素之间的关联性,并举例说明。

(2)举例说明物流标准化创新相关主要制度及其应用。

(3)思考物流标准化创新产学研一体机系统相关制度及其体系化过程。

(4)思考国家信息网络安全相关法律法规对物流标准化创新产学研一体机构建的影响。

(5)举例说明物流标准化创新产学研主体开发与应用不同应用模块相关制度。

应用篇

第八章　物流标准化创新理论与方法在高校物流专业人才培养中的应用

[引导案例]创一流“物流标准化创新”课程改革案例

“物流标准化创新”课程作为大连海事大学国家级一流本科专业——物流工程的专业限选课，通过建立价值引领的思政教育和专业教育有效融合为目标的“物流标准化创新”课程体系，从物流系统工程活动中标准化创新需求出发，以传授物流系统工程与物流标准化创新工程之间关联逻辑、现行物流标准以及物流标准化创新方法等内容为关注点，旨在培育学生物流标准化创新思维，培养具备标准化创新思维的物流系统工程与管理人才，以满足数字化时代专门物流人才需求。

自 2011 年开设“物流标准化”课程以来，从以讲授“现行物流标准”为主的原“物流标准化”课程，到发展为聚焦“物流系统工程与物流标准化创新”关联逻辑的“物流标准化创新”课程，历经十年之久的课程改革之路，本课程基本形成“学教用”多方互动可持续学习的开放式课程内容体系。其课程改革目标、思路、内容体系以及资源保障如图 8.1 所示。

本课程内容开放性主要体现于基于“现行物流标准”的课程内容持续更新。现有课程资源主要包括物流系统案例库、现行物流标准库、ISO 9001 标准学习软件、试题库以及教材。

其中，教材建设过程历经 2011 年校内自编讲义、2014 年正式出版教材(《物流标准与标准化》)、2021 年大连海事大学“十四五”规划教材立项到 2022 年 12 月出版全新教材《物流标准化创新理论与方法》。该教材将成为今后本课程设计和实施的主要依据。

课程教学设计主要包括课程教学大纲、教材、案例以及实验软件等教学核心资源库开发；课程教学实施主要包括课表、课件、教学日历和教学实现等个性化教学服务产品开发。两者是密切关联的闭环过程，如图 8.2 所示。而且，为了确保课程教学实施过程质量，每学期开课前都发给学生详细的“课程教学指导大纲”。

课程教学方法主要采用“思维导向型精益教学过程方法”和“线上线下混合式教学方法”。其中，思维导向型精益教学过程方法是课程团队教研成果，并已发表。主要从精益

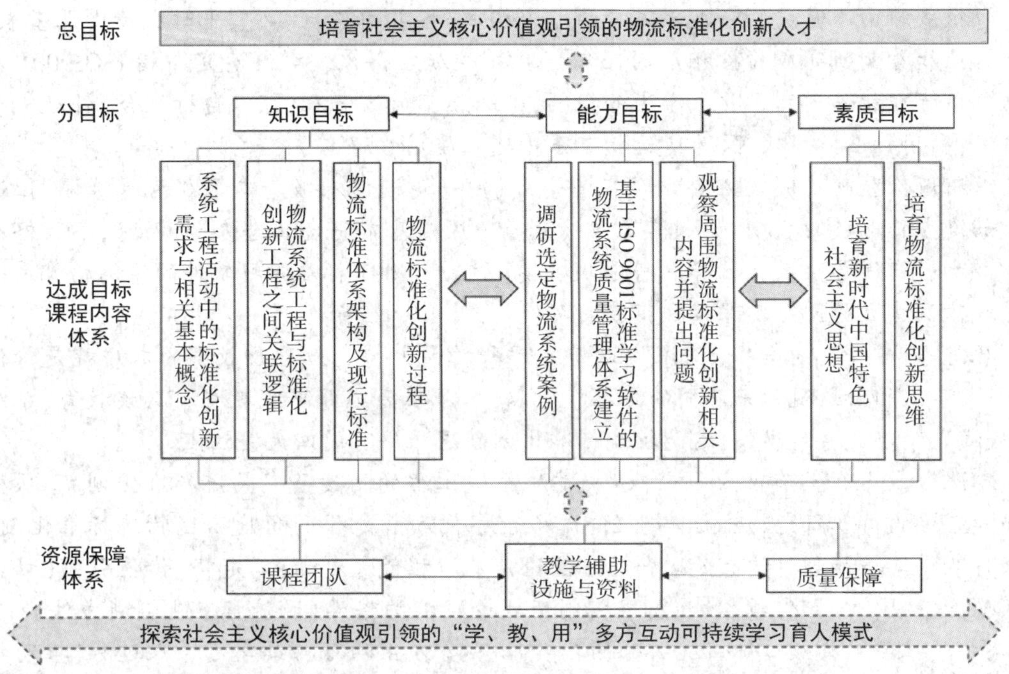

图 8.1 “物流标准化创新”课程改革思路和目标图

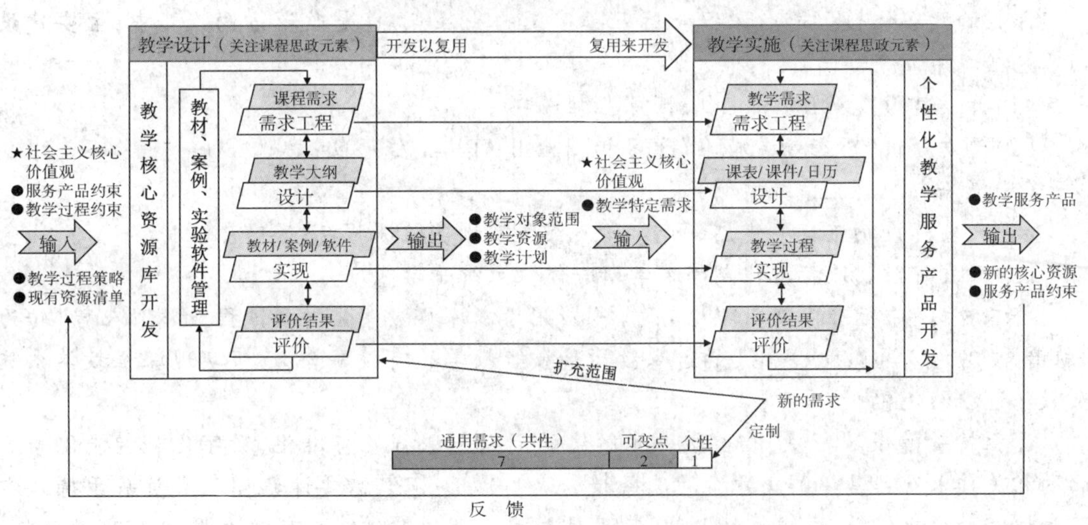

图 8.2 基于过程方法的教学设计与实施关联图

教、精益学、教和学精益互动三个角度，提炼出精益教学过程方法。而且，为了落实精益教学过程方法，开发了“ISO 9001 标准学习软件”。ISO 9001 质量管理体系标准是典型的思维导向型过程方法标准。为了便于学生应用，团队开发了可视化的标准学习软件。

另一种教学方法就是线上线下混合式教学方法。线上平台目前采用的系统包括学校 BB 系统、雨课堂、腾讯会议以及微信等。随着信息技术发展，混合式教学方法会越来越丰富。

考核成绩由平时成绩和期末成绩两部分构成,各占50%。其中,平时成绩由课堂表现、课后作业和案例研究成绩按相应的比例折算并相加后得出。案例研究即指ISO 9001质量管理体系标准相关内容。要求学生分组(最多一组不超过三人,可以自行组合)任选一个物流系统,利用标准学习软件,为所选物流系统建立质量管理体系。

课程评价和改革成效主要体现在三个方面:一是选课人数。本课程为限选课,但选课人数始终占总人数的85%以上;二是成绩分布。成绩基本符合正态分布,而且,不及格人数在5%以内;三是学生反馈。学生普遍反映,基于ISO 9001标准学习软件的案例物流系统质量管理体系建立是学习本课程收获最大之处。

既是"思政课",也是"专业课",这是本课程的最大特色。思政教育的本质就是价值观教育,而不同的价值观带来不同的标准。所以,本课程离不开思政教育。思政教育、系统思考、底线思维以及共享思维,这是物流标准化创新思维培育的四大关注点。

本课程教学改革有两大创新点:一是从系统工程的角度研究物流标准化创新,从模块化和模型化的角度研究物流标准化创新,从数字化和智能化的角度研究物流标准化创新,寻求自然科学与社会科学有效融合的方法论是本课程最大创新;二是将"价值引领(社会主义核心价值观)、知识传授(物流标准化创新理论)、能力培养(物流标准化创新方法)"融为一体,共享社会主义核心价值观引领的"学教用"多方互动可持续学习育人过程,推动物流标准化创新生态系统得以良性循环发展是本课程另一创新。

课程的数字化转型是本课程今后五年建设的关注点,也是改革方向。其中,主要建设内容包括以下五个方面:

(1)开发建设"物流标准化创新"课程慕课;

(2)开发建设"现行物流标准"学习和测验用APP小程序包;

(3)提炼典型物流系统案例;

(4)开发建设物流标准化创新产学研一条龙实训实验课程包;

(5)开发建设物流标准化创新产学研一体机系统平台。

将本教材的"标准化创新理论与方法"应用于本课程数字化转型过程,追求"人智"转为"机智"、"机智"再影响"人智"的智慧教学和智能教学的有效融合,逐步实现课程教学系统及教学过程的优化。

课程持续建设过程中,需要进一步解决的问题是课程的标准化、数字化和智能化等方面的相关技术及其具体解决方案的选择和落地。为此,不只需要课程团队成员基于持续学习和研究的自我提升,更重要的是,团队成员之间基于分工合作的有效协调,以实现共赢。

根据《教育部关于一流本科课程建设的实施意见》(教高〔2019〕8号),按照《辽宁省教育厅办公室关于开展2022年省级一流本科课程推荐工作的通知》(辽教办〔2022〕251号),"物流标准化创新"课程已被认定为辽宁省一流课程。

(资料来源:根据相关资料整理)

认知"将标准化纳入普通高等教育、职业教育和继续教育,开展专业与标准化教育融合试点"之内涵,促使"物流标准化创新"课程充分融入高校物流专业人才培育体系是本章的主要目的。

通过本章的学习，学员能够理解、认知：

☆ 思维导向型精益教学过程方法内涵；

☆ 基于精益改革的物流标准化创新思维培育模式；

☆ 基于物流标准化创新逻辑的创新研究四个阶段及其关联性；

☆ “物流标准化创新”课程对高校物流课程思政协同之作用。

第一节　基于思维导向型精益教学过程方法的物流标准化创新思维培育

教育的本质在于思维方法的培育，以培养不同领域、不同层次人才为使命的高等教育必须要关注思维导向的专业知识传授。同一知识依其被传授人思维取向的不同，对知识传授内容、深度以及方法等方面的软硬件需求都有所不同。“众口难调”是当今高校本科教育的最大难题，也是面向本科生授课教师的最大困惑。一方面教师要在有限时间和条件内将相关知识传授给学生，以满足教学大纲要求；另一方面依不同学生的不同思维取向，对课程传授内容和方法的理解、兴趣以及为学习课程所付出时间等都有所不同，这必然会导致学生对课程及其教师教学的不同需求。

一、思维导向型精益教学过程方法的内涵

思维导向型精益教学过程方法的核心在于“精益”。如第二章第三节所述，无浪费的持续改进是“精益”之本质。思维导向型精益教学过程方法内涵主要体现在三个方面：精益教、精益学以及教和学精益互动过程中的思维导向。

1.精益教

精益教的主体是教师，即在有限的时间和资源范围内，将课程教学大纲内容准确传授给学生，使学生准确领会课程内容，是精益教的核心。在精益教的环节，教师如果没有精益求精和持续改进的思维取向就难以确保有限条件下知识传授的准确性。“教不到准确，不如不教”，即追求“零缺陷”是落实精益教的关键。

精益教主要包括三个内容：课程内容的精益性、教学过程的精益性和考核过程的精益性。课程内容的精益性主要反映在提炼符合专业培养目标和课程教学大纲，且在有限时间和资源范围内，确保能得以准确传授的课程内容。而科研和教学工作相结合是确保课程内容精益性的基础和前提；教学过程的精益性主要反映在充分利用有限时间和资源，无浪费地传授课程内容。开发理论、实验和实践相结合的教学工具是确保教学过程精益性的最有效手段；考核过程的精益性主要反映在根据课程考核内容特点和重要程度，开发公平、公正的考核方法。期末突击型应试学习是当今我国高校本科生最大问题，开发适合课程特点的过程考核方法是考核过程精益性的最有效手段。当然，考核结果绝不仅仅是对学生的考核，也是对教师教学工作的考核，教师应以持续改进思维为导向，不断完善自身教学活动。

2.精益学

精益学的主体是学生，在有限的时间和精力内，快速而准确地掌握课程内容，是精益学

的核心。在精益学的环节,学生如果没能系统领会专业培养目标、课程教学大纲以及课程教学内容之间的关联性就难以确保快速而准确掌握课程内容。“不能准确领会,不如不学”即“零缺陷”也是精益学的关键。不求甚解、似懂非懂是精益学之最忌。

精益学主要包括三个内容:选课的精益性、学习过程的精益性和自我考核的精益性。选课的精益性主要反映在根据所在专业培养目标、课程教学大纲、个人发展趋向和自身条件,精益选择所需课程。选择有利于自身发展所需课程是选课精益性的关键;学习过程的精益性主要反映在有限的时间和精力内,快速而准确掌握课程内容,而充分利用教师资源是确保学习过程精益性的最有效手段。教师授课内容是教师多年研究精髓,教师授课平台也是最有利于学生快速而准确掌握课程内容的最有效资源;自我考核的精益性主要反映在勇于暴露不足,追求自我持续改进。不是被动地被考核,积极面对课程考核过程,不弄虚作假是自我考核精益性的关键。

3.教和学精益互动过程的思维导向

正确的思维导向是教学环节的最重要内容,也是难点。比起课程内容是什么或怎么学,更重要的是为什么要学习本课程及其内容,目的和目标明确了,学生可以根据个人需求和条件,灵活选择适合自己的学习方法。

当然,思维导向并非易事,需要教师和学生共同的努力,特别是教和学过程中互动式沟通是思维导向最基本手段也是最有效的方法。互动过程中,不仅教师的传授内容会引起学生的疑问,而且学生的疑问又会反过来启发教师进一步思考,这种相互启发式教学过程必然会带来思维趋同的教学环境和教学效果,继而达到教学目的。然而,在高校师生比例失调的情况下,在有限的课堂时间内,互动范围和互动内容也非常有限,这就带来互动过程的精益性需求。如何追求教和学互动过程的精益性,是当今高校本科教学改革重要议题,也是亟待解决的问题。思维导向型精益教学过程方法示意图如图 8.3 所示。

二、思维导向型精益教学过程方法在“物流标准化创新”课程中的应用

思维导向型精益教学过程方法在“物流标准化创新”课程中的应用,主要体现在以下三个方面:

1.精益教的应用

课程内容精益性的应用主要体现在将物流标准化创新相关研究成果融入“物流标准化创新”课程内容中,不断完善课程内容体系;教学过程精益性的应用主要体现在通过开发适合于学生的实训实验软件以及智能化教学软件,增设实验及实践课,以达到寓教于乐之目的;考核过程精益性的应用主要体现在理论、实验和实践相结合的多方位过程考核方式的推行上。

2.精益学的应用

来自实践并应用于实践的物流标准是对复杂而庞大物流系统的精华提炼,基于物流系统架构来认识物流标准体系,并力求从物流标准体系形成机理以及标准之间的协调作用来引导学生对课程内容的学习兴趣和思维逻辑,借助物流标准快速领会物流系统,是精益学应用的最好体现,也是物流标准化创新思维培育的有效方法。将现行物流标准,从系统

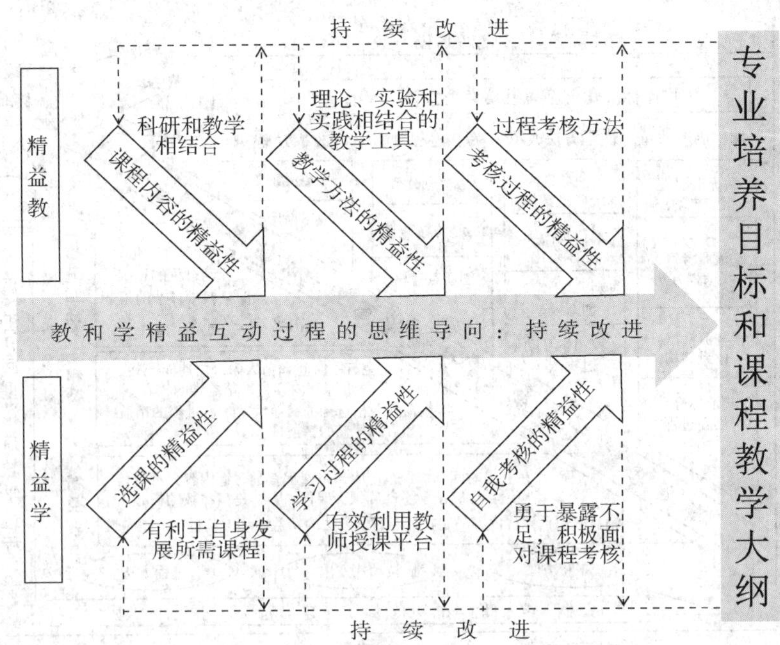

图 8.3　思维导向型精益教学过程方法示意图

的角度串联起来,准确领会每个标准制定目的以及对物流系统的作用,是精益学应用的关键。

3.教和学精益互动过程的思维导向的应用

对毫无实践经验的大学本科生而言,理解和掌握以实际应用为主的物流标准实有难度。借助典型物流系统案例,立足于本科知识范围提出问题,由浅入深地引导学生思考问题,力求营造教和学相互启发互动的课堂教学环境是精益互动过程思维导向应用的关键。为了确保互动效果,“物流标准化创新”课程要求学生通过调研,自选感兴趣的物流系统,并利用实训实验软件,分析所选物流系统及其标准化创新问题,以达到一对一教和学精益互动的思维导向之目的。显然,如何合理分配教师和学生的有限时间实现双方共赢是“物流标准化创新”课程改革的重点及难点。

总之,“共享、底线、创新”理念为导向的“持续改进”思维方式贯穿于“物流标准化创新”课程整个教学环节是落实思维导向型精益教学过程方法的关键。

三、基于精益改革的物流标准化创新思维培育模式

虽然信息化、智能化以及虚拟仿真等技术大大“赋能”于人才培育过程,但教师在人才培育中的核心和主体作用是毋庸置疑的,再智能化的设施离开了教师的智慧也只能成为工具。

将思维导向型精益教学过程方法和物流标准化创新思维培育精益改革成果持续融入“物流标准化创新”课程内容体系,培养具备物流标准化创新思维的物流专业人才即指基于精益改革的物流标准化创新思维培育模式,如图 8.4 所示。

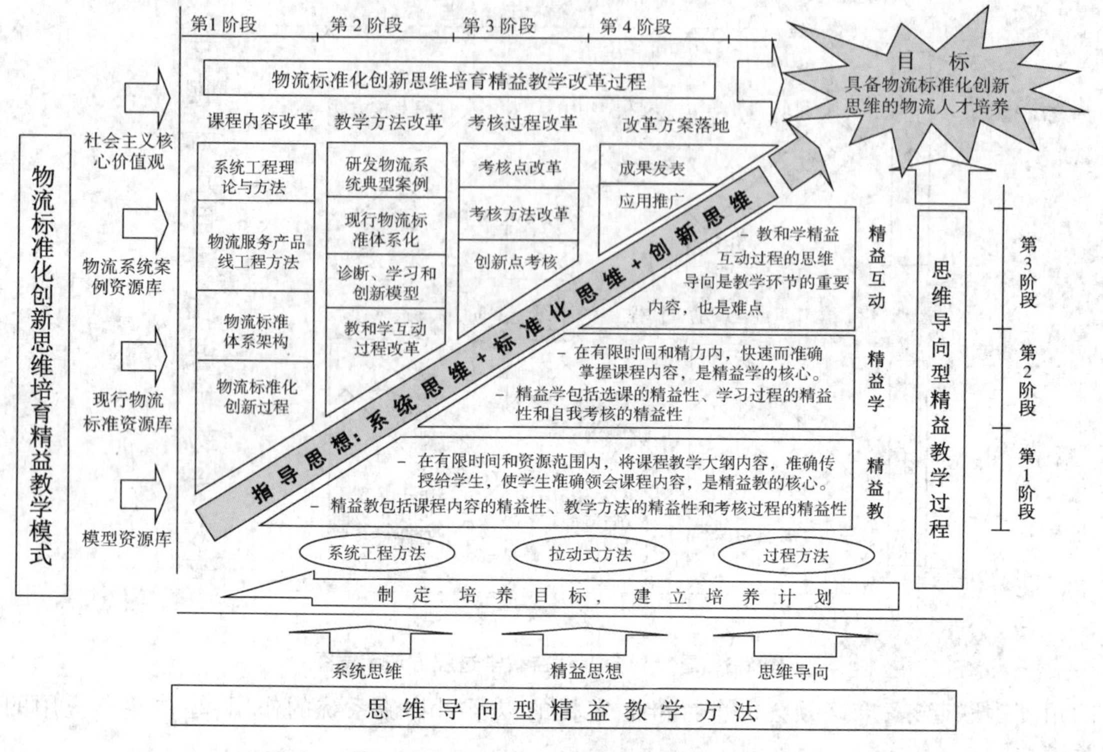

图 8.4 基于精益改革的物流标准化创新思维培育模式

第二节 具备物流标准化创新思维的研究型物流专业人才培养模式

“育人”是高等教育的永恒主题，而培养研究型物流专业人才又是培养物流研究生的主要目标。本科阶段物流标准化创新思维培育主要侧重于基于物流标准化创新逻辑的现行物流标准应用，而研究生阶段物流标准化创新思维培育主要侧重于基于物流标准化创新逻辑的物流标准创新。也就是说，“创新”是研究生培养的关键词。

一、研究生物流标准化创新思维培育过程

如前所述，物流标准化创新思维主要包括系统思维、标准化思维和创新思维。本教材第五章第三节所述的基于物流标准体系的物流标准化创新思维培育方法应用于研究生培养，一般经过三个阶段：共性挖掘、底线管理和个性创新。即基于物流标准体系架构，通过识别物流系统各子系统所需标准化对象，挖掘共性特征，以识别标准化需求的共性挖掘阶段；选定并遵守物流标准的底线管理阶段；发挥个性优势而创新的个性创新阶段。

创新有三层含义：更新、创造新的东西、改变。创新思维是一种有创见的思维，即人脑对客观事物未知成分进行探索活动，是人脑发现和提出新问题、设计新方法、开创新途径、解决新问题的活动。

显然,创新具有相对性,即相对于原有“标准”的新的东西,没有“标准”就没有“创新”所言,也可以说,只要有“标准”存在,就肯定会出现“创新”。就一个人而言,人都有共性需求和个性需求,如果人的共性需求需要通过标准化来满足的话,那么,人的个性需求就必须通过创新来满足。也可以说,没有个性就没有创新,创新是由人的个性需求驱动的。

“不创新,就灭亡”,人类发展需要创新来推动,而创新又需要人类个性需求来驱动。人生存于人类社会,共处于相互关联的多种系统之中,创新无处不在,只要充分挖掘人的个性需求,由此带来创新,就可推动人类发展。这就是所谓个性需求拉动的创新思维。

历经三个阶段的基于物流标准体系的物流标准化创新思维培育方法,固然是提高研究生的系统思维、标准化思维和创新思维等能力的主要方法,但不能成为思维培育的全部。

系统无处不在,标准化无处不在,创新无处不在。导师和研究生作为一个共同体,也是一个系统,研究生培养过程同样是一项系统工程活动,需要导师和研究生之间的协调与合作。而其过程同样需要共性需求拉动的标准化思维和个性需求拉动的创新思维,以求导师和研究生的共赢。

而这个过程的共性挖掘即指以“育人”为主要目的,识别并明确导师和研究生的共同目标以及各自应承担的职责;底线管理即指为了达成共同目标,通过不断缩小导师和研究生之间的认知差异,达成共识,明确底线并遵守;个性创新主要指以“底线管理”为原则,本着“努力的不如有天赋的,有天赋的不如执着的”的意念,努力挖掘导师和研究生各自的个性需求,营造“陷入执着,由执着发现天赋和潜能,又由潜能拉动努力”的研究团队文化和氛围。显然,研究生培养过程的思维培育需要导师和研究生的共同努力。

二、基于物流标准化创新逻辑的创新研究过程

是“研究”就必须要有“创新”。研究生培养过程伴随的是创新过程。其中,最需要的创新就是“选题”创新。而“选题”创新主要来自研究生所拥有的知识体系。

然而,就高校课程设置而言,基本采用“先见树后见林”的模式,即先讲授基本理论体系,然后逐渐进入实践应用的过程。其结果,在接受教育的时间并没有改变的情况下,因需要吸收当今越来越多的知识,包括跨学科、跨领域的知识领域,不仅使高校本科生、研究生乃至博士生的压力越来越大,而且极易致使学生陷入“细节性复杂”而丧失系统思考的能力。

特别是,来自不同高校的研究生所拥有的知识体系不同,而且物流领域所覆盖的知识点又很庞大且复杂,这些都给导师的指导带来了挑战。

研究生选题主要采用的方法有三种:围绕导师研究项目选题、基于文献阅读的自选、来自实践的需求拉动。三种方法各有利弊,围绕导师研究项目的选题不仅容易忽视培养研究生分析和解决问题的能力,而且也不一定能满足研究生个性需求;基于文献阅读的自选题目容易因庞大的信息量和知识,陷入“细节性复杂”而丧失系统思考和解决实际问题的能力;来自实践的需求拉动虽然是最好的选题方法,但是现实中又难以真正落实和执行。

基于物流标准化创新逻辑的创新研究过程,有助于研究生“选题”创新。物流标准化创新逻辑主要包括四大内容:物流系统工程与标准化创新需求、基于物流系统架构的物流标

准体系架构、物流标准化创新过程和物流标准化创新生态系统工程。

其中,物流系统工程与标准化创新需求,有助于研究生领会物流系统工程活动中的物流标准化创新需求,即理解物流系统工程是在标准化和多样化不断交替(即在共性中寻求个性,再从个性中寻求共性的过程中)而循序渐进地开展物流系统优化之道理;基于物流系统架构的物流标准体系架构,主要帮助研究生快速了解和掌握当今物流系统相关要素的发展水平和趋势,将物流相关知识体系化,以形成自己的知识体系;物流标准化创新过程,有利于启发研究生,根据各自个性需求,围绕物流标准化需求,开展创新性研究;物流标准化创新生态系统工程,有利于研究生扩展知识面。

基于物流标准化创新逻辑的创新研究主要经过四个阶段:基础知识体系化阶段、需求识别阶段、论文研究阶段和成果验证阶段。具备物流标准化创新思维的研究型物流专业人才培养模式如图 8.5 所示。

总之,通过"先见林再见树"的知识传授过程,帮助研究生在有限时间的读研期间,能找到自身发展方向和定位是研究具备物流标准化创新思维的研究型物流专业人才培养模式的初衷。

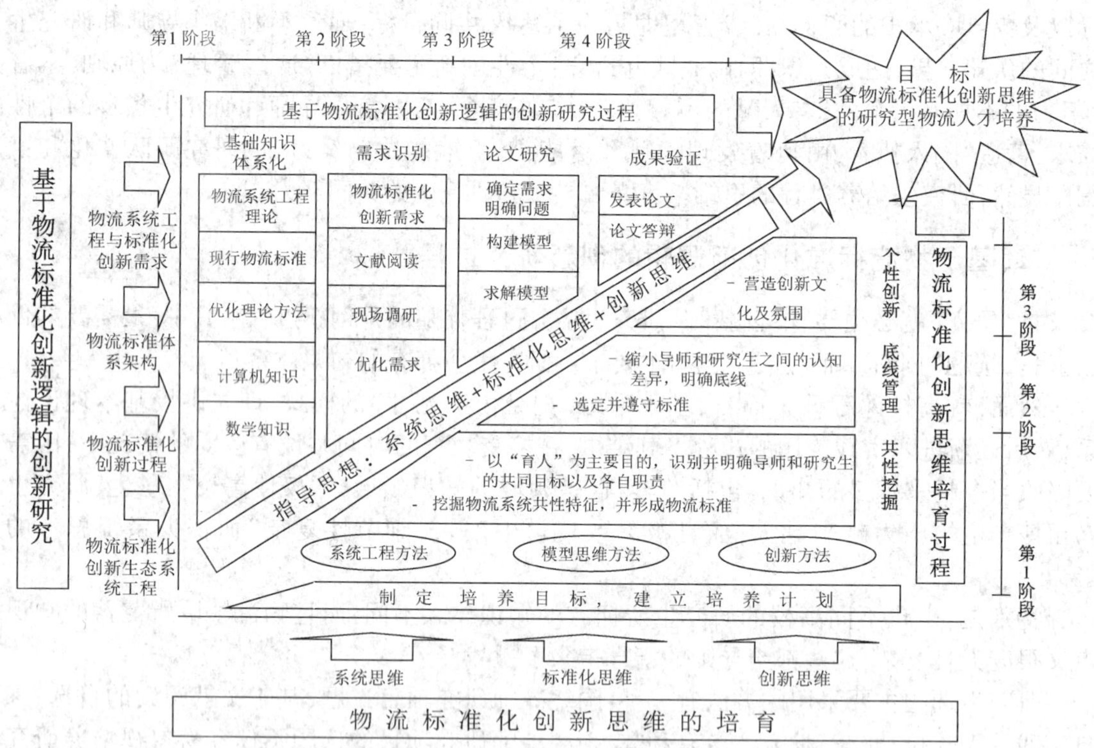

图 8.5 具备物流标准化创新思维的研究型物流专业人才培养模式

第三节　物流标准化创新思维导向的高校物流课程思政协同育人体系构建

基于供应链管理模式、物流系统工程、物流服务产品线工程、物流标准化创新过程等之间的逻辑关系，将思维导向型精益教学过程方法和“物流标准化创新”课程的精益性改革成果持续融入物流标准化创新产学研一体化教学系统，打破受成本高昂、时空限制等条件所限，难以观摩并实践实际物流系统所带来的学生思维和想象力屏障，以追求将“人智”转为“机智”，再由“机智”影响“人智”的智能化良性循环的智慧教育，这是数字化时代物流标准化创新思维导向的高校物流课程思政协同育人思路和方法。

一、数字化时代标准化创新之内涵

数字化时代关注点是数字化转型，数字化转型的目的是有效利用智能化技术为人类需求服务，即利用人工智能技术，借助智能化设施/设备系统，做由自然人难以或者无法完成的作业或实现的功能，以满足人类需求，而智能化设施/设备系统运作是靠数字化来实现的。

基于持续的分类聚类及聚类分类的数据挖掘是人工智能化过程的核心，数据挖掘过程又是靠不断地基于共性和个性的标准化及其创新来实现，而其过程中的每次转换依据都是标准。依据什么标准分类聚类或聚类分类，取决于人所“赋予”的“判别基准”，而“判别基准”又受人性、人的思维和价值观影响。

也就是说，智能化过程就是人类用数字化方式指使智能化设施/设备系统为其服务的系统工程活动，其本质同样离不开人的价值观。不同的价值观产生不同的标准化创新思维，不同的标准化创新思维又会带来不同的智能化设施/设备系统。

认知数字化时代标准化创新的重要性以及社会主义核心价值观引领的标准化创新思维内涵，通过将“人智”转为“机智”，再由“机智”影响“人智”的标准化创新思维培育过程，实现知识、能力、素质三位育人目标融为一体，学科、专业、课程的三级协同以及思想政治理论课、综合素养课、专业课三类课程协同，这是构建高校课程思政协同育人体系的基本思路。

二、物流标准化创新思维导向的高校物流课程思政协同育人体系模式

如前所述，思政教育的本质是价值观教育。不同的价值观带来不同的标准，物流标准化创新必须要关注思政教育。可以说，高校的“物流标准化创新”课程，既是“思政课”，也是“专业课”。

不同层次物流人才培养，需要差异化的“物流标准化创新”课程内容体系，比如，本科阶段的“物流标准化创新”课程内容侧重于现行物流标准的应用；硕士阶段的“物流标准化创新”课程内容侧重于基于不同物流标准和模块的物流系统建模，即创新物流系统标准；博士

阶段的“物流标准化创新”课程内容侧重于课程内容的体系化以及内容之间关联逻辑挖掘。

高校课程思政协同育人的关键点在于将价值、知识、能力三位育人目标融为一体，实现学科（硕博研究生）、专业（本科生）、课程的三级协同以及思想政治理论课、综合素养课（通识课）、专业课三类课程协同。

基于物流标准化创新过程（如第四章图4.2所示）和精益改革（如第八章图8.4所示）的物流标准化创新思维培育过程，不仅通过将“思政”相关内容（可分为强制性标准和推荐性标准）融入物流标准体系之中，还与供应链物流系统工程相关专业知识结合起来，借助产学研一条龙实训实验课程（如第六章表6.1所示），能达成价值引领、知识传授、能力培养融为一体的目标，以物流服务产品线工程（如第二章图2.4和图2.5所示）和系统工程（如第一章图1.1所示）方法为主线构建的物流学科课程体系，能实现思想政治理论课、综合素养课、专业课的三类课程协同以及学科、专业、课程的三级协同；而且通过对博士、硕士、学士不同阶段研究成果的提炼，不断更新和充实物流标准体系以及物流服务核心资源库，以追求物流学科的可持续良性循环发展。

还有，促使以上三个协同得以可持续创新发展的高校课程思政协同育人机制的有效配套，必能形成一个有效的高校物流课程思政协同育人体系，如图8.6所示。

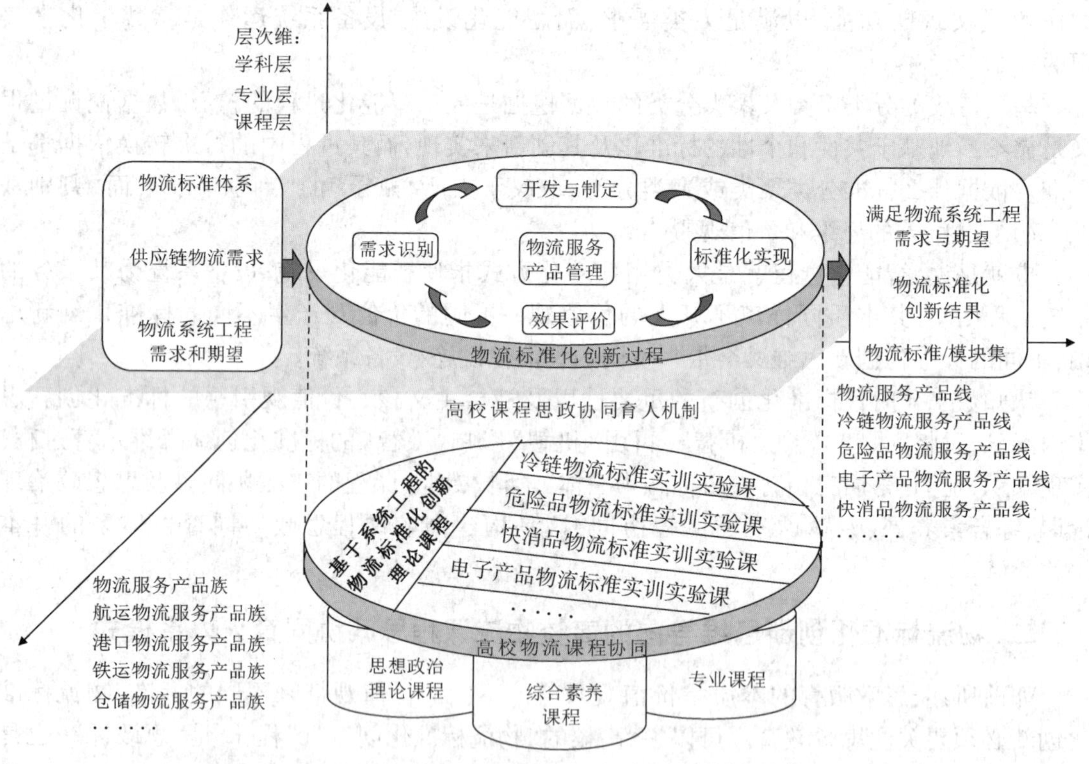

图8.6 物流标准化创新思维导向的高校物流课程思政协同育人体系模式

思考题

(1) 思考如何开展专业与标准化教育的融合。

(2) 举例说明思维导向型精益教学过程方法的应用。

(3) 思考物流标准化创新思维培育与专业教育之间的关联性。

(4) 举例说明基于物流标准化创新逻辑的创新研究。

(5) 思考“物流标准化创新”课程如何协同高校物流课程思政。

第九章　物流标准化创新理论与方法在物流产业中的应用

[引导案例]中欧班列集结点零担货物拼箱运输系统

随着中欧贸易量的快速增长、进出口物流通道网络及跨境电子商务模式等方面的不断完善,以中欧班列为主的中欧铁路运输通道逐渐发展起来的同时,中欧班列的拼箱需求也在不断增多,图 9.1 是一个中欧班列集结点零担货物拼箱运输系统。

该物流系统工程过程的物流需求来自中欧之间有零担货物物流服务需求的货主。而这些货主从物流服务商(隶属于物流系统的组织/人员子系统模块,也可能是“无车承运人”模块)获取各自所需物流服务。

物流服务商可以通过零担货物包装模块、取货运输模块、集装箱模块、中欧班列模块、中欧班列集装箱集结点模块、配送模块等诸多物流模块的选用和集成来实现物流系统设计、配置与运维。而且,为了进一步实现降本增效,根据货主及关联物流模块需求和期望,通过构建优化模型来优化零担货物拼箱运输方案。

该系统体现,抵达班列集结点的数量不足整箱的零担货物,可以根据货物目的地、货物时间窗以及班列周期时间安排进行拼箱优化,以降低整体货运成本。而且,针对本周期未能成功拼箱的货物,安排至下周期拼箱的同时,针对不同目的地的货物考虑拼箱组合。比如,将箱内货物按目的地分类,以质量总和最大的货物目的地为该集装箱目的地,当到达该目的地时,将其他目的地货物卸箱后,通过其他转运方式运输至各货物最终目的地等。

显然,上述中欧班列集结点零担货物拼箱运输系统需要相关物流系统单元或要素之间的标准化创新。

认知物流产业标准化创新理论与方法应用关注点,从精益物流和物流产业标准化创新人才培训体系构建的角度,引导物流标准化创新理论与方法在物流产业的落地是本章主要目的。

通过本章的学习,学员能够理解、认知:

☆ 物流产业标准化创新理论与方法应用关注点;

☆ 物流标准化创新理论与方法在精益物流实现过程中的作用；
☆ 托盘单元化精益物流实现过程及其本质；
☆ 产学精益合作及其主要类型；
☆ 物流产业标准化创新人才培训体系及其构成要素。

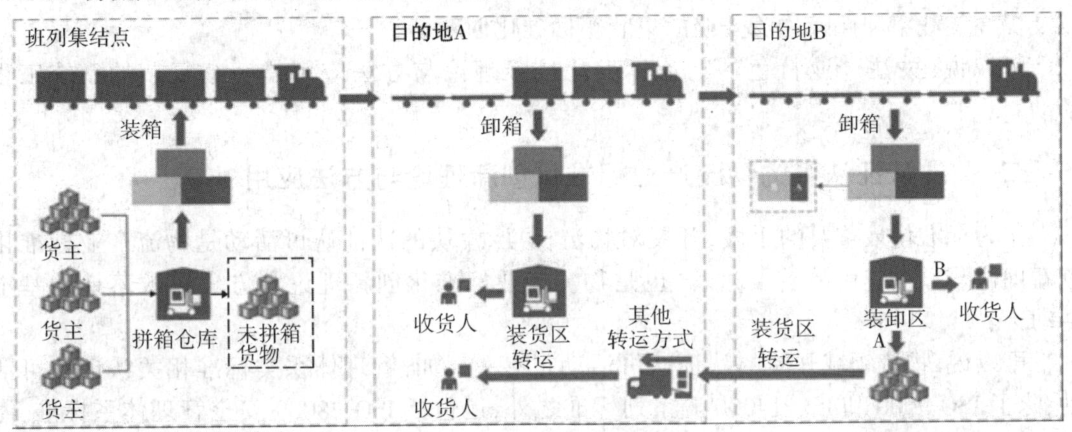

图 9.1 零担货物拼箱运输系统

第一节 物流产业标准化创新理论与方法应用关注点

从众多个性化的物流系统工程活动中挖掘“共性需求”，通过开展物流标准化创新需求识别、物流标准化创新架构设计、物流标准化创新实现以及物流标准化创新评价等物流标准化创新工程活动，开发物流核心资源库，即物流标准/模块集，再反过来，为个性化的物流系统工程活动提供可复用物流模块，由此实现物流系统降本增效。这就是本教材第二章图 2.5 所展示的内容，也是物流产业可持续发展的背后逻辑。

从物流产业层角度，物流标准化创新理论与方法应用关注点应放在持续的具有产业特色的物流标准化创新、物流标准/模块集认证认可体系建立、基于数字化转型的物流标准/模块集共享平台建设和物流标准化创新人才培育体系构建，以服务于物流企业。为此，需要关注产业特色、认证认可、数字化转型和人才培育的物流产业标准化创新理论与方法应用。

一、关注产业特色的物流产业标准化创新理论与方法应用

作为综合性产业，物流产业与众多产业相关联。比如，物流离不开产品供应链，而每种产品供应链管理模式又不同，所以，物流涉及所有产品产业；物流离不开所有产品的包装和装载，所以，物流涉及包装产业、托盘产业以及集装箱产业；物流离不开运输工具，所以，物流涉及海陆空运输产业；物流离不开装卸活动，所以，物流涉及装卸设施设备关联产业；物流离不开仓储，所以，物流涉及仓储关联产业；还有，物流离不开信息因而涉及信息产业等。

关注产业特色的物流标准化创新理论与方法应用主要指物流系统各构成要素相关产业特色如何体现在物流标准化创新活动。比如,就集装箱而言,其产业发展离不开各种产品贸易需求以及集装箱物流系统构成要素相关产业的发展需求,而且,其移动性又需要信息智能化需求等。所以,集装箱产业标准化创新需要关注集装箱智能化的物流标准化创新以及提高装载率和保障物流安全的集装箱标准化创新等。

可以说,关注产业特色的物流标准化创新理论与方法应用是一个复杂的系统工程活动。

二、关注认证认可的物流产业标准化创新理论与方法应用

作为标准化最重要的手段,开展对物流标准/模块的认证认可活动是物流产业标准化创新理论与方法应用的首要过程,也是物流产业标准化创新理论与方法有效落地的基本活动。

可以说,物流领域开展的认证认可活动很多。比如,管理体系类标准相关认证认可活动,除了 ISO 9000 和 ISO 14000 等系列标准之外,还包括 ISO 28000 安全管理体系标准、海关 AEO 制度、IMO 的 ISM 规则和 ISPS 规则等的推行;信息标准相关的认证认可活动包括 GS1 的全球数据注册制度以及我国工业互联网标识相关认证认可活动等。还有,中国物流与采购联合会开展的 A 级物流企业评估、中国仓储与配送协会开展的仓库等级评定以及托盘、集装箱等物流设施评估等。

另外,因为物流系统构成要素以及涉及产业多,所以,协调来自不同领域的物流标准/模块的认证认可活动及其结果也是非常重要的。这里,可以参考本教材第一章图 1.5 国际第三方合格评定一般模式来开展各领域认证认可活动,以求统一标准。

三、关注数字化转型的物流产业标准化创新理论与方法应用

数字经济、数字化转型已成为全球大趋势,而数字化的前提是标准化。关注数字化转型的物流产业标准化创新理论与方法应用主要指物流标准的数字化和物流模块的数字化。但只要是数字化,就都离不开分类聚类/聚类分类的过程以及编码与标识过程。

1.分类聚类/聚类分类的过程

分类聚类/聚类分类作为数字化基础,基于持续的分类聚类/聚类分类的数据挖掘是人工智能化过程的核心。数据挖掘过程是靠不断的基于共性和个性的标准化及其创新来实现,而其过程中的每次分聚类依据都是标准。依据什么标准分类聚类或聚类分类,取决于所属系统演化过程中的关联逻辑。

鉴于前述研究成果,基于物流标准化创新逻辑的分类过程主要包括物流标准的分类和物流模块的分类。其中,物流标准可以采用基于我国物流标准体系表的分类方法,即公共类标准、专业类标准以及要素类标准。而且,公共类标准继续分为铁路运输标准、道路运输标准、水运运输标准等;专业类标准继续分为冷链物流标准、危险品物流标准、汽车物流标准等;要素类标准继续分为物流基础标准、物流技术标准、物流信息标准、物流管理标准、物流服务标准等。另外,根据标准适用范围,又可以分为国际标准、国家标准、行业标准、地方

标准与团体标准、企业标准等。

物流模块可以采用基于功能、用途和材质等的分类方法，即集装单元模块（比如，木制托盘、冷藏集装箱、塑料周转箱等）、集装箱堆场模块（比如，危险品集装箱堆场、一般集装箱堆场）、运输设施模块（比如，专列运输设施、航空运输设施、公路运输设施、水运运输设施等）、仓储货架模块（比如，移动货架、固定货架等），等等。但每个物流模块需要按所采纳物流标准继续分类，比如，托盘模块可以继续分为 1 200×1 000 系列托盘模块、1 100×1 100 系列托盘模块等。

与上述分类相对应，多个物流标准融于某一个物流模块的过程或者多个物流模块集成为某一个物流系统的过程就是聚类过程。比如，某一个 20 英尺冷藏集装箱模块就是集装箱尺寸标准和冷链物流标准相融合产生的物流模块，而本教材第四章图 4.1 所示的三级供应链物流系统又是由托盘模块、运输模块、仓储模块等集成产生的物流系统。

随着系统的不断演化，聚类会产生新的分类，新的分类带来新的标准，继而出现物流标准化创新生态的循环。

2.编码与标识过程

编码与标识过程就是确定编码数据结构和选择标识方法过程。50 年前，商品条码的使用，改变了人们购买和销售产品的方式。今天，随着新技术、新业务以及消费者需求的升级，也给标识方法提出新的要求。全球统一标识系统 GS1 顺应需求发起了全球二维码迁移计划，旨在通过一维商品条码向二维码的过渡以引领世界各地行业发展。

目前，二维码不仅可用在商品，在几乎所有领域都可作为数据标识、数据采集以及数据交换的基本手段，在物流标准化创新数字化领域，理所当然也是不可缺少的一种标识方法。

然而，全球统一标识 GS1 系统还没有专门针对物流标准化创新的编码数据结构标准，如何将 GS1 系统的应用标识符 AI 标准有效应用于物流标准化创新数字化过程是非常值得研究的内容。如何将物流标准化创新数字化过程有效融入国家星火链网以及工业互联网标识解析体系更是亟待解决的重点研究内容。

四、关注人才培育的物流产业标准化创新理论与方法应用

任何产业，人才都是最大资源。关注人才培育的物流产业标准化创新理论与方法应用主要指产学合作为主的专业人才培育和基于岗位的职业人才培育（参见本章第三节内容）。但无论是专业人才培育还是职业人才培育，最重要的都是培训体系构建。没有体系化的培训机制作为支撑，就难以形成物流产业知识体系，也就难以保障各类、各层次以及各岗位所需物流人才。

第二节　精益物流导向的物流产业标准化创新应用

如第二章第三节所述，物流系统降本增效的持续改进是精益物流之本质，物流单元或要素之间的协调以及物流资源共享又是物流系统降本增效所必需的，而物流单元或要素之

间的协调以及物流资源共享的前提是物流标准化创新和物流信息共享。这就是说,精益物流离不开物流标准化创新,也离不开物流信息共享。

托盘单元化物流作为实现精益物流最具代表性的物流系统,因具有便于机械化操作、减少货物搬运次数、降低货物破损率的优点,成为物流业降本增效的有效措施。为了推进托盘单元化物流,我国陆续制定了包括 GB/T 2934—2007《联运通用平托盘主要尺寸及公差》、GB/T 16470—2008《托盘单元货载》、T/WD 103—2017《开放式托盘共用系统运营指南》、GB/T 37106—2018《托盘单元化物流系统　托盘设计准则》以及 GB/T 37922—2019《托盘单元化物流系统　通用技术条件》等国家标准和行业标准。

一、托盘单元化物流系统及其精益性

根据国家标准 GB/T 37106—2018《托盘单元化物流系统　托盘设计准则》定义:托盘单元化物流系统即指以托盘集装单元为处理对象的单元化物流各环节,包括有关输送、装卸、仓储设备、人员及计算机通信等若干相互制约的动态要素构成的具有特定功能的有机整体。

托盘单元化物流系统的精益性主要体现在以托盘集装单元为处理对象的单元化物流各环节内物流要素之间高效协调的物流作业降本增效以及上下游各环节之间高效协调的物流系统降本增效。这里,不仅需要上下游各物流要素标准的协调,而且也需要基于物流要素标准协调的上下游各物流节点之间的动态协调,其中,包括各物流节点库存控制策略以及由不同策略而产生的物流系统降本增效问题。

比如,为提高托盘单元化物流的效率,减少供应链流通过程中不必要的加高、拆板和翻板操作,供应链下游节点企业需按照整托商品数量的倍数下订单。还有,托盘单元化物流虽然可以大幅提升装卸效率和有效降低货损,但同时也会因运输托盘而增加运输成本,因交换托盘而增加托盘使用成本,因固定托盘集装单元而增加包装耗材成本,这就造成供应链物流总成本的不确定等。

这里就需要借助优化理论与方法,优化托盘单元化物流下供应链各节点的库存控制策略,最大化托盘单元化物流对供应链的降本增效,以实现托盘单元化物流精益目标。

二、基于库存策略优化的托盘单元化精益物流实现过程

以第四章图 4.1 一个供应商、一个物流中心和多个零售商组成的三级供应链为例,说明一下基于库存策略优化的托盘单元化精益物流实现过程。

在图 4.1 供应链中,供应商生产 I 类货物,货物经由物流中心与零售商最终到达顾客手中。托盘单元化物流下,该供应链的具体运作流程为:供应商在货物生产完成之后、进入供应链流通之前就将货物与托盘按照不同的码盘方案组合成 J 类托盘集装单元;货物在之后的装卸、运输、存储等物流活动过程中始终保持托盘集装单元这一单元化货物状态不变,直至最终抵达零售商的仓库,托盘与货物分离,托盘回收,货物入架;第三方托盘运营商向供应商提供托盘,向零售商回收托盘,负责整条供应链上的托盘运作;货物从供应链上级往下级、订单信息从供应链下级往上级的流通逐级进行。

根据以上对托盘单元化物流下三级供应链运作流程的描述，可以发现：(1)货物以托盘集装单元的状态在供应链各节点之间流通，供应链各节点对货物的需求量须转化为对托盘集装单元的订货量；(2)托盘集装单元在运输中途不发生拆卸，供应链各节点货物的需求量不一定能刚好被托盘集装单元订货量所满足。

于是，供应链各节点将托盘集装单元作为库存控制对象更便于库存控制策略的制定，而且零售商作为供应链的最终收货点，托盘集装单元在此处进行分离（托盘回收，货物入架）。为此，可以设计为供应商和物流中心对托盘集装单元进行库存控制，零售商对货物进行库存控制，而货物码盘方案对库存控制有影响。

基于常见的 QS 库存控制策略，对供应链各节点库存控制原理描述如下：供应商对托盘集装单元进行库存盘点，当其 J 类托盘集装单元的总库存小于订货点 $r^{(s)}$ 时发起生产，各类托盘集装单元生产量为 $Q_j^{(s)}$，这次生产将每个种类的托盘集装单元的库存量补充到最大库存量 $S_j^{(s)}$；物流中心对托盘集装单元进行库存盘点，当其 J 类托盘集装单元的总库存小于订货点 $r^{(d)}$ 时发起订货，各类托盘集装单元订货量为 $Q_j^{(d)}$，这个订单将每个种类的托盘集装单元的库存量补充到最大库存量 $S_j^{(d)}$；零售商对货物进行库存盘点，当其 I 类货物的总库存小于订货点 $r^{(r)}$ 时发起订货，各类托盘集装单元订货量为 $Q_j^{(r)}$，由于货物需求量不一定刚好被托盘集装单元订货量所满足，这个订单一方面将每类货物的库存量补充到不大于最大库存量 $S_i^{(s)}$，一方面尽可能保证所订货物价值最高。由于供应链各节点当前库存量可能小于供应链下级的订货量，所以允许实际到货量小于 Q_j。

为了站在供应链角度，研究如何制定供应链各节点的订货点、最大库存以及配套的货物码盘方案，来使供应链物流总成本达到最小，以实现精益物流，首先需要做研究假设和符号说明（如表 9.1 所示）为如下：

假设 1：供应商生产的货物为适合托盘单元化物流的标准规格尺寸货物。

假设 2：供应链上各节点所配套的物流设施设备符合托盘单元化物流的要求。

假设 3：第三方托盘运营商发放托盘和回收托盘都是瞬时发生的，且一定能满足供应链对托盘的需求。

假设 4：零售商每天接待的顾客数量为随机变量，服从泊松分布；顾客的需求量为随机变量，服从离散分布；需求不能被满足时，顾客选择放弃购买，还是更换零售商，服从离散分布；零售商和物流中心订单的处理时间（即发起订货到货物入库之间的时间间隔）为随机变量，服从均匀分布。

假设 5：供应商生产能力充足，并且每类货物的生产率一定，生产总时间为各类货物生产时间之和。

假设 6：只考虑最终到达零售商那部分货物的货损。

假设 7：供应链各节点都只允许有一个在途订单。

假设 8：为保障托盘集装单元的稳定性，托盘集装单元每层只包含一类货物。

表 9.1　符号说明

	符号	含义
关联变量	$m=\{1,2,\cdots,M\}$	零售商索引号集合
	$i=\{1,2,\cdots,I\}$	货物种类集合
	$j=\{1,2,\cdots,J\}$	托盘集装单元种类集合
	$K^{(s)},K^{(d)}$	供应商、物流中心对托盘集装单元单位库存成本
	K_{mi}	零售商 m 对 i 类货物单位库存成本
	$O^{(s)},O^{(d)},O_m$	供应商、物流中心、零售商 m 单次生产(订货)固定成本
	L_{mi}	零售商 m 对 i 类货物单位缺货成本
	$Z^{(d)},Z_m$	供应商到物流中心、物流中心到零售商 m 托盘集装单元单次装卸成本
	$T^{(d)},T_m$	供应商到物流中心、物流中心到零售商 m 托盘集装单元单位运输成本
	$X^{(d)},X_m$	物流中心、零售商 m 距供应链上一节点距离
	E_{mi}	零售商 m 对 i 类货物单位货损成本
	θ_i	i 类货物的货损率
	U	托盘单位使用成本
	P	单位托盘集装单元所需包装耗材成本
	R	单位托盘集装单元的拆板成本
	$h_i^{(l)},h_i^{(w)},h_i^{(h)},h_i^{(z)}$	i 类货物的长、宽、高、重量
	$H^{(h)},H^{(z)}$	托盘最大码盘高度、最大码盘重量
	$G^{(s)},G^{(d)},G_m$	供应商、物流中心、零售商 m 的仓库容量
	W_i	i 类货物铺满标准托盘所需的数量(由货物尺寸决定)
	η	顾客服务水平
决策变量	$r^{(s)},r^{(d)}$	供应商、物流中心的订货点,以托盘集装单元为单位
	r_m	零售商 m 的订货点,以货物为单位
	$S_j^{(s)},S_j^{(d)}$	供应商、物流中心对 j 类托盘集装单元的最大库存
	S_{mi}	零售商 m 对 i 类货物的最大库存
	q_{ji}	j 类托盘集装单元含有 i 类货物的数量
目标变量	C	供应链物流总成本

接着,为了构建优化模型,需要对货物码盘方案、供应链各节点订货方式以及供应链物流成本构成等内容进行分析。

1.货物码盘方案分析

为了保障托盘集装单元的稳定性,也为了方便验货过程中对托盘集装单元中所含货物的核验,规定托盘集装单元每层只能包含一类货物。因此,货物码盘方案就由货物在托盘

上的堆码层数和二维布局决定。下面对如何生成货物在托盘上二维布局进行说明。

货物在托盘上码放时,为了尽可能地提升托盘的利用率,必须尽量铺满托盘。又由于所研究库存系统运输的货物为适合托盘单元化物流的标准包装货物,货物在托盘上二维布局问题就可以描述为:给定大小两个矩形的长度和宽度,在不超过大矩形边界以及不出现重叠的情况下,求大矩形上最多能够摆放小矩形的数量。对于这类问题的研究始于20世纪60年代,学者们主要使用启发式和近似算法对其进行求解。由于此问题求解方法的研究已经比较全面,这里就不再做进一步探讨,直接使用托盘装载软件 Cape Pack 生成货物在托盘上二维布局方案。

Cape Pack 是一款用来解决产品包装优化以及托盘装载问题的工具类软件,以其简单的操作界面和出色的优化效果受到众多企业的喜爱。Cape Pack 所含的托盘模块,将托盘装载问题的算法封装于内部的黑匣子,并且提供可视化的人机操作界面,通过输入托盘和货物的相关参数,即可自动化生成货物在托盘上布局方案的数字报告和图形报告,其基本操作步骤如图9.2所示。

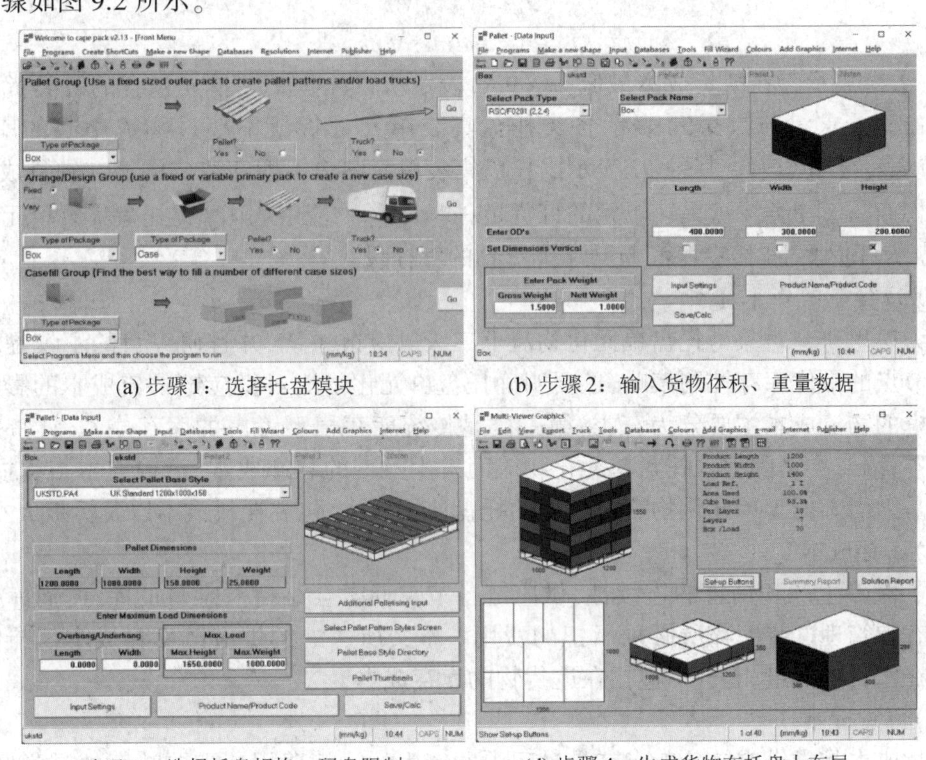

(a) 步骤1：选择托盘模块　　(b) 步骤2：输入货物体积、重量数据

(c) 步骤3：选择托盘规格、码盘限制　　(d) 步骤4：生成货物在托盘上布局

图9.2　基于 Cape Pack 生成货物在托盘上二维布局的操作步骤

2.供应链各节点订货分析

供应链各节点采用连续检查的库存盘点方式,发起订货的时间即为库存量小于订货点的时刻,订货量则因为供应链各节点库存盘点对象的不同有所区别。其中供应商和物流中心对托盘集装单位进行库存盘点,结合每类托盘集装单元的当前库存和最大库存即可确定

订货量,具体计算公式为:

$$Q_j^{(s)} = S_j^{(s)} - y_j^{(s)}, \forall j \tag{9.1}$$

$$Q_j^{(d)} = \min\{S_j^{(d)} - y_j^{(d)}, y_j^{(s)}\}, \forall j \tag{9.2}$$

其中:$Q_j^{(s)}$,$Q_j^{(d)}$ 表示供应商、物流中心对 j 类托盘集装单元的订货量;$y_j^{(s)}$,$y_j^{(d)}$ 表示订货发生时,供应商、物流中心内 j 类托盘集装单元的库存量。

零售商以货物为单位进行库存盘点,但要以托盘集装单元为单位进行订货,如何在不超过零售商对每类货物最大库存的情况下,尽可能通过订货获得更高的货物价值(即更小的潜在缺货成本),这实质上属于整数线性规划问题,其目标函数及约束条件如下所示:

$$\min C' = \sum_{i=1}^{I} (S_{mi} - \sum_{j=1}^{J} Q_{mj} \cdot q_{ji}) \cdot L_{mi}, \forall m \tag{9.3}$$

$$\sum_{j=1}^{J} Q_{mj} \cdot q_{ji} \leqslant S_{mi} - y_{mi}, \forall i \tag{9.4}$$

$$Q_{mj} \leqslant y_j^{(d)}, \forall j \tag{9.5}$$

$$Q_{mj} \geqslant 0, and \mathrm{int}, \forall m, j \tag{9.6}$$

式(9.3)表示潜在缺货成本最低;式(9.4)表示所订托盘集装单元包含的各类货物量不超过零售商需求量;式(9.5)表示各类托盘集装单元订货量不超过物流中心的库存量;式(9.6)表示变量约束。其中:C'表示因托盘集装单元中途不拆卸造成的潜在缺货成本;Q_{mj}表示零售商 m 对 j 类托盘集装单元的订货量;$y_j^{(d)}$ 表示物流中心内 j 类托盘集装单元的库存量;y_{mi}表示订货发生时,零售商 m 内 i 类货物的库存量。

3.供应链物流成本分析

因为这里研究对象为托盘单元化物流下三级供应链系统,并且研究目的不仅是求解供应链各节点的最优库存控制策略,还要明确托盘单元化物流对供应链物流成本的影响。因此所考虑的物流成本主要分为三类:第一类是传统库存模型考虑的库存成本、订货成本与缺货成本;第二类是因引入托盘单元化物流而发生改变的装卸成本、运输成本与货损成本;第三类是因引入托盘单元化物流而新增的托盘使用成本、包装耗材成本以及拆板成本。

(1)库存成本

为了保障生产和销售的连续性,供应链各节点通常会维持一定量的库存,而库存成本就是持有和管理这些库存所必须承担的费用。本文所考虑的供应链库存成本仅与供应链各节点在库货物数量相关,不包括在途货物的库存成本。

(2)订货成本

订货成本是指供应链各节点交易过程中所产生的一切费用。需要注意的是,供应链各节点发起订货时所支付的货物购买费用仅在供应链内部流通,为供应链内成本。本文所考虑的供应链订货成本为供应链各节点订货所产生的固定成本之和,仅与供应链各节点的订货次数相关。

(3)缺货成本

缺货成本是指供应链中断供应所造成的经济损失。需要注意的是,供应链上游企业发生缺货时,供应链下游企业同样失去了销售这部分货物的机会,因此本文所考虑的供应链缺货成本仅包括零售商未能满足顾客需求所产生的缺货成本,与缺货量相关。

(4)装卸成本

装卸成本是指货物在装卸搬运过程中所产生的费用。托盘单元化物流因为托盘的使用,方便了机械化操作,减少了货物装卸次数,从而大幅降低了供应链装卸成本。本文所考虑的供应链装卸成本产生在货物从供应商到物流中心、物流中心到零售商两个阶段,与装卸货物的数量相关。

(5)运输成本

运输成本是指货物在供应链各节点间转移过程中所产生的费用。托盘单元化物流下,托盘随货物一起运输,而托盘又难免占据货车的一定的空间和重量,使得供应链运输成本有所提升。本文所考虑的供应链运输成本产生于货物从供应商到物流中心、物流中心到零售商两个阶段,与运输货物的数量相关。

(6)货损成本

货损成本是指货物在运输装卸过程中出现损坏、丢失所产生的费用。托盘单元化物流因为货物堆码更加规范、装卸搬运次数更少,能够有效降低货物的货损率,从而降低供应链货损成本。本文仅考虑最终到达零售商那部分货物的货损成本。

(7)托盘使用成本

托盘使用成本是指供应链各节点使用第三方托盘运营商的托盘所支付的服务费用,与托盘使用数量和使用时间相关。需要注意的是,在货物随托盘一起交付的过程中,托盘的使用费用和责任也一同转移给收货方,不过站在供应链的角度,不考虑托盘的具体使用人。

(8)包装耗材成本

包装耗材成本是指供应商为固定托盘集装单元所消耗缠绕膜、胶带等耗材的费用,仅与供应商生成托盘集装单元的数量相关。

(9)拆板成本

拆板成本是指零售商将托盘集装单元拆分为货物和托盘过程中所产生的费用,与最终到达零售商那部分托盘集装单元的数量相关。

最后,以一个运行周期内供应链物流总成本最小为目标,建立问题的数学模型如下所示:

①目标函数

$$C_1 = \sum_{j=1}^{J} K^{(s)} \cdot V_j^{(s)} \cdot t + \sum_{j=1}^{J} K^{(d)} \cdot V_j^{(d)} \cdot t + \sum_{m=1}^{M} \sum_{i=1}^{I} K_{mi} \cdot V_{mi} \cdot t \tag{9.7}$$

$$C_2 = O^{(s)} \cdot A^{(s)} + O^{(d)} \cdot A^{(d)} + \sum_{m=1}^{M} O_m \cdot A_m \tag{9.8}$$

$$C_3 = \sum_{m=1}^{M} \sum_{i=1}^{I} L_{mi} \cdot b_{mi} \tag{9.9}$$

$$C_4 = \sum_{j=1}^{J} Z^{(d)} \cdot Y_j^{(d)} + \sum_{m=1}^{M} \sum_{j=1}^{J} Z_m \cdot Y_{mj} \tag{9.10}$$

$$C_5 = \sum_{j=1}^{J} T^{(d)} \cdot Y_j^{(d)} \cdot X^{(d)} + \sum_{m=1}^{M} \sum_{j=1}^{J} T_m \cdot Y_{mj} \cdot X_m \tag{9.11}$$

$$C_6 = \sum_{m=1}^{M}\sum_{j=1}^{J}\sum_{i=1}^{I} E_{mi} \cdot Y_{mj} \cdot q_{ji} \cdot \theta_i \tag{9.12}$$

$$C_7 = U \cdot F \cdot t \tag{9.13}$$

$$C_8 = \sum_{j=1}^{J} P \cdot Y_j^{(s)} \tag{9.14}$$

$$C_9 = \sum_{j=1}^{J} R \cdot Y_{mj}, \forall m \tag{9.15}$$

$$\min C = C_1 + C_2 + C_3 + C_4 + C_5 + C_6 + C_7 + C_8 + C_9 \tag{9.16}$$

②约束条件

$$r^{(s)} < \sum_{j=1}^{J} S_j^{(s)} < G^{(s)} \tag{9.17}$$

$$r^{(d)} < \sum_{j=1}^{J} S_j^{(d)} < G^{(d)} \tag{9.18}$$

$$r_m < \sum_{i=1}^{I} S_{mi} < G_m, \forall m \tag{9.19}$$

$$\sum_{i=1}^{I} \frac{q_{ji}}{W_i} \cdot h_i^{(h)} \leqslant H^{(h)}, \forall j \tag{9.20}$$

$$\sum_{i=1}^{I} q_{ji} \cdot h_i^{(z)} \leqslant H^{(z)}, \forall j \tag{9.21}$$

$$\frac{q_{ji}}{W_i} \geqslant 0, and\mathrm{int}, \forall i,j \tag{9.22}$$

$$1 - \frac{\sum_{m=1}^{M}\sum_{i=1}^{I} \frac{b_{mi}}{B_{mi}}}{M \cdot I} \geqslant \eta \tag{9.23}$$

$$r^{(s)}, S_j^{(s)}, r^{(d)}, S_j^{(d)}, r_m, S_{mi} \geqslant 0, and\mathrm{int}, \forall m,i,j \tag{9.24}$$

其中,式(9.7)到式(9.16)分别表示供应链的库存成本、订货成本、缺货成本、装卸成本、运输成本、货损成本、托盘使用成本、包装耗材成本、拆板成本以及物流总成本;式(9.17)到式(9.19)分别表示供应商、物流中心、零售商的订货点小于其最大库存,最大库存小于其仓库容量;式(9.20)表示每类托盘集装单元的高度不超过最大码盘高度;式(9.21)表示每类托盘集装单元的重量不超过最大码盘重量;式(9.22)表示每类托盘集装单元每层只包含一类货物;式(9.23)表示供应链的顾客服务水平不低于设定值;式(9.24)表示变量约束。

通过求解上述数学模型,优化设计供应链各节点库存控制策略。这就是基于库存策略优化的托盘单元化精益物流实现过程。当然,模型求解以及优化结果有效执行落地过程仍需要物流标准化创新理论与方法的应用。

第三节　基于产学精益合作的物流产业标准化创新人才培训体系构建

充分借助并利用普通高等教育、职业教育以及继续教育等领域物流标准化创新人才培养机制和资源,通过产业和教育领域的深度融合,构建物流产业标准化创新人才培训体系,持续培育产业所需物流标准化创新人才,既是教育之使命也是产业发展所求。为此,需要构建基于产学精益合作的物流产业标准化创新人才培训体系。

一、产学精益合作及其主要类型

"需求对接"和"资源互补"既是合作起点,也是合作可持续发展的基础。以"育人"为使命的教育领域"育人"目标和以可持续发展为使命的产业"育人"需求之间是永恒的供需关系。有效的产学供需对接并实现资源互补,是产学合作成功之源。

借鉴前述精益生产思维取向,产学精益合作主要体现于"需求对接"精益性和"资源互补"精益性。其中,"需求对接"精益性主要体现在产学双方对"知识内容体系"的认同度;"资源互补"精益性主要体现在产学双方对"教育资源"的认同度。

通信技术、物联网技术、人工智能、大数据以及区块链等新技术,为确保"需求对接"精益性和"资源互补"精益性提供了最有力支撑。比如,基于虚拟仿真和数字孪生等技术的物流系统虚实仿真模型以及现行物流标准,为"知识内容体系"构建提供依据;慕课等线上教学方式又能为"教育资源"优化提供可能,等等。显然,产学精益合作离不开产业数字化和教育数字化。而且,随着信息技术和信息产业的发展,"育人"领域的产学精益合作类型会越来越丰富。

"育人"领域的产学精益合作主要包括定制化的学历教育和职业教育,以及模块化的继续教育等。其中,"物流标准化创新"课程慕课、"现行物流标准"学习和测验用APP小程序包、典型物流系统案例、物流标准化创新产学研一条龙实训实验课程包以及物流标准化创新产学研一体机系统平台等多种形式智能化教学设施和资源,为物流标准化创新人才培育产学精益合作提供有力支撑。

二、物流产业标准化创新人才培训体系构建过程

在产学合作框架下,物流产业标准化创新人才培训体系构建主要包括培训需求识别、培训内容设计、培训方法选择和设计、培训实现以及培训评价等过程。

其中,培训需求识别即指根据物流产业发展需求,预测识别不同类型、不同层次以及不同岗位专业人才需求;培训内容设计即指根据不同类型、不同层次以及不同岗位专业人才所需拥有知识,设计适宜的培训内容;培训方法选择和设计即指根据不同人才和不同知识内容,选择并设计适宜的培训方法;培训实现即指面向不同培训对象,开展相关培训活动;培训评价即指对培训效果的评价,包括评价方法选择、评价执行以及评价结果分析和反馈。

物流产业标准化创新人才培训体系如图 9.3 所示。

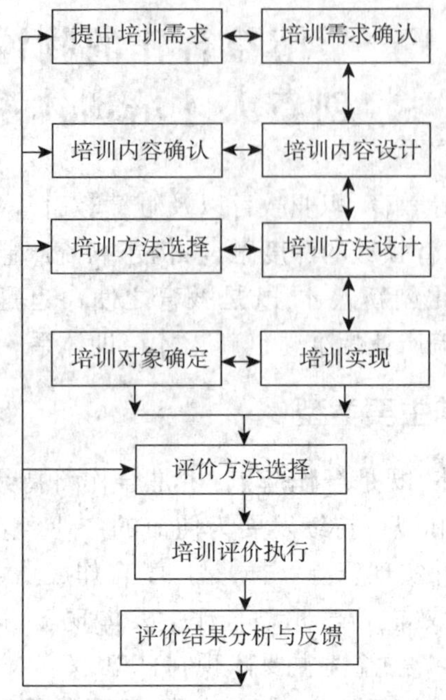

图 9.3　物流产业标准化创新人才培训体系

思考题

(1) 思考物流产业标准化创新理论与方法应用关注点。

(2) 举例说明物流产业精益物流实现过程中标准化创新作用。

(3) 思考托盘单元化物流系统精益性实现要点。

(4) 举例说明物流标准化创新理论与方法在精益物流系统工程活动中的应用。

(5) 思考物流领域产学精益合作的作用，并举例说明。

(6) 思考基于产学精益合作的物流产业标准化创新人才培训体系构建。

第十章　物流标准化创新理论与方法在物流企业中的应用

[引导案例]基于 QFD 方法的食品冷链物流安全管理方案策划

就我国食品冷链物流运作模式而言,大致分为四种:一是以加工企业为主的物流自营模式。此种模式下,物流安全管理体系构筑的主体应是加工企业。以加工企业为主体的集中化管理,不仅有利于落实 ISO 28000 供应链安全管理体系标准要素,而且因为与生产比较容易衔接,便于降低节点库存并缩短物流周期,所以有助于保障物流系统安全性。二是以第三方物流企业为主的物流外包模式。此种模式下,物流安全管理体系构筑的主体是第三方物流企业。以第三方物流企业为主体的专业化管理,便于采用专业化技术来保障食品安全。三是以大型零售商独自兼营配送环节为主的自营物流模式。此种模式下,物流安全管理体系构筑的主体是零售商。零售商通过小批量、多批次、多品种配送,确保冷链食品的安全。四是依托批发市场型冷链物流企业,通过与农产品大市场联成一体形成产品生产、收购、加工、储运、配送和提供市场信息服务等一体化的物流运作模式。此种模式下,因为难以明确对整个冷链物流系统安全性负责的主管机构,所以,ISO 28000 标准难以有效落实。虽然通过供应链各节点企业均实施 ISO 28000 标准为前提,声明已构筑供应链安全管理体系,但其有效性难以达到预期效果。因为未能统筹的体系策划方案不仅执行无力,而且一旦出现问题也难以找出真正原因并得以纠正。这也是 ISO 28000 标准区别于其他管理标准特别明确“供应链”的本质所在。

总之,基于物流运作模式,明确物流安全管理体系构筑主体是实施 ISO 28000 标准以保障物流安全性的基本前提。

然而,无论采用何种运作模式,食品冷链物流过程和安全管理方案策划方法是基本相同的。图 10.1 是食品冷链物流系统范围图;图 10.2 是基于 QFD 方法的食品冷链物流安全管理方案策划过程。其中,图 10.1 和图 10.2 为食品冷链物流标准化创新提供了思路和方法。

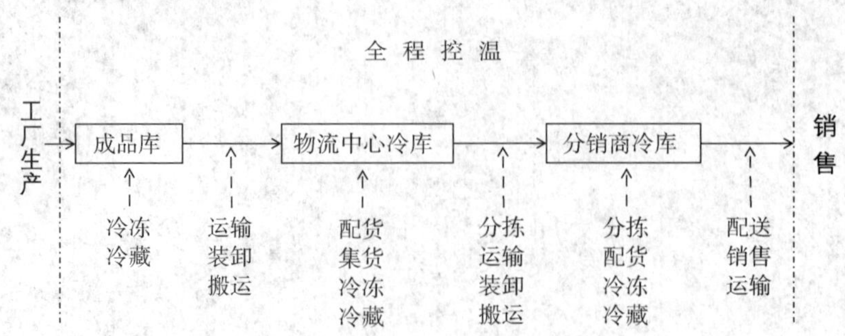

图 10.1　食品冷链物流系统范围图

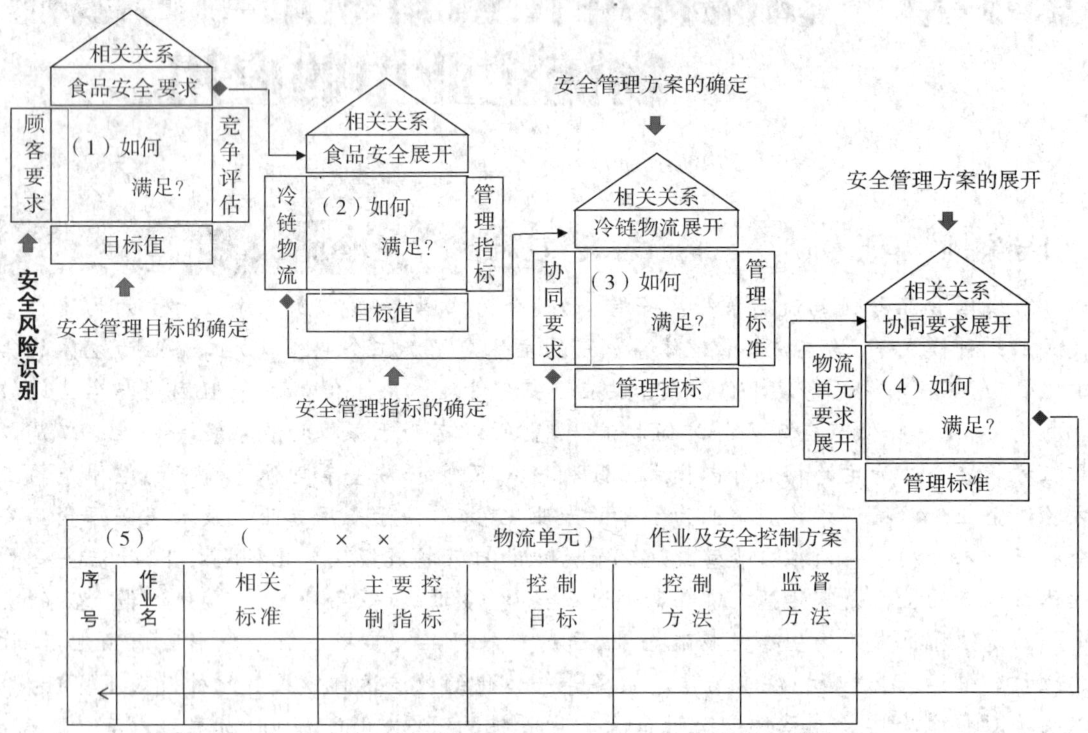

图 10.2　基于 QFD 方法的食品冷链物流安全管理方案策划过程

认知物流企业标准化创新理论与方法应用关注点，从物流企业管理体系构建和智慧物流角度，引导物流标准化创新理论与方法在物流企业的落地是本章主要目的。

通过本章的学习，学员能够理解、认知：

☆ 物流企业标准化创新理论与方法应用关注点；

☆ 不同管理体系标准的管理对象和管理目标；

☆ 物流企业管理体系构建过程与方法；

☆ 物流标准化创新理论与方法在智慧物流实现过程中的作用；

☆ 智慧物流实现过程中的标准化、数字化和模型化之间的关联性。

第一节 物流企业标准化创新理论与方法应用关注点

再好的标准,没有应用就没有存在价值,而物流标准的应用主体就是物流企业。这就是说,物流企业标准化创新理论与方法应用焦点就是标准化实现。而物流企业标准化实现主要靠物流要素模块化、物流模块的共享以及智慧物流来达成。

一、关注模块化的物流企业标准化创新理论与方法应用

如教材第四章第三节所述,物流标准化创新生态系统主要由物流标准化创新生态链、物流模块资源管理以及物流模块生态链等构成。显然,物流系统模块化设计是物流标准化创新生态系统得以可持续良性循环的前提,而物流系统模块化设计的基础是物流标准。

我国物流标准体系表将物流标准主要从三个维度做了分类:专业类、公共类和要素类。其中,专业类物流标准是为满足一个选定产品供应链物流市场的特定需要而提炼的物流标准,例如,冷链物流标准、钢铁物流标准、医药物流标准等;公共类物流标准是为满足一个选定物流功能的特定需要而提炼的物流标准,比如,包装物流标准、装卸物流标准、航运物流标准、仓储物流标准等;要素类物流标准是为满足构成物流系统的各子系统的特定需要而提炼的物流标准,比如为满足流程/功能子系统的特定需要而提炼的标准周转箱、标准托盘、标准集装箱等,为满足信息/知识子系统的特定需要而提炼的物流信息标准,为满足设施/作业子系统的特定需要而提炼的物流技术标准,为满足组织/人员子系统的特定需要而提炼的物流服务标准,以及为满足管理系统的特定需要而提炼的物流基础标准和物流管理标准等。

基于以上三大类标准,可以产生众多物流服务模块,例如,冷链运输服务模块、钢铁仓储服务模块、危险品物流信息服务模块、钢铁装卸服务模块等。基于我国物流标准体系表的物流系统模块化架构如图 10.3 所示。

图 10.3 展示了物流模块如何设计、产生及演变的思维逻辑。例如,就图 10.3 中危险品运输设施模块而言,根据该模块服务对象(危险化工品、液化气等)、范围(运输覆盖区域)以及其他要素,可以进一步产生危险品运输服务模块的子模块,例如,液化气运输服务模块、大连危险化工品运输服务模块等。

这就是说,根据图 10.3 架构,持续开展物流标准化创新(参见第四章物流标准化创新过程),实现物流系统设计模块化,使得物流系统优化过程循序渐进地走向物流模块“即选即用”之理想状况就是关注模块化的物流企业标准化创新理论与方法应用。

二、关注共享的物流企业标准化创新理论与方法应用

物流服务对象的移动带来物流模块的移动,物流模块的移动也带来物流模块供需关系变化。而物流模块共享可以通过调整物流模块供需关系来实现物流系统降本增效,这就是所谓关注共享的物流企业标准化创新理论与方法应用。

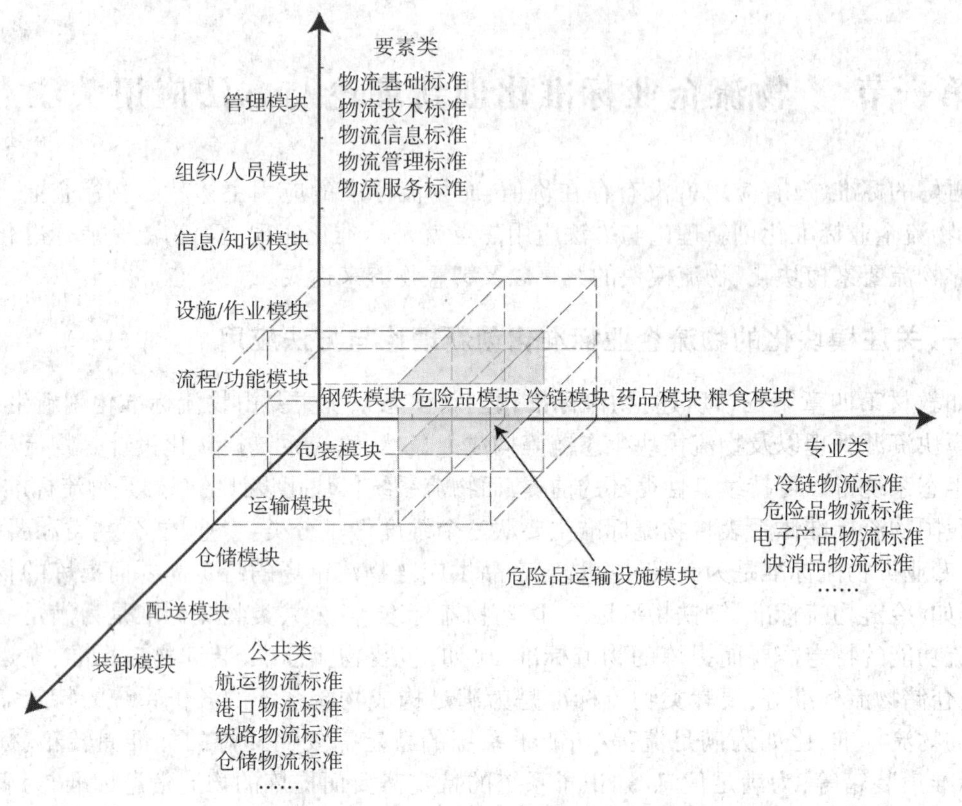

图 10.3　基于我国物流标准体系表的物流系统模块化架构

模块化的物流资源虽然为共享提供了基础,但不能成为全部。只有相关物流信息得到共享,才能真正助力物流模块共享,以实现物流系统降本增效。

物流信息共享的前提是物流信息标准化,比如,分类标准、编码标准、标识标准等。在物流信息标准化的基础上,还需要积极构建并融入物流信息共享平台,比如,教材第二章图 2.7 开放式托盘共用系统框架图中的托举未来平台和运营管理平台、第四章图 4.4 物流标准化创新生态系统基本框架中的愿景平台和运营管理平台等,才能真正有利于物流模块共享。

通过上述物流标准化、模块化和共享也未必能实现物流系统降本增效,还需要关注智慧物流。

三、关注智慧物流的物流标准化创新理论与方法应用

国家标准《GB/T18354—2021 物流术语》定义:智慧物流即指以物联网技术为基础,综合运用大数据、云计算、区块链及相关信息技术,通过全面感知、识别、跟踪物流作业状态,实现实时应对、智能优化决策的物流服务系统。

也就是说,智慧物流离不开智能优化决策。而智能优化的前提是标准化、数字化,智能优化的目标是管理者的管理需求,在一个系统的 QCDFS 目标中,管理者所追求的目标不同,

比如,追求时间最快,还是成本最低或者质量最好等,决策就不同,选择也就不同。

所以,导向智慧物流的仍然是管理者的管理需求。而管理者的管理需求是通过构建管理体系来支撑,所以,物流企业管理体系构建是物流企业标准化创新理论与方法应用的基础,也是前提。物流企业如果没有体系化的管理作为支撑,智慧物流也只能成为空话。

第二节　基于 ISO 管理体系模型的物流企业管理体系构建

如第三章第一节所述,为了统一现行各管理体系标准中的用语、定义、格式以及结构,以方便标准应用者,ISO 公布了管理体系标准的标准模板,称为 ISO 管理体系模型。该模型为物流企业构建不同管理体系提供了思路和方法。也就是说,只要搞清楚不同管理体系标准的管理对象以及管理者所需管理目标,就可以按 ISO 管理体系模型思路和方法,为其构建任何管理体系。

一、不同管理体系标准的管理对象和管理目标

物流领域常用管理体系标准主要包括 ISO 9000、ISO 14000、ISO 28000、海关 AEO 制度、IMO 的 ISM 规则和 ISPS 规则等。其中,ISO 9000 的管理对象是“产品或服务质量”,其管理目标是满足组织所追求的产品或服务质量要求;ISO 14000 的管理对象是“环境”,其管理目标是满足组织所追求的环境要求;ISO 28000 的管理对象是“供应链安全性”,其管理目标是满足供应链安全要求;WCO 标准框架的管理对象是“供应链安全性和便利性”,其管理目标是满足供应链安全要求和通关的便利要求;IMO ISM 规则的管理对象是“海洋环境”,其管理目标是满足海洋环境要求;IMO ISPS 规则的管理对象是“船舶和港口设施”,其管理目标是满足船舶和港口设施的保安要求。

虽然上述各管理体系标准的管理对象和管理目标都有所不同,也就是各类标准的管理侧重点不同,但各标准都体现出比较雷同的“过程方法”管理模式,即 PDCA 循环,就是策划(Plan)、实施(Do)、检查(Check)和改进(Act)。

二、基于 ISO 管理体系模型的物流企业管理体系构建过程

除了上述管理体系标准之外,物流企业也可以构建企业所需个性化管理体系,比如,绿色物流管理体系、低碳物流管理体系等。但无论构建哪种管理体系,都可以按 ISO 管理体系模型思路,围绕识别确定组织的环境、明确管理目标和领导作用、策划过程、识别确保所需资源、运行、绩效评价以及改进措施等过程,明确职责和方法,以构建管理体系。

而且,可以将 ISO 管理体系模型软件化,以方便物流企业构建管理体系,如图 10.4 所示。

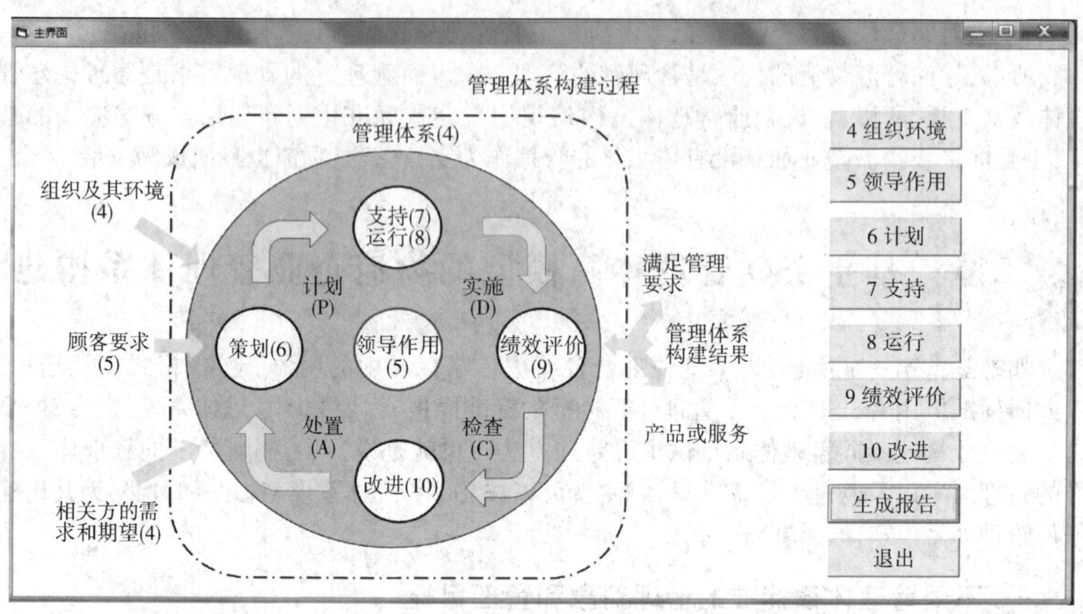

图 10.4 基于 ISO 管理体系模型的物流企业管理体系构建过程

第三节 智慧物流导向的物流企业标准化创新应用建模

实现智慧物流是智能化时代物流企业所追求的。而标准化、数字化、模型化作为智能化的前提,也是智慧物流的前提和基础。下面以“危险货物集装箱堆场箱位分配”为例,说明一下基于标准化、数字化以及模型化的智慧物流实现过程。

一、智慧物流实现过程中的标准化过程

堆场作为危险货物集装箱供应链中主要存在安全隐患之处,其安全和利益之间的优化管理一直是危险货物集装箱堆场管理者最关注的问题之一。其中,安全性管理常采用的方法是通过制定相关标准,包括箱区划分标准、箱间距离标准、箱位层级标准以及集装箱作业标准等,以强制或推荐方式开展安全管理,并以此为前提,通过建立数学优化模型来实现智慧物流。

国家标准 GB 6944—2012《危险货物分类和品名编号》对危险货物分类如表 10.1 所示。

表 10.1 危险货物分类

类/项别	危险货物性质
第 1 类	爆炸品
1.1 项	有整体爆炸危险的物质和物品
1.2 项	有迸射危险,但无整体爆炸危险的物质和物品

续表

类/项别	危险货物性质
1.3 项	有燃烧危险并有局部爆炸危险或局部迸射危险或这两种危险都有,但无整体爆炸危险的物质和物品
1.4 项	不呈现重大危险的物质和物品
1.5 项	有整体爆炸危险的非常不敏感物质
1.6 项	无整体爆炸危险的极端不敏感物质
第 2 类	气体
2.1 项	易燃气体
2.2 项	非易燃无毒气体
2.3 项	毒性气体
第 3 类	易燃液体
第 4 类	易燃固体、易于自燃的物质、遇水放出易燃气体的物质
4.1 项	易燃固体、自反应物质和固态退敏爆炸品
4.2 项	易于自燃的物质
4.3 项	遇水放出易燃气体的物质
第 5 类	氧化性物质和有机过氧化物
5.1 项	氧化性物质
5.2 项	有机过氧化物
第 6 类	毒性物质和感染性物质
6.1 项	毒性物质
6.2 项	感染性物质
第 7 类	放射性物质
第 8 类	腐蚀性物质
第 9 类	杂项危险物质和物品,包括危害环境物质

国家标准 GB 16994.3—2021《港口作业安全要求 第 3 部分:危险货物集装箱》明确要求,危险货物集装箱的堆存应按危险货物的性质和类别将集装箱堆场划分不同的堆存区域。危险货物集装箱堆存区域应具备与货物危险特性相适应的防火、防爆、防液体泄漏外溢等安全条件。其中与堆场堆存有关的要求主要包括:

(1)装载锂金属电池组、锂离子电池组的危险货物集装箱不应与依然易爆危险货物集装箱堆存在同一个堆存区域。

(2)装载表 10.1 中 8 类、9 类固态危险货物的集装箱,当所载货物无副危险性,包装类非Ⅰ、Ⅱ类且不属于危险化学品时,可与普通货物集装箱混堆,但混堆时除了满足堆存场所设置明显的标志,列明货物品名和应急处置措施;堆存场所配备相应的设施设备,并加强安全巡查;在具有从业资格的装卸管理人员指挥或监控下作业等相关要求外,还需要满足堆存在普通货物集装箱的外侧以及叠放时,放置在普通货物集装箱的上层等要求。

(3)灭火方法相互禁忌的危险货物集装箱不应堆存在同一堆存区域。

(4)温控危险货物集装箱应堆存在具备电源插座并有多路供电或应急电源等条件的堆存区域。

(5)夏季高温季节,对装载温度敏感的危险货物的集装箱应采取温控措施。

(6)易燃易爆危险货物集装箱,最高只许堆码两层,其他危险货物集装箱不超过三层,并根据不同性质的危险货物,做好有效的隔离,隔离要求如表10.2所示。

(7)装有遇潮湿易产生易燃气体的表10.1中4.3项货物的集装箱和需敞门运输的易产生易燃气体的集装箱,应在最上层堆码。

(8)液化天然气罐式集装箱相互不应叠放,与易燃易爆危险货物集装箱不应叠放,与其他危险货物集装箱叠放时应放置在最上层。

(9)无底梁罐式集装箱相互不应叠放(除上下箱采用转锁或堆码锥固定)。无底梁罐式集装箱与通用集装箱(箱内应为非易燃易爆危险货物)叠放时,不应堆放在底层。

(10)装有表10.1中6.1项毒性物质中包装类别Ⅰ的危险货物的集装箱的箱门应紧邻其他集装箱箱体。

(11)危险货物集装箱堆场内不应进行熏蒸作业、罐箱充装和释放作业。堆场堆存区域内不应进行拆装箱作业。

(12)进出危险货物集装箱堆场的运输车辆应安装机动车排气火花熄灭器。

表10.2　危险货物隔离要求

危险货物类别和项别		1类			2类			3类	4类			5类		6类		7类	8类	9类
		1.5项	1.3、1.6项	1.4项	2.1项	2.2项	2.3项		4.1项	4.2项	4.3项	5.1项	5.2项	6.1项	6.2项			
1类	1.5项	*	*	*	4	2	2	4	4	4	4	4	4	2	4	2	4	×
	1.3、1.6项	*	*	*	4	2	2	4	3	3	4	4	4	2	4	2	2	×
	1.4项	*	*	*	2	1	1	2	2	2	2	2	2	×	4	2	2	×
2类	2.1项	4	4	2	×	×	×	2	1	2	2	2	2	×	4	2	1	×
	2.2项	2	2	1	×	×	×	1	×	1	×	×	1	×	2	1	×	×
	2.3项	2	2	1	×	×	×	2	×	2	×	×	2	×	2	1	×	×
3类		4	4	2	2	1	2	×	×	2	2	2	2	×	3	2	×	×
4类	4.1项	4	3	2	1	×	×	×	×	1	×	1	2	×	3	2	1	×
	4.2项	4	3	2	2	1	2	2	1	×	1	2	2	1	3	2	1	×
	4.3项	4	4	2	2	×	×	2	×	1	×	2	2	×	2	2	1	×
5类	5.1项	4	4	2	2	×	×	2	1	2	2	×	2	1	3	1	2	×
	5.2项	4	4	2	2	1	2	2	2	2	2	2	×	1	3	2	2	×

续表

6类	6.1项	2	2	×	×	×	×	×	×	1	×	1	1	×	1	×	×	×
	6.2项	4	4	4	4	2	2	3	3	3	2	3	3	1	×	3	3	×
7类		2	2	2	2	1	1	2	2	2	2	1	2	×	3	×	2	×
8类		4	2	2	1	×	×	×	1	1	1	2	2	×	3	2	×	×
9类		×	×	×	×	×	×	×	×	×	×	×	×	×	×	×	×	×

注:隔离数码分别表示:

库内:1—相距 3 m;2—分库房;3—中间隔 1 个库房;4—中间隔 1 个库房;

场地:1—相距 3 m;2—相距 10 m;3—相距 20 m;4—相距 30 m;

×—《国际海运危险货物规则》危险货物一览表的特殊隔离规定;

* —《国际海运危险货物规则》第 7.2.7.1 条关于 1 类危险货物的隔离规定。

除了如上述相关标准的制定之外,实现堆场箱位分配的智慧物流,还需要感知、识别、跟踪危险货物集装箱、堆场箱区箱位以及堆场内其他物流作业设施,为此,需要为所有关联物进行数字化。

二、智慧物流实现过程中的数字化过程

为了感知、识别、跟踪和分配危险货物集装箱,对集装箱及其识读设备相关“物”进行数字化是首要任务。为此,不仅需要集装箱标识编码规范、集装箱二维码通用技术规范以及集装箱二维码识读设备技术要求等诸多相关标准,而且也需要对堆场箱区箱位进行数字化。

集装箱堆场由若干个箱区组成,每个箱区又被划分成若干个贝位,其中每个贝位包括若干栈和层,一般按集装箱侧壁方向划分贝位,按集装箱箱门方向划分线。贝、栈和层的布置方式如图 10.5 所示。堆场中的每个集装箱都可以通过其所在的箱区、贝位、栈位和层数来确定其在整个堆场中的位置。

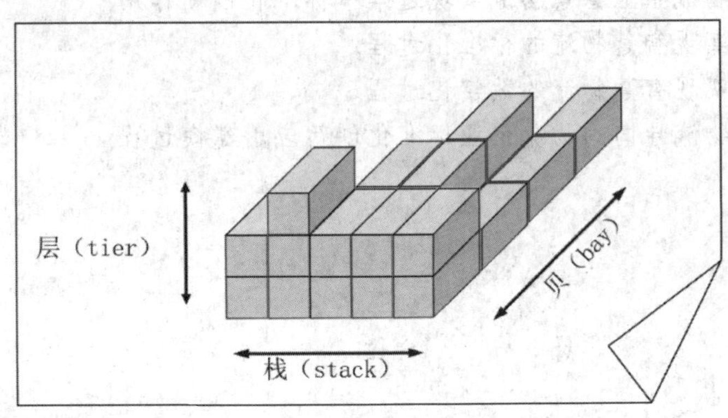

图 10.5　贝、栈和层的布置方式

为了实现箱区箱位数字化,企业可以通过编码规则确定每个集装箱都有它在堆场中的唯一编码。比如,国内港口堆场大多采用一位英文字母和一位数字组合的方式对箱区进行编码,其中英文字母在前,数字在后。英文字母表示箱区对应码头的泊位号,数字表示从近

海侧向陆侧依次的顺序号。

在对贝位进行编码时,会根据集装箱尺寸的不同,采用不同的编码方式。一般对于20英尺集装箱,其箱区的贝位号都是奇数,例如01、03、05……而对于40英尺集装箱,其箱区的贝位号都是偶数,例如02、04、06……对于栈位号和层号,一般都采用一位数字编码。比如"C10521"表示位于C1箱区第5贝第2栈第1层的20英尺集装箱。

另外,对堆场其他物流作业资源(比如,集装箱起吊设备等)也需要依据相关标准进行数字化,以实现智慧物流。

三、智慧物流实现过程中的建模过程

实现智慧物流的智能优化决策,智能化是前提,建模优化是关键。其中,优化模型一般包括目标函数、约束条件和求解算法。而目标函数和约束条件主要取决于管理者的管理理念和管理目标。就物流系统优化模型而言,一般建模思路是以保障安全和现有物流资源为约束条件,追求物流成本最低或物流作业时间最短为目标,构建优化模型。

比如,以危险货物集装箱堆场为例,以满足表10.1和表10.2要求以及堆场现有物流作业资源为约束条件,可以追求某一时间段作业成本最低为目标建立模型,也可以追求堆场所占面积最少为目标建立模型。

当然,考虑客户和保险公司对危险货物集装箱安全性的关注,管理者也可以现有物流资源为约束条件,建立堆场安全指数最大为目标的优化模型,以提高堆场竞争力。

思考题

(1)思考物流企业标准化创新理论与方法应用关注点。

(2)思考物流企业不同管理体系构建过程,并举例说明。

(3)举例说明物流企业智慧物流实现过程中标准化创新作用。

(4)举例说明实现智慧物流的标准化过程。

(5)举例说明实现智慧物流的数字化过程。

(6)思考智慧物流导向的物流企业标准化创新应用建模过程。

参考文献

[1] 中华人民共和国标准化法[J].中华人民共和国全国人民代表大会常务委员会公报,2017(6):817-821.

[2] 国家标准化发展纲要[N].人民日报,2021-10-11(001).

[3] 中华人民共和国教育部. 习近平新时代中国特色社会主义思想进课程教材指南[Z],2021.

[4] 中华人民共和国教育部. 高等学校课程思政建设指导纲要[Z],2020.

[5] 安德鲁 P 塞奇,詹姆斯 E 阿姆斯特朗.系统工程导论[M].胡保生,彭勤科,译.西安:西安交通大学出版社,2006.

[6] 斯科特 · 佩奇. 模型思维[M]. 贾拥民,译. 杭州:浙江人民出版社,2019.

[7] 舒辉. 标准化管理[M].北京:北京大学出版社,2016.

[8] 朴惠淑,孔曼君,唐丽敏,等. 物流专业人才系统思维能力和质量意识培育方法与关注点[J].航海教育研究,2018,35(3):82-85.

[9] [美]彼得 · 圣吉.第五项修炼[M]. 郭进隆,译. 上海:上海三联书店,2002.

[10] GB/T 1.1—2020,标准化工作导则 第一部分:标准化文件的结构和起草规则[S].

[11] GB/T 18354—2021,物流术语[S].

[12] 朴惠淑,靳志宏,乔 梅.基于 ISO 9001:2000 的企业物流系统整合参考模型[J].系统仿真学报,2006,18(增刊 2):55-58.

[13] 中华人民共和国交通运输部. 交通运输智慧物流标准体系建设指南[Z],2022.

[14] GB/T 22032—2021, 系统与软件工程 系统生存周期过程[S].

[15] 朴惠淑,王培东. 企业物流运作与管理[M]. 大连:大连海事大学出版社,2016.

[16] 朴惠淑. 物流标准与标准化[M]. 大连:大连海事大学出版社,2014.

[17] GB/T 13016—2018,标准体系构建原则和要求[S].

[18] T/WD103—2017,开放式托盘共用系统运营指南[S].

[19] ISO 9001:2008,介绍和支持文件包[S].

[20] ISO 9000:2015,质量管理体系 基础和术语[S].

[21] ISO 9001:2015,质量管理体系 要求[S].

[22] ISO 9004:2018,质量管理 组织的质量 实现持续成功指南[S].

[23] Huishu Piao, Bin Li, Chiyu Wang. Logistics Standard Systems Based on the Architecture of Supply Chain Logistics Systems [C]. Proceedings of the 2009 IEEE International Conference on Automation and Logistics, 2009, 1653-1657.

[24] 朴惠淑,刘惠斌,张冰.集装箱多式联运协同能力综合评价[J]. 中国航海,2013,4(36):128-132.

[25] 朴惠淑,李继春,王婧,等. 基于标准的A级物流企业灰色聚类评估方法[J]. 大连海事大学学报,2013,4(39):127-130.

[26] 李玉琴. 需求工程与软件产品线若干关键技术研究[D]. 复旦大学, 2007.

[27] 朴惠淑,邵若楠,康宁,等.T/WD103 标准框架下托盘共用服务产品线及其可变性研究[J].工业工程与管理,2022,27(5):90-96.

[28] 朴惠淑,宁亚美,刘惠斌. 考虑单元化物流的果蔬销售与配送整合优化[J]. 工业工程与管理,2021,26(6):113-120.

[29] 王娜. 社会主义核心价值观实践养成机制研究[D]. 长春: 东北师范大学,2021.

[30] 王晓宇. "课程思政"的价值观教育研究[D]. 长春: 吉林大学,2022.

[31] GB/T 1,标准化工作导则[S].

[32] ISO 18186,集装箱-RFID-货运标签系统[S].

[33] Huishu Piao, Jing Wang, Jinfeng Chen. Order Parameters and Operation Modeling of Modularity Logistics Systems [J]. Applied Mechanics and Materials, 2015, 740 (2015): 1023-1037.

[34] 朴惠淑,扈秀静.绿色和保鲜消费导向的生鲜农产品供应链协调[J]. 工业工程,2020,4(23):1-10.

[35] 蔡云. 中欧班列货运站零担货物拼箱运输优化[D]. 大连:大连海事大学出版社,2021.

[36] 朴惠淑,于菁菁,张燕,等. 基于思维导向型精益教学的物流标准化课程建设[J]. 航海教育研究,2019,1(36): 83-87.

[37] 朴惠淑,刘惠斌. 物流标准化创新思维培育方法及其在研究生培养中的应用[J]. 航海教育研究,2020,3(37):78-82.

[38] 朴惠淑,孔曼君,唐丽敏,等. 物流专业人才系统思维能力和质量意识培育方法与关注点[J]. 航海教育研究,2018,3(35): 82-85.

[39] 工业互联网产业联盟和中国通信标准化协会. 工业互联网标识解析标准化白皮书(2020)[R], 2020.

[40] 数字孪生世界企业联盟和杭州易知微科技有限公司.数字孪生世界白皮书(2022)[R], 2022.

[41] GB 6944-2012, 危险货物分类和品名编号[S].

[42] 卡利斯·鲍德温,金·克拉克. 第一卷 设计规则:模块化的力量[M]. 北京:中信出版社,2006.

[43] Huishu Piao, Jing Wang, Jinfeng Chen. Order Parameters and Operation Modeling of Modularity Logistics Systems [J]. Applied Mechanics and Materials, 2015, 740 (2015): 1023-1037.